U0517350

本书出版受对外经济贸易大学中央高校基本科研业务费专项资金资助
（CXTD6–04）

余艳红◎著

Tradition、Modernity and After Modernity:
the Intellectual World of Zhang Taiyan

传统、现代与现代之后

——章太炎的思想世界

中国社会科学出版社

图书在版编目(CIP)数据

传统、现代与现代之后:章太炎的思想世界/余艳红著. —北京：中国社会
科学出版社，2017.7
ISBN 978 - 7 - 5203 - 0551 - 8

Ⅰ.①传… Ⅱ.①余… Ⅲ.①章太炎(1869—1936)—思想评论
Ⅳ.①B259.25

中国版本图书馆 CIP 数据核字(2017)第 134895 号

出 版 人 赵剑英
责任编辑 赵 丽
责任校对 王桂荣
责任印制 王 超

出　　版 中国社会科学出版社
社　　址 北京鼓楼西大街甲 158 号
邮　　编 100720
网　　址 http://www.csspw.cn
发 行 部 010 - 84083685
门 市 部 010 - 84029450
经　　销 新华书店及其他书店

印　　刷 北京明恒达印务有限公司
装　　订 廊坊市广阳区广增装订厂
版　　次 2017 年 7 月第 1 版
印　　次 2017 年 7 月第 1 次印刷

开　　本 710×1000 1/16
印　　张 15.5
插　　页 2
字　　数 239 千字
定　　价 59.00 元

凡购买中国社会科学出版社图书，如有质量问题请与本社营销中心联系调换
电话:010 - 84083683
版权所有　侵权必究

目　录

绪　　论

　　康有为、严复、章太炎，皆是影响近代中国思想的关键人物，他们都曾引领时代，促成了晚清思想界的大解放，并深刻地影响了民初一代知识分子。他们身上，同时具备了两种共同的思想特质：一是晚年思想的"保守性"。严复早年推崇西学，晚年则对中学持守不弃。康有为戊戌年还是改良的先锋，及至 20 世纪已经成为守旧的象征。章太炎早年既是对传统操戈的领军人物，亦是革命的马前卒，晚年则"粹然成为儒宗"①。二是思想的"矛盾性"。康有为一面主张维新保皇，一面欲除九界。严复一面阐释天演，主张自由为体，民主为用，一面认为"制无美恶，期于适时"②。章太炎一面主张共和，一面反对代议制；一面复九世之仇，满腔热血，一面发五无之论，一片冰心。凡此种种，不一而足。无论是康有为、严复还是章太炎，虽然皆生于晚清，但他们彼此在成长环境、学术训练、人生经历以至于气质性格等方面皆有不同，何以这些思想巨子的思想最后大有殊途同归之感？

　　就"保守性"而言，早期论者或谓近世中国社会多变，及至民初前后，革命与否成为判断思想进步与落后的不二法门，故在正统革命史范式之下，上述诸子晚年之思想被看成"保守"亦不为过。晚近则因激进与保守范式的滥觞而有学者认为，并非客观的社会变化太快，而是整个社会在严重焦虑的气氛之下，思想界大有"巨石走峻坂"之情势，故思想家并非真的保守，只不过是他们"维新"的速

---

　　① 鲁迅：《关于太炎先生二三事》，载陈平原、杜玲玲编《追忆章太炎》，生活·读书·新知三联书店 2009 年版，第 40 页。

　　② 严复：《宪法讲义》，载王栻主编《严复集》（第 2 册），中华书局 1986 年版，第 240 页。

度跟不上时代而已。至于思想家思想的矛盾性问题，当下学术界亦大抵以时代变革，时移而世易作归因论。

以上诸说，概而论之，不无道理，但仔细思之，仍有未尽之意。就个体而言，无论严复、康有为还是章太炎，皆曾是引领时代的弄潮儿，其思维之敏捷，思想之活跃，世所公知，所以诸君集体选择"保守"，绝非追求"进步"的能力不及，而必有深意。就群体而言，何以这种"保守"在清季民初呈现出集体化与规模化的特征，即使从统计学上看，亦需要进行深入解释，而不能简单论之。故后知之所论，未必是思想家所想。欲探索思想家思想变迁之本意，我们必须超越当代的语言习俗、话语体系、分析概念与工具给我们设定的思维陷阱，进入思想家所处的时代，了解那个时代的思想背景与基本焦虑，才能真正与思想家进行对话，理解思想家的文本所具有的意义与价值。有鉴于此，拙著凭借某种综合的体认选择近代中国思想人物之章太炎作为研究对象，在熟读其相关著作后，努力进入其思想的各个维度之中，身临其境，与其对话，在其看似零散的各种著述之中发现某些系统化的思考与启示。这些思考与启示或者能够较好地解释近世诸多思想家思想的矛盾性与多面性的问题；或者能为我们理解那个时代提供丰富的想象；或者与现代中国具有关联性，能为解决现代中国的问题提供借鉴；或者其本身就跨越了历史与时代，成了当代中国的思想史。

思想是社会存在的函数，思想家所处时代的基本焦虑构成了思想家思想发生的环境与动力。但思想的发生也有内在理路的缘由，既承先贤之脚步，继往圣之学，也筚路蓝缕，推陈出新。故对清季民初中国社会宏大的思想背景与基本焦虑进行的考察构成了本书第一章的主要内容。

章太炎思想的传统维度是由多方面因素建构起来的。他师从俞越，在诂经精舍进行了长达七年的正统训练，是清季民初古文经学的领军人物之一，晚年则被尊为国学大师。他对诸子学的系统诠释几乎影响了几代从事传统学术研究的知识分子。他对传统佛学的执迷甚至一度让他有了皈依之心。[①] 明末清初汉人知识分子对清政府的种族主

---

① 《赠曼殊自题小影》中有语云："余自三十岁后，便怀出世之念，宿障所缠，未得自在。"载汤志钧编《章太炎年谱长编》（上册），中华书局1979年版，第296页。

义仇恨，在他那里几乎达到了刻骨铭心、无以复加的地步。故诠释章太炎思想的传统面向构成了本书第二章的主要内容。

作为旧学传统中成长起来的知识分子，章太炎又被余英时、王汎森、汪荣祖等人视为晚清反传统的先锋，并认为他对晚清的思想解放"作了决定性的贡献"①。那么，在其出走诂经精舍后所写的第一本专著《訄书》极其古雅的语言风格背后，是否隐藏着现代性的观念体系与价值准则？拙著第三章致力于探讨这方面的问题，并以此解读章太炎思想的现代维度。

晚清以降，西方对中国多次的军事征服与领土占领最终驯化了国人的思维。对领土主权问题的重视，谈判桌上对国际法的解释与利用，公理世界观的流行，自由与民主观念的日益兴盛，皆意味着国人心灵主权的丧失。经过近半个世纪的"西方化"，国人已经逐步接受了西方现代性理念之下所蕴含的一整套语言符号与话语系统，西方成了中国"新近的传统"。但中年以后的章太炎何以一反此前对西方现代性的全面拥抱，而代之以前所未有的解构？其解构公理，反对唯物，批判自然，质疑进步，消解现代人的主体地位，拒绝现代性之决定论、目的论与乌托邦，为何构成了近代中国一整套"现代性批判"的话语体系？本书第四章、第五章尝试回答这些问题，由此诠释章太炎思想的第三个维度：现代之后。

被章太炎视为"一字千金"②"千六百年来未有等匹"③的《齐物论释》，在章太炎思想的关键转型期中有何作用？何以这部析理名相，融贯中西，寓道、佛、儒为一体的"石破天惊"之作，最终没有黄宗仰所预言的"为两千年来儒墨九流破封执之局，引未来之的"的效果④？为什么说此书表达的是一种对人类命运的终极关怀？

---

①　汪荣祖：《康章合论》，中华书局 2008 年版，第 4 页。

②　章太炎：《自述学术次第》，载张勇编《章太炎学术文化随笔》，中国青年出版社 1999 年版，第 322 页。

③　章太炎：《与龚未生书》，载汤志钧编《章太炎政论选集》（下册），中华书局 1977 年版，第 702 页。

④　乌目山僧：《齐物论释》后序，《章太炎全集》（六），上海人民出版社 1986 年版，第 58 页。

本书第六章对此类问题进行探讨。

章太炎对西方现代性的解构，是对帝国主义秩序的合理性与合法性给予的本体论与认识论上的批判，但无法抵抗帝国主义现实的军事征服与对领土的继续占领，故而在本体论与认识论层面上激烈批判西方现代性的同时，章太炎从未放弃思考建构中国自己的现代性。贯穿于其思考中国现代性建构背后的是"历史主义"这一统摄性原则。他的终极目的是希望在中国传统的基础之上，镶入西方现代性的某些理念，最终构建一个强大的现代民族国家，为现代中国在新的世界体系中占有一席之地奠定坚实的基础。本书第七章详细讨论这方面的问题。

本书的分析最终展示了章太炎思想的复杂性。

首先，就已有研究的争论而言，章太炎的思想远非文化保守主义所能统摄；并且基于传统文化固有的价值性，也使得其对文化的立场超越了单纯的功利主义倾向；不仅如此，学界一向对其诟病的反满主义言行也是"帝国主义模式"影响的一个结果，而不是与之相反；更重要的是，章太炎看似悲观主义的人生态度后面，蕴含着反思人类中心主义以及正视现代人固有局限性的积极意义。

其次，就思想的广度而言，章太炎是那个时代少数几位思想自成体系的人物之一。就思想的深度而言，其对传统的理解、传承与推陈出新，因拥抱西方现代性的需要而对传统给予的激烈批判，并由此带来的晚清民初的思想启蒙与解放，以及因反击帝国主义入侵中国而对现代性给予的彻底解构，皆在近现代中国起到了振聋发聩的先声作用。

最后，就思想影响而言，一方面，章太炎对现代性给予的深刻解构与批判，展示了其思想在同时代人中的独特性、超前性与深邃性；另一方面，在"现代性"还未充分发展的中国，章太炎对现代性的系统批判与反思，在当时可能解构掉中国人的方向感，因此未必具有建设性。最终，其深邃的思想只能在历史的尘埃中被遗忘与忽视。无论如何，这一范式之下的章太炎，其思想实在是走得太远了。

本书的分析亦显示了近现代中国思想的多维度性以及复杂性。

就思想特质以及思想史研究范式而言，章太炎是近代中国较早用一套完整的理论去反思与拒绝乃至批判西方现代性的思想人物，这也意味着，在近代中国的思想谱系中，一项重大的观念冲突被忽视了，在中国思想界长期习惯性地运用"激进与保守、传统与现代、新与旧、古与今"等成对概念分析法的背后，实际上还蕴含着"现代性"与"现代性批判"之间的对话与冲突。无论是康有为、严复还是章太炎，其思想的诸多面向或者矛盾性问题，都与此一对话与冲突有关。如果爬梳"五四"以后中国思想史中某些边缘性的话语，我们亦可以发现近代中国一条从章太炎、王国维、鲁迅等一直延续到今天的现代性批判话语谱系。

第一章 思想背景与基本焦虑

一 思想背景

对文本的阐释离不开文本的历史语境与时代背景。一方面，所谓时势造英雄，那些对后世影响深远的思想，其发轫之初衷，未必一定是带着普世的价值关怀而思考人类的终极问题，更多的是对思想家所处时代最迫切的问题与最基本的焦虑给予的思考与回答，故而思想家所处的时代背景就构成了他们思想发生的大环境。另一方面，就思想本身而言，作为后来的"我们"，只有努力摒弃"当下"的各种"意见"（opinion），才有可能"以思想家自己的方式来重建或重演他的思想"①，真正与思想家进行沟通与对话。因此，考察某一人物的思想观念，其发生学上的语境就显得格外重要。章太炎思想的发生，离不开他所生活的时代，其时代的思想背景与基本焦虑，是他思考一切问题的支点。

（一）西方文明的入侵与征服

1. 师夷长技以制夷

虽然以柯文为代表的"中国中心论"者主张"从置于中国史境（Chinese contert）中的中国问题着手"② 看待近代中国与西方的关系，但无论是他质疑的"冲击—回应模式""传统—近代模式"以及"帝

---

① 周保巍：《"隆中对"与剑桥学派方法论的精义——剑桥学派思想史研究方法札记之一》，《社会学家茶座》2006 年第 3 期。

② ［美］柯文：《在中国发现历史——中国中心观在美国的兴起》（增订本），林同奇译，中华书局 2002 年版，第 170 页。

国主义模式"，还是他主张的"中国中心论"，都无法回避西方文明对近代中国的影响。历史地看，西学东渐起始于晚明，但彼时的西学，"传播主体与受传对象的文化地位比较平等"①，"传播范围，主要限于士大夫中间"②。晚清的西学东渐，则是西方文明与东方文明全方面的接触，冲突与碰撞，实际上反映的是中国社会以及中国人心理的变动曲线。

西方文明的入侵起初表现为用军事与科技对一个古老的王朝在短时间内不断的凌辱与征服。征服的结果是双重的，失败者被迫签订各种不平等条约，向外国人开放通商口岸，允许他们在这些口岸传播宗教，开设教堂，开办医院，结果是一种完全不同于传统中国的生活方式、生活理念与价值观念开始在中国沿海蔓延。更重要的是，无论被征服者内心如何高傲地看待自己的文化与政治治理优越性，但一系列军事的失败本身就说明了问题。一部分开明知识分子开始认识到自己"技不如人""器不如人"，于是主张学习西方，"师夷长技以制夷""师敌之长技以制敌"，购买洋枪洋炮，开设工厂，制造新式武器。

"师夷长技以制夷"看上去是一个技术性的口号，就是学习西方的科学技术，尤其是应用型技术，对于天朝的国本似乎没有任何影响，然而这一技术性口号却超越了技术价值本身。一方面，传统中国的政治治理对技术问题往往重视不够，"君子不器"，治理国家问题往往归结为道德问题、修养问题，所谓"政者，正也"，政治过程被视为是一个伦理过程，甚至认为"仁者无敌"，而"师夷长技以制夷"的主张承认了政治问题的复杂性，承认了技艺的重要性，承认了道德与动机不能解决现实问题，从而突破了传统的道器不分的泛道德化思维方式，把方法论与意识形态做了区分，可谓意义深远。另一方面，学习西方的技艺过程一旦开始，就注定会成为一个难以逆转的趋势，而且与西方技术相关的科学知识、价值理念、生活方式，也逐步会渗透到学习此一技术的主体的思想之中，从而改变主体原有的思维。这是因为支撑这套技术的是人类启蒙运动以来强大的现代性价值体系与理

---

① 熊月之：《西学东渐与晚清社会》，上海人民出版社1994年版，第16页。
② 同上书，第61页。

念，其所蕴含的效率、理性、科学、官僚制以及资本主义精神等，几乎是此后整个世界无法抗拒的趋势。可以说，学习西方技术的大门一旦打开，此后学习西方的政治与文化就是不可避免之事。故而郑大华先生认为，魏源此一"口号"实际上也是"石破天惊"之论①。

2. 中体西用

历史地看，军事与科技的征服并不能剥夺传统中国人的内在自豪感与优越性，西方的胜利或许只是奇技淫巧，对于大部分中国人来说，中国依旧是地球的中心，更何况，这并非第一次。在中国历史上，蒙古与清朝同样是用军事征服了大宋与大明王朝，但是那种征服只完成了一种肉体上控制，相反在文化与心灵上，征服的民族被被征服的民族给征服了。随着西方在非军事领域特别是科技领域的渗透，随着大批知识分子走出国门，他们对西方的了解开始加深，西方逐步从他们的想象中剥离。与此同时，中国的溃疡面开始增大，士大夫们开始认识到了问题的严重性。也许在"政"与"道"的问题上，中国是先进的代表，但是，中国不如西方的，不仅仅是简单的"器"，不仅仅是技术层面的东西，而是在诸多方面都存在着缺陷。冯桂芬就在其政论代表作中写道：

> 彼何以小而强，我何以大而弱，必求所以如之，仍亦存乎人而已矣。以今论之，约有数端：人无弃材不如夷，地无遗利不如夷，君民不隔不如夷，名实必符不如夷。②

因此，他主张"以中国之伦常名教为原本，辅以诸国富强之术"③。这一思想经过张之洞的发酵，最终形成"中学为体，西学为用"的格律。与此同时，在政治实践中，官方也正式开启了洋务运动，主动吸纳西学，创办译书机构，设立京师同文馆、江南制造局翻译馆等。不过正如梁启超所说，从鸦片战争以后数十年中，中国人学

---

① 郑大华：《晚清思想史》，湖南师范大学出版社 2005 年版，第 62 页。

② 冯桂芬：《校邠庐抗议·制洋器议》，载郑大华点校《采西学议——冯桂芬、马建忠集》，辽宁人民出版社 1994 年版，第 75 页。

③ 同上书，第 84 页。

习西方，大抵也仅仅停留在这些方面。

> "鸦片战役"以后，渐怵于外患。洪杨之役，借外力平内难，益震于西人之"船坚炮利"。于是上海有制造局之设，附以广方言馆，京师亦设同文馆，又有派学生留美之举，而目的专在养成通译人才，其学生之矢量，亦莫或逾此。故数十年中，思想界无丝毫变化。①

梁氏此说，大概也能反映当代诸多国人关于近代中国学习西方的历程认知，但若以后知之明察之，此说也未必完全符合事实。洋务运动后数十年，中国思想界并非真无丝毫变化。大量西学被翻译介绍到中国，影响了相当一部分知识分子；大量新式工厂的产业工人逐步转化为一个新兴的阶级，其生产的过程已经是资本主义的，并逐步促进了民族资本主义的产生；"以西学为主的自强学堂，甚至旧式书院也开设了一部分西学课程，古老的书院制度以其顺乎潮流的变化表现了中国人价值观念的变化"。可以说，"洋务运动汲取来的西方知识对中国传统社会的冲击，比十次旧式农民战争更大"。②

需要注意的是，"中体西用"之说并非简单地向西方妥协。作为体制内实力派官僚的张之洞的这一口号在当时具有非常激进的性质。这一口号更多的是一种大规模学习西方的策略，其重点并不是崇尚"中学"，而是引进"西学"，之所以强调中学之体，是为了扫除国人学习西学的心理障碍。此外，这一策略正视了"天朝大国"的确有不如人的地方。在大多数人感情上仇视西方的时候，张之洞把感情问题与理智问题，把价值理性与工具理性进行了区分，以一种浓重的悲凉色彩向自己的对手学习，彻底跳出了传统"圣学圣道"的框架，开始注重治理国家的形而下方面的问题。不过这也意味着，西方文明不仅仅征服了一个社会上最容易走极端的体制外知识分子，也开始训化体制内的开明官僚。

---

① 梁启超：《梁启超论清学史两种》，朱维铮校注，复旦大学出版社 1985 年版，第 79 页。
② 陈旭麓：《近代中国社会的新陈代谢》，上海人民出版社 1992 年版，第 114—115 页。

3. 西体西用

无论是"以夷制夷",还是"中体西用",至少都意味着中华文明还具有"道"上的优越性与合法性。可是甲午一战,醍醐灌顶,大梦方醒,人们发现,无论是"技",还是"用",都不能拯救中华。道之不存,器之何用?故而中体西用本身就是本末倒置。严复就认为:

> 夫中国之开议学堂久矣,虽所论人殊,而总其大经,则不外中学为体,西学为用也;西政为本,而西艺为末也。至于中学,以西学辅其不足也;最后而有大报学在普通,不在语言之说。之数说者,其持之皆有故,而其言之也,则未必皆成理……故中学有中学之体用,西学有西学之体用,分之则并立,合之则两亡。①

经过几十年的西方化,中国的思想家们已经认识到,西学的体用是一体的。正如列文森所言:"人们根本就不可能在文化的物质部分和文化的精神部分之间划分出一条明显的界限来。"② 既然道与器不可分离,学习西方的器,不可能不学习西方的道,也就是说,西用必西体。正所谓:

> 道,用也;器,体也。体立而用行,器存而道不亡。自学者不审,误以道为体,道始迷离徜恍,若一幻物,虚悬于空漠无朕之际,而果何物也耶?于人何辅,于世何济,得之何益,失之何损耶?将非所谓惑世诬民异端者耶?夫苟变道之不离乎器,则天下之为器亦大矣。器既变,道安得独不变?变而仍为器,亦仍不离乎道,人自不能弃器,又何以弃道哉?③

将"器"上升到"体"的层面,而"道"下降到"用"的标准

---

① 严复:《〈与外交报〉主人书》,《论世变之亟——严复集》,辽宁人民出版社1994年版,169页。
② [美]列文森:《儒教中国及其现代命运》,郑大华、任菁译,中国社会科学出版社2000年版,第53页。
③ 谭嗣同:《报贝元徵书》,《谭嗣同全集》,生活·读书·新知三联书店1954年版,第390—391页。

上，这是西方科学技术在中国大规模采用与引进的逻辑结果，是经济基础变化引起的上层建筑改变，同时也为学习西方的政制与文化扫清了最后的思想负担。也正是此一前后，西学在中国传播的重点悄然发生了改变。相关统计显示，1860—1900 年，在引进的 555 种西学中，社会科学只有 123 种，而自然、应用类有 387 种，这说明此时的西学主要是西艺。但在 1902 年到 1904 年之间，引进的社会科学高达 327 种，而自然，应用类科学只有 168 种。[①]

西方的军事入侵与征服，西学在中国的大规模引进，西方文明在中国的大规模渗透，最终彻底剥夺了这个古老王朝最后的优越感与自豪感，并且成功地颠覆了传统中国人的天下意识、民族意识、家国意识、心理结构与思维方式，以一种边缘化了的痛苦方式逼迫着这个古老的王朝纳入到全球性的世界体系之中。历史性的第一次，他们开始相信，军事与科技胜利的背后是文化与政治的较量，这意味着，胜利者即使是在我们最引以为豪的文化与政治上也高人一等。于是技术与军事问题成了政治与文化问题，成了国本与根基的问题。随着这种思维在社会上的扩散，西方的每一次军事胜利，都成了对中国文化与政治体制合理性与合法性的一次巨大冲击。于是，中国的"体"成了他们挑战与改革乃至革命的对象，西方的"体"则成了他们向往与模仿的目标。这一"体"，不仅包括作为政治制度的民主宪政体制，也涵盖了诸如自由、民主、法治等价值理念。自此以后的相当一段时间内，西学甚至已经具有了天然的合法性，而"'中学'的先天优越感却需要通过重新论证来守护了"，以至于早期的"'中国＝华夏＝文明'与'西方＝夷狄＝野蛮'的二元模式，转而基本上就成了'中国＝夷狄＝野蛮'与'西方＝华夏＝文明'的二元模式"，从而使得中西关系发生了巨大的位移和逆转。[②]

（二）西方的分裂

1949 年 6 月，毛泽东曾在《人民民主专政》中指出，帝国主义

---

① 熊月之：《西学东渐与晚清社会》，上海人民出版社 1994 年版，第 11—16 页。

② 王中江：《近代中国思维方式演变的趋势》，四川人民出版社 2008 年版，第 384—386 页。

的侵略打破了中国人学习西方的迷梦。不过对于晚清知识分子来说，他们大规模学习西方最直接的动力恰恰是因为帝国主义的侵略。而且如前所述，随着西方军事入侵的一次次胜利，最终大部分中国人丧失了他们的心灵主权，接受了西方一整套的价值体系与意识形态。也就是说，到了19世纪的最后几年，虽然大多数中国知识分子并不认同西方对中国的领土入侵与军事征服，但几乎很少有人怀疑西学的正确性。正是在此意义上，列文森才提出了中国人在感情上亲中国而理智上想疏远的论断。以进化论在中国的影响为例，杨度曾在1907年发表的《金铁主义说》中谈道：

> 自达尔文、黑胥黎等以生物学为依据，创为优胜劣败、适者生存之说，其影响延于世间一切之社会，一切之事业，举人世间所有事，无能逃出其公例之外者。①

但是，中国人一直视为真理性坐标的西方及其世界在清季民初也发生了分裂。当尼采说"上帝死了"的时候，他表达的不仅是对启蒙运动以来欧洲社会过度推崇理性的担心，更有一种被祛魅的世界究竟将何去何从的忧思。斯宾格勒的专著《西方的没落》则以宏大的历史叙事逻辑预言西方文明也不可避免地会走向衰亡，甚至在像《了不起的盖茨比》这样的文学作品中也刻意反映了一战后美国年轻人梦想的破碎。随着知识分子对西学了解的深入，或者对西方认识面与接触面的扩大，他们当然会逐步发现西方存在的问题。西方文明的问题在一战中暴露无遗。1918年，梁启超、丁文江、张君劢等人对欧洲进行了长达一年多的考察，他们看到的是，进化论背后的乐观主义与历史目的论不仅在西方没有成为现实，相反，带来了满目疮痍。

西方的分裂对近代中国的影响是多层次多方面的。就政治实践而言，西方的分裂在短期内打破了他们在中国的政治平衡与均势，削弱了他们对中国的控制，而长期看，则是直接推动了20世纪20年代前后中国社会政治精英与知识分子大规模的左倾，并且使得社会主义、

---

① 杨度：《金铁主义说》，载《杨度集》，湖南人民出版社1986年版，第220页。

无政府主义等在中国有了巨大的政治市场，也直接导致了此后的国共两党都以俄为师，而不是单纯地模仿英、美、法、德、日等国家。

就政治思想而言，西方的分裂首先使得一部分洞察力敏锐的思想家开始结束几十年对西学的迷信，反思并跳出自己的思维陷阱而内视自己。最早看出西方分裂或者西方世界存在问题的恰恰是诸如严复、章太炎等或者游学西方，或者对西方著作接触较多的人。严复在1905年考察欧洲后其思想已经有逐步回归传统的趋势，以至于最后在1914年写出《导扬中华民国立国精神议》这样的文章，主张"视忠孝节义为中华民族之特性""以此为立国之精神"①。而章太炎之所以不仅利用佛学对西方现代性进行解构，而且在1916年出狱之后逐步宣传"国粹"，亦与此相连。在他早期的著作中，我们能发现他大量引用诸如康德、黑格尔、叔本华、尼采等这样具有现代性批判意识的西方哲学家的思想，这使他几乎比同时代人早十几年就观察到了另一维度的西方，从而以佛学的资源对西方的现代性进行解构。

如果说严复、章太炎等人属于对西方分裂"先知先觉"的人物的话，那么五四前后文化保守主义成为一股思潮，就不仅仅是因彻底西化而激起的传统势力的回潮，而是因为西方溃疡面扩大，中国传统再一次被审视的逻辑结果。近代中国的文化保守主义或者说主张维系传统的思潮从未中断，从早期反对洋务运动的倭仁，到戊戌变法时期的叶德辉，都在强烈反对西化。倭仁主张"以仁义救天下"②，叶德辉则宣称"孔教为天理人心之至公，将来必大行于东西文明之国"，直斥那些"谓西教胜孔教者"为"谬种"③。不过在来势凶猛的西化思潮的冲击下，这些思想只产生了非常有限的影响。至少在庚子前后，在传统与现代的两分法中，大部分精英一直是以西方为价值坐标的。由此传统获得了非常负面的评价。但是，西方的分裂最终使得中国人开始反思这一真理性坐标的合理性。于是传统的价值再一次被审视，甚至一些此前的激进派纷纷成了保守派。列文森对此详细地说道：

---

① 王宪明编：《严复学术文化随笔》，中国青年出版社1999年版，第258页。

② 倭仁：《倭文端公遗书》卷一"讲义"，台湾成文出版社1968年版，第145页。

③ 苏舆：《翼教丛编》卷三《叶吏部〈明教〉》，上海书店出版社2002年版，第66、69页。

无论如何，第一次世界大战所造成的西方文化的危机，使中国的传统主义者欢欣鼓舞，战后他们发表的大量为中国传统辩解的言论，可以用此前的进化论者严复的一句幸灾乐祸的话来概括，即欧洲三百年的进步带来的只是"利己、杀人、寡廉、鲜耻"。①

（三）传统中国的内部转型

西方文明的入侵构成了近代中国最大的底色。但是，另一方面，我们也"必须承认一个基本的事实，即近代以前的中国历史一直是相对独立发展的"②。这一漫长的历史谱系发展到晚清时期，即使没有外来文化的冲击，恐怕其在思想方面也会面临部分的转型③，这是晚清社会在思想与政治方面自身发展的要求。

有清一代，思想上占据主导地位的是考据学。无论考据学兴起的背景与原因以及他与宋明理学的关系如何④，不可否认的是，单纯从学术上看，考据学在对中国传统文化的整理、发掘、阐释以及在史料的搜补、鉴别、校勘等各方面都做出了卓越的贡献，诚如郭沫若所

---

① ［美］列文森：《儒教中国及其现代命运》，郑大华、任菁译，中国社会科学出版社2000年版，第99页。

② 张星久：《中国政治思想史》，武汉大学出版社2011年版，第5页。

③ 这种转型是否能够给中国带来突变，是西方汉学研究的重要分歧所在。"冲击—回应模式把中国描绘成消极的，把西方描绘成积极的，近代化取向（特别是五十年代和六十年代所采取的形式）则把中国描绘成停滞不前的'传统'社会，有待精力充沛的'近代'西方赋予生命，把它从永恒的沉睡中唤醒"，他们与"帝国主义模式""近代—传统"模式一样，"坚持认为19、20世纪中国发生的任何重要变化只可能是由西方冲击造成的变化，或者是对它的回应所导致的变化。"中国中心论者认为"应该从中国的角度出发重新解释整个改革现象""19、20世纪的中国历史有一种从18世纪和更早时期发展过来的内在的结构和取向"。［美］柯文：《在中国发现历史——中国中心观在美国的兴起》（增订本），林同奇译，中华书局2002年版，第168—169、171、210页。

④ 梁启超、章太炎等人将考据学与清代文字狱相联系，认为前者兴盛的原因在很大程度上归因于后者。而钱穆、余英时等新儒家则从思想的内在理路方面将考据学与宋明理学内在联姻。实际上前者是基于社会史的考察，后者则是基于思想史的视角。梁启超：《论中国学术思想变迁之大势》，上海古籍出版社2001年版，第100—119页；余英时：《历史与思想》，台北联经出版事业公司1976年版，第87—166页。

言："欲尚论古人或研究古史，而不从事考据，或利用清儒成绩，是舍路而不由。"① 与此同时，从乾嘉到清末，前后逾两百多年，漫长的考据学历史使得这一学派发展到了极致，也注定了其鼎盛辉煌之后的衰落。一方面，由于这一学派时间跨度大，人员多，因此，至嘉道以后，"考证古典的工作，大部分被前辈做完了，后起的人想开辟新田地，只好走别的路"②。这意味着晚清的学术转型是迟早的事情。另一方面，考据学本身也对学者的治学功夫提出了非常高的要求，非十几年甚至几十年国学的积淀几乎很难有所作为，这也使得很多年轻的知识分子对于这一学问只能退避三舍，望而却步。戴震曾对此一学问所需要的知识学体系做过一次概说，其言曰：

> 诵《尧典》数行，至"乃命羲和"，不知恒星七政所以运行，则掩卷不能卒业。诵周南、召南，自关雎而往，不知古音，徒强以协韵，则龃龉失读。诵古礼经，先士冠礼，不知古者官室、衣服等制，则迷其方，莫辨其用。不知古今地名沿革，则禹贡职方失其处所。不知少广、旁要，则考工之器不能因文而推其制。不知鸟兽虫鱼草木之状类名号，则比兴之意乖。而字学、故训、音声未始相离，声与音又经纬衡纵宜辨……凡经之难明右若干事，儒者不宜忽置不讲。仆欲究其本始，为又十年，渐于经有所会通，然后知圣人之道，如悬绳树槷，毫厘不可有差。③

由是观之，考据之学，其所涉及的知识除传统经史之外，凡天文地理，花鸟虫木，音韵文字等，皆需一一齐备，故"一字之义，当贯群经，本六书，然后可定"④，动辄为考一字而作千言。这种治学路径引起了很多人的批评，最终使得知识分子逐步走上了经世致用的今

---

① 郭沫若：《读随园诗话札记》，载文学编《郭沫若全集》（第16卷），作家出版社1962年版，第395页。

② 梁启超：《中国近三百年学术史》，天津古籍出版社2003年版，第29页。

③ 戴震：《与是仲明论学书》，载张岱年主编《戴震全书》（第6册），黄山书社1995年版，第371页。

④ 同上。

文经学之路。

如果说考据学的烦琐化与庸俗化倾向是这一学术流派逐步衰弱的内在原因的话，那么，晚清的政治与社会衰朽则进一步促进了这一学术流派的非中心化。正如梁启超所言："政治的剧变，酿成思想的剧变。"① 清咸丰、同治以后，先是洪杨之乱，接着是捻军、回民、苗疆之变，此后又经历英法联军之难，此外整个官僚体制内部贪污腐败层出不穷。对于这些日益严重的社会与政治问题，考据学并不能给人带来兴奋点。在和平与宁静的年代，"风声，雨声，读书声，声声入耳"，知识分子沉潜于书斋，做"无用"的学问，探本究源，是对社会与国家的贡献。但在一个危机日益加深的社会，在一个政治逐渐衰朽的时代，对于传承"道义"合法性的知识分子来说，如果一味地独善其身，追求内心的宁静，恐怕就值得反思与追问了。因此，"在外国侵略者和国内动乱等重大问题迫在眉睫时"，晚清绝大多数知识分子在责任感与道义感的驱使之下，"家事，国事，天下事，事事关心"，"即使是考研汉学的学者也放弃了传统的不问世事的态度"，而逐步介入到了公共事务之中，这同样促使了晚清学术主流的转型。②

二　基本焦虑

（一）事实秩序的危机——生存危机

从大历史观的角度来看，每一个时代都有它最基本最核心的问题。这些问题是这个时代最基本的焦虑。近代中国最基本最核心的问题首先是生存问题，也即面对着一种外来文明前所未有地持续性冲击，如何避免国家被分裂、被吞噬、被割据，从而维系基本的独立与统一的问题，其余诸如自强、启蒙等思想，在很长一段时间内都被认为是达成此一目标之手段。

历史地看，两次鸦片战争虽然以失败而告终，但并没有引起中国精英阶层大规模的焦虑，毕竟军事上的几次失败并非动摇国本的根本

---

① 梁启超：《中国近三百年学术史》，天津古籍出版社 2003 年版，第 32 页。
② 徐中约：《中国近代史》，世界图书出版公司 2013 年版，第 314 页。

问题。可是甲午海战，天朝大国被弹丸之地的日本击败，更何况日本不是真正的西方，只是东洋虾夷岛国，故而此战打败的不仅仅是大清帝国的北洋水师，更是惊醒了大多数中国人的迷梦，而且摧毁了中国精英阶层最后的自豪感与自尊心，引起了一种空前的焦虑。经此一役，何启、胡礼垣在《新政始基》中发出了"四万万人如阶下囚"的感叹。① 梁启超也说："唤起吾国四千年之大梦，实则甲午一役始也。"②

自此以后，整个社会开始弥漫着一种浓重的危机意识、救亡意识以及维新意识。一是宣传新思想的报纸数量激增。根据统计，1895年中国报刊共有 15 家，而到 1898 年数量激增到 60 家。③ 这些由士绅阶层精英人士主持的新型报纸的重点在于介绍西方的新思想、新制度，对中国社会各阶层进行政治社会化。如 1895 年 8 月 17 日由康有为、陈炽等人在北京创办的《万国公报》（后改名为《中外纪闻》），意在介绍"格致有用之书"，探讨"万国强弱之原"，广开知识，宣传变法，以至于第二年年初即被查封。1896 年 8 月 9 日由黄遵宪、汪康年、梁启超等人创办的《时务报》，由其名即可知大致旨趣。梁启超在创刊号上撰写的《论报馆有益于国事》一文亦指出，创办报纸之初衷，在于"广译五洲近事"，使"阅者知全地大局，与其强盛弱亡之故"④。可以说，求教于西方，探索国家富强之道，乃是此时各报纸的共识。二是在传播新思想的报纸数量激增的同时，此一时期政治性的结社组织的数量也在激增。⑤ 这些新成立的政治组织关注的核心同样是"强"。1894 年成立的兴中会认为"中国积弱，至今极矣"，当今中国，面对的是"强邻环列，虎视鹰瞵""蚕食鲸吞，已效

---

① 何启、胡礼垣：《新政始基》，载郑大华点校《新政真诠——何启、胡礼垣集》，辽宁人民出版社 1994 年版，第 182 页。

② 丁文江、赵丰田：《梁启超年谱长编》，上海人民出版社 1983 年版，第 38 页。

③ 张灏：《中国近代思想史的转型时代》，载许纪霖、宋宏编《现代中国思想的核心观念》，上海人民出版社 2011 年版，第 3 页。

④ 梁启超：《论报馆有益于国事》，《饮冰室合集》（第一册：文集之一），中华书局 1989 年版，第 102 页。

⑤ 张灏：《中国近代思想史的转型时代》，载许纪霖、宋宏编《现代中国思想的核心观念》，上海人民出版社 2011 年版，第 4 页。

（尤）于踵接；瓜分豆剖，实堪虑于目前"的局面，只有"讲求富强之学"，才能"振兴中华""维持国体"①。1895 年成立的强学会更是突出了一个"强"字，同样认为当今中国处于大动乱时期，"天下之变，岌岌哉"，因此，一定要"累合千万之群"以救中国。② 在 19 世纪最后几年里，"强"几乎成了很多知识分子以及他们创办的期刊思想中最核心的理念之一，史华兹甚至用"寻求富强"来聚焦严复一生的核心思想。不宁唯是，"强"也开始成为官方人士追求的目标。马关条约签订后不久，翰林院掌院学士麟书就向皇帝呈进冯煦的《自强四端》，提出要行实政、求人才、经国用、恤民生。③ 最终，"自强"成了朝野上下的普遍观念，④ 成了一种最强力的"集体意识形态"或者"集体信仰"。

各种学会、期刊以及朝野人士纷纷以"强"为宗旨，反映的正是中国自身的"弱"，折射的是一种最基本的身体意识，体现的是中华民族的性命与生死问题成了焦点，所以才有诸如"国无以为国"⑤"国将何以为国"⑥"举朝皆亡国之臣"⑦ 之类的感叹与心酸。"强"意味着至少在事实层面上，在 19 世纪最后几年的中国，中国人的基本生存问题成了国人思考的重心。

三年之后，德国又在伤口上撒盐，通过武力强占了中国的胶州湾。这一事件又一次拨动了中国知识分子的神经，进一步强化了他们的生存危机意识。这种危机意识是空前的。"强"并非一朝一夕之功，当务之急甚至不是"强"，也没有那么多的时间去运筹帷幄，迫切的工作是"保"，保中国、保种族、保圣教，甚至要保大清。从"强"到"保"，反映的是随着危机意识的逐步弥散化，知识分子的

---

① 孙中山：《香港兴中会章程》，《孙中山全集》（第一卷），中华书局 1981 年版，第 21—22 页。

② 康有为：《上海强学会序》，《申报》1895 年 10 月 18 日第 1 版。

③ 《光绪朝朱批奏折》第 120 辑，中华书局 1996 年影印版，第 605—622 页。

④ 葛兆光：《1895 在中国思想史上的象征意义》，《开放时代》2001 年第 1 期。

⑤ 《缘督庐日记》（光绪乙未三月廿五日），转引自《中国近代文学大系·书信日记集2》，上海书店 1992 年版，第 338 页。

⑥ 《光绪朝朱批奏折》第 120 辑，中华书局 1996 年影印本，第 643 页。

⑦ 郑孝胥：《郑孝胥日记》（第一册），中华书局 1993 年版，第 482 页。

底线也一步步退让。保国会看到的是"国地日割，国权日削，国民日困"的基本现实，因此，他们思考的是如何"保国家之政权土地""保人民种类之自立"①。梁启超先生在为"南学会"取名时更是悲凉地写道：

> 盖当时正德人侵夺胶州之时，列强分割中国之论大起。故湖南志士，人人做亡后之图，思保湖南之独立。②

做"亡后之图"，这既是一种超前的危机意识，也反映了那个时代最前沿的知识分子的心声。可以说，军事上不断地被征服，领土上不断地被瓜分，思想上不断地被"西化"，最终使得"生死"问题，"性命"问题变成了近代中国首要的问题，成为近代中国几代知识分子最基本的焦虑。虽然各种流派的政治程式各不相同，思想家们思考问题的侧重点也各异，但其思维的核心，无不以救亡为主导。也正是这一基本焦虑导致了近代中国知识分子的思想往往存在被后世所诟病的诸多矛盾与困境。③

（二）价值秩序的危机——合法性危机

如前所述，随着西方军事征服的一次次胜利，国人最终相信，军事征服的背后是文化与政治体制的较量，西方军事的胜利已经不是技术的胜利，而是其文化与政治体制的优越性的胜利。在很多知识分子看来，甲午海战，日本战胜中国，体现的恰恰是君主立宪政体对君主

---

① 《保国会章程》，《国闻报》1898 年 5 月 7 日第 1 版。
② 梁启超：《戊戌政变记》，中华书局 1954 年版，第 138 页。
③ 比如李泽厚所说的救亡压倒启蒙，使得启蒙成了未竟的事业；黄克武说的"在救亡的危机感之下知识分子革命精神高涨，企图依赖一个有效的主义"，使得 20 世纪中国民主思想的主流是"以人性论与认识论上的乐观主义为基础，并充满了转化精神与乌托邦色彩的中国式卢梭主义的民主观念"；许纪霖说的"以国家为核心的力的秩序"以及"中国式的功利主义"。李泽厚：《救亡与启蒙的双重变奏》，《中国现代思想史论》，东方出版社 1987 年版，第 7—50 页；黄克武：《近代中国转型时代的民主观念》，载许纪霖、宋宏编《现代中国思想的核心观念》，上海人民出版社 2011 年版，第 461—480 页；许纪霖：《现代性的歧路：清末民初的社会达尔文主义思潮》，《史学月刊》2010 年第 2 期。

专制政体的胜利。

> 考中国败弱之由，百弊丛积，皆由体制尊隔之故。①
>
> 中国最重三纲，而西人首明平等；中国亲亲，而西人尚贤；中国以孝治天下，而西人以公治天下；中国尊主，而西人隆民。②
>
> 国之强弱悉推原于民主，民主斯固然矣。君主者何？私而已矣；民主者何？公而已矣。③
>
> 君权日益尊，民权日益衰，为中国致弱之根原（源）。④

谭嗣同更是激进，他不仅把中国历代君主斥为独夫民贼，而且主张"杀尽天下君主，使流血满地球，以泄万民之恨"⑤。

于是人们开始将矛头对准自身，对准传统。一边是因甲午海战以及胶州湾事件而激起的巨大的民族主义洪流，另一边则是痛定思痛后对自身传统强烈不满而逐步兴起的反传统主义。生存的危机首先导致的是传统政治秩序的合法性危机。对于汉人知识分子来说，他们对这一合法性危机的心理是双重的。一方面，在思维层面逐步"西化"的同时，面对着领土被割让，主权被践踏的现实，他们一开始对清政府还是有期待的，甚至像章太炎这样的反满先锋，都曾写了《客帝》这样主张以改良挽救时局的文章。但另一方面，清政府的一次次失败又从另一个层面证实了他们祖先的正确性：异族统治的衰朽与无能，故而光复这项未竟的事业依旧任重而道远。晚清政权的合法性危机绝不仅仅是因华夷之辨而产生的"政统"的非正统性，而是同时遭遇了法统与道统的危机。这一危机本质上是现代法理性对传统法理性的

---

① 康有为：《上清帝国第七书》，载汤志钧编《康有为政论集》（下），中华书局1981年版，第219页。

② 严复：《论世变之亟》，《论世变之亟——严复集》，辽宁人民出版社1994年版，第3—4页。

③ 梁启超：《与严幼陵先生书》，《饮冰室合集》（第一册：文集之一），中华书局1989年版，第109页。

④ 梁启超：《西学书目表后序》，《饮冰室合集》（第一册：文集之一），中华书局1989年版，第128页。

⑤ 谭嗣同：《仁学》，中华书局1958年版，第53页。

解构，是人民主权对君主主权的取代，是现代政治秩序及其建构逻辑对传统政治秩序及其建构逻辑的彻底瓦解。由此传统政治秩序的合法性危机带来的是"传统政治秩序在转型时代由动摇而崩溃"，是"普世王权的崩溃"。此一秩序的崩溃，进而"使得中国人在政治社会上失去重心和方向，自然产生思想上极大的混乱和虚脱"，同时带来"文化危机"以及"取向危机"，也即价值秩序的危机。① 以前被人们当成天理与无需质疑的规范、准则与制度，全都受到了挑战，中国传统的一切甚至因为"反中国情结"（Anti－chinesism）而被全盘否定。一句话，作为规范集合的传统的合法性成了危机。章太炎在《上书李鸿章》中谈道：

> 乃者胶事良已，德皇子踵至，俄、英、法诸国又以其间觊觎息壤，瓜分之形，瞰如泰山。恫天纲之解维，悲横流之靡届。②

"恫天纲之解维"，蕴含的是整个国家维系基本秩序的价值规则已经不复存在，"悲横流之靡届"则意味着在秩序解体的面前，知识分子的痛心疾首以及整个社会精神秩序的无序。短短几年，中国从"以道胜"的地球中心堕落到世界的边缘地带③，从"万国衣冠拜冕旒"的"华夏"变成了任人宰割、任人凌辱的"犬羊"，一方面反映的是在严峻的政治与军事现实面前，知识分子因为对性命问题的担忧而引起的狂躁、恐惧与视觉幻想。其实西方并不打算像殖民非洲那样彻底地占领这个传统帝国④，中国在当时的综合实力也并非他们想象的那样"样样不如人"。但是，这一视觉幻想反映了一个更为根本的问

---

① 张灏：《中国近代思想史的转型时代》，载许纪霖、宋宏编《现代中国思想的核心观念》，上海人民出版社 2011 年版，第6—7页。

② 汤志钧编：《章太炎年谱长编》（上册），中华书局 1979 年版，第61页。

③ "形而上者中国也，以道胜；形而下者西人也，以器胜"，王韬：《弢园尺牍》，中华书局 1959 年版，第30页。

④ 经过几十年间歇性的军事战争，即使是帝国主义也逐步认识到中国自身对西方具有非常强的抵抗力，全面占领中国是不可能的事情，相反，以条约体系巩固其非正式的间接控制时寄希望于文化渗透乃是更为有效的办法。罗志田：《帝国主义在中国：文化视野下条约体系的演进》，《中国社会科学》2004 年第5期。

题，就是中国已经不再是传统中国了。国人经过近半个世纪的"西方化"，再加上西方对中国不断的"政治社会化"①，"西方"已经融入到了中国人的思维层面了，换句话说，西方已经成了中国新近的传统。对主权问题的重视，在谈判桌上对国际法的解释与利用，天演与进化的公理世界观的流行，自由与民主等词汇的日益兴盛，甚至民族与国家问题成为焦点等，所有这一切，其背后的逻辑是至少在思维范式上，中国人已经接受了西方的一整套语言符号与话语系统。而传统中国的符号系统整体的合法性受到了质疑与挑战，虽然这些将会在隐性层面上继续影响中国人。从某种意义上讲，当时的知识分子甚至今天的教科书都几乎夸大了帝国主义在领土方面对中国主权的侵略②。而另一方面，帝国主义在文化渗透与政治社会化方面，或者说在意识形态的入侵方面则比对领土的入侵更加严重，而且取得了压倒性的成功。自此以后，西方远非军事与科技上的西方，西方本身就成了信仰，成了一种全面的意识形态。虽然这套意识形态与信仰曾在一战以后发生过动摇，但其内在的理念已经深入中国人的思维与心理层面，直到今天，依然影响着中国人。

上述这一宏大的思想背景对章太炎思想发生的影响在于，晚清传统研究的内部转型使得章太炎自始至终都具有知识分子的使命感、责任感与担当感，只要外部环境发酵，其必定会选择此一经世之路径，而非选择书斋里的学问。西方现代性的大规模入侵与生存秩序危机是章太炎1896年不顾乃师反对而出走诂经精舍的最直接原因，也是章

---

① 这种政治社会化主要是通过以下几种方式完成的：传教士的说教；留学生的主动学习；大量西学经典被翻译到国内；军事征服的直接后果等。以留学日本为例，"留日学生运动一旦发端，就不断冲击着旧的统治秩序，成为整个近代留学生运动的重要分水岭"。又如西学的大量引进，"不满现状、力主改革的人们对它持热烈欢迎的态度，希望通过进行西学，强国富民，推动中国的进步"。桑兵：《清末新知识界的社团与活动》，生活·读书·新知三联书店1995年版，第136—195页；熊月之：《西学东渐与晚清社会》，上海人民出版社1994年版，第368页。

② 无论是清季民初的知识分子还是官方的意识形态，几乎都非常严重地看待帝国主义对中国领土与主权方面的侵犯，而晚清到19世纪80年代的知识分子以及体制内官僚，更加看重的是帝国主义对中国纲常名教等方面的影响，这其中的路径变迁恰恰说明了西方的入侵在领土方面是失败的，而在文化与意识形态方面取得了成功。罗志田：《帝国主义在中国：文化视野下条约体系的演进》，《中国社会科学》2004年第5期。

太炎此后著述最大之关切。正如其所言：

> 少时治经，谨守朴学，所疏通证明者，在文字器数之间。……
> 遭世衰微，不忘经国，寻求政术，历览前史。①

　　西方的分裂与中国价值秩序的危机为章太炎批判现代性及其建构
自己的哲学体系提供了充足的理由。正是因为章太炎体验到了西方的
另一个维度：一个自负的西方，一个将主观建构当成客观真理的西
方，一个西方人自身也在进行自我批判的西方，章太炎才能走出当时
大多数人的思维困境，对西方的现代性给予彻底的解构。而中国的价
值秩序危机则使得章太炎急欲重建中国文化的新秩序，故而在批判西
方现代性的同时，也在刻意建构自己的哲学体系，并以一套全新的乌
托邦对抗西方现代性之至善论。

---

　　①　章太炎：《菿汉微言（选录）》，载汤志钧编《章太炎政论选集》（下册），中华书
局 1977 年版，第 734 页。

第二章 传统中的知识分子

时代背景与一个时代的基本焦虑决定了某一时代的思想家在思考问题时具有某种共同的底色，因此，他们的思想总是具有某种同一性，他们之所以能够被称为思想家，恰恰是因为他们发现、关注以及思考了那个时代最核心最基本的问题，并为之寻求可能的答案。然而，即使是同一时代的思想家，其思想内涵又总是有差异，对于同一问题，他们给出的解决方案可能有天壤之别，这其中个体受到的各种知识训练，个体独特的人生经历等，都发挥了作用。在章太炎思想的发生与发展过程中，传统依旧具有特别的重要性。诂经精舍七年的旧学训练，造就了他深厚的国学功底；而清中期开始的"以子学证经学"的学术理路，经过他的反转运用，成了他日后重新诠释传统，推陈出新的不二法门；因缘巧合而接触的佛学世界观则是他批判西方现代性最重要的思想资源；至于明末清初的反满传统，更是他早期民族主义的重要内容。

一 诂经精舍：考据与义理

章太炎在入诂经精舍之前，通过其家庭已经受到了比较好的传统知识学训练。其曾祖章均，"援例得训导，教于海盐儒学"，祖父章鉴为国子监生，藏书颇丰，父亲章濬曾为诂经精舍监院，并立家训告诫子孙："精研经训，博通史书，学有成就，乃称名士"。① 外祖父朱有虔更是著名的汉学家。章太炎在九岁时，"外王父海盐朱左倾先生

---

① 汤志钧编：《章太炎年谱长编》（上册），中华书局1979年版，第2—4页。

讳有虔来课读经"，"课读四年，稍知经训"①。这是章太炎接受的最早学习。此后章太炎在 17 岁时又学习了四史、《文选》《说文解字》，翌年，再读唐人《九经义疏》、顾氏《音学五书》、王氏《经义述闻》以及郝氏《尔雅义疏》，"自是一意治经，文必法古"。是时，章太炎患眼疾，但其酷爱经学，因此，即使"眩厥未愈"，也依旧读书精勤，"晨夕无间"②。通过良好的家学训练，章太炎在经学上的悟性开始展露，20 岁时在余杭，"谈论每过侪辈"，终于在其 21 岁时有了"著述之志"③。

1890 年章太炎 23 岁时，其父去世，既葬，肄业诂经精舍，从学德清俞荫甫（樾）先生，一直到 1897 年 1 月之前，章太炎一直在此学习。期间章太炎还问经于高宰平（学治）、问法度于谭仲仪（献）。诂经精舍是当时的汉学重镇，其教学虽涉及小学、地理、算法与词章，但重点与中心却是研究经训，"以经训为先"④，讲究古言古制，目的在于"使学者知为学之要，在乎研求经义，而不在乎明心见性之空谈，月露风云之浮躁"⑤。因此，其主旨与理学以及今文经学皆有异曲。

诂经精舍的七年对章太炎的影响是深远的。章太炎后来无论是被冠之以古文经学家、国学大师，还是被解读成为反传统的先锋，都受惠于此七年的正统训练。一方面，俞樾与戴震、段玉裁、王念孙、王引之等一脉相承，其学问是有清一代考据学的正统，太炎早年治学，深受此影响。另一方面，章太炎后来在儒学上能够与康有为分庭抗礼，实际上是入室操戈，正所谓知己知彼，方可百战不殆。如果没有诂经精舍七年时间对传统尤其是经史的系统理解与把握，章太炎也就很难在今后对传统加以系统的重新诠释。

---

① 汤志钧编：《章太炎年谱长编》（上册），中华书局 1979 年版，第 4 页。

② 章炳麟：《民国章太炎炳麟自订年谱》，台湾商务印书馆 1980 年版，第 3 页。

③ 《自述治学功夫及志向》中有文："知不能明训诂，不能治史汉，乃取说文解字段氏注读之，适尔雅郝氏义梳初刊成，求得之。二书既遍，已十八岁。读十三经注疏，暗记尚不觉苦。毕，读经义述闻，始知运用尔雅、说文以说经。"章太炎：《自述治学功夫及志向》，载马勇编《章太炎学术文化随笔》，中国青年出版社 1999 年版，第 338 页。

④ 梅启照：《诂经精舍四集序》，《诂经精舍四集十六卷》，光绪五年中夏刊，哈佛燕京图书馆藏。

⑤ 俞樾：《诂经精舍四集序》，《诂经精舍四集十六卷》，光绪五年中夏刊，哈佛燕京图书馆藏。

古之学者尚立功、立德与立言。章太炎在此期间立言颇有所成，先后写成《膏兰室札记》与《春秋左传读》两部专著，另有《春秋左传读叙录》一册，此外还有诸多"课艺"辑入《诂经精舍课艺》七集。《膏兰室札记》作于1891—1892年前后，凡474条，考释诸子350余条，考释儒家《诗》《书》《礼》《易》《春秋》80余条。该书无论是考释路径，还是治学内容，基本师承乃师，因袭汉学，重在考释与辩驳。有对文字、音韵进行诠释的，如第160条对《淮南·兵略训》中的"大地计众"考释曰：

> 《淮南·兵略训》：楚国之强，大地计众，中分天下。按《广雅·释诂》：拙，数也。王怀祖曰：拙亦通作世。《逸周书·世俘解》世俘，谓数俘也。麟谓大与世通，若世子即大子，世叔即大叔矣。大地计众，谓数地计众也。①

除此之外，也有对史事以及古书真伪进行考证的，如第50条对晏子生卒提出异议②，第385条通过简单的比较认为《列子》为伪书。其论如右：

> 《史通·申左》篇云：《列子》书论尼父，而云生在郑穆公之年，日月颠倒，上下翻覆。自注出刘向《七略》。按此非《七略》之误，正可见今本《列子》之为伪书也。③

其余或对古注择善而从，对旧注提出新义④，或对清儒考证提出

---

① 章太炎：《膏兰室札记·大地计众》，载沈延国、汤志均点校《章太炎全集》（膏兰室札记 诂经札记 七略别录佚文徵），上海人民出版社2014年版，第65页。

② 章太炎：《膏兰室札记·晏子生卒》，载沈延国、汤志均点校《章太炎全集》（膏兰室札记 诂经札记 七略别录佚文徵），上海人民出版社2014年版，第50页。

③ 章太炎：《膏兰室札记·列子为伪书》，载沈延国、汤志均点校《章太炎全集》（膏兰室札记 诂经札记 七略别录佚文徵），上海人民出版社2014年版，第189页。

④ 章太炎：《膏兰室札记·混吾》，载沈延国、汤志均点校《章太炎全集》（膏兰室札记 诂经札记 七略别录佚文徵），上海人民出版社2014年版，第97页。

批评①，凡"历史、地理、天文历法、音律、典章制度"，皆在其可考可训之列。不过数年后他对自己的这些功课看起来并不满意，认为其中"多穿凿失本意，大氐十得其五耳"，并认为加以数年，就可以做到基本正确。②

章太炎在此期间所写的另一本著作为《春秋左传读》，该书作于1891—1896 年，凡 50 余万字，立意高远，旁征博引，广纳古今，"承袭乾、嘉汉学传统，熟练地运用前人文字音韵学成果，广泛地对《左传》和周、秦、两汉典籍进行比较研究，在考订诠释《春秋左氏传》古字古词、典章名物、微言大义方面，提出了不少精到的见解"③。如《隐公》篇对东汉贾逵所说的孔子"立素王之法"提出辩驳：

> 贾侍中《春秋序》："孔子览史记，就是非之说，立素王之法"，麟按：侍中之说，本于太傅。《过秦下》云："诸侯起于匹夫，以利会，非有素王之行也。"是说匹夫而有圣德者为素王也。董膠西《对策》云："孔子作《春秋》，先正王而系以万事，见素王之文焉。"是《公羊》说亦同。《庄子·天道》云："以此处上，帝王天子之德也；以此处下，玄圣素王之道也。"庄子诋诃圣人，谯议儒学，而犹不敢削素王之名。是知孔子所字号，明矣。《说苑·君道》："孔子曰：夏道不亡，商德不作；商德不亡，周德不作；周德不亡，《春秋》不作。《春秋》作，而后君子知周道亡也。"然则夫子于此又何让焉？而杜预以欺天拟之。子曰："罪我者，其惟《春秋》乎！"正为预辈言之也。④

章太炎此处所说，就基本史事而言，大体援引孔颖达《春秋左传

---

① 章太炎：《膏兰室札记·论臧拜经言韵之谬》，载沈延国、汤志均点校《章太炎全集》（膏兰室札记 诂经札记 七略别录佚文徵），上海人民出版社 2014 年版，第 107 页。

② 汤志钧编：《章太炎年谱长编》（上册），中华书局 1979 年版，第 17 页。

③ 章太炎：《春秋左传读校点说明》，《章太炎全集》（二），上海人民出版社 1986 年版，第 1 页。

④ 章太炎：《春秋左传读》，《章太炎全集》（二），上海人民出版社 1986 年版，第59—60 页。

正义》对杜预《春秋左传集解序》所做的"疏",其对贾逵、贾谊以及董仲舒、杜预（元凯）等人关于孔子以及《春秋》的看法亦大体与史实相符。按杜预《春秋左传集解序》所说,孔子作春秋,其微言大义,不过"章往考来",即使言高旨远,辞约义微,也是"理之常,非隐之也"①。又何以孔子不配素王之位?盖《春秋》者,天子之事,夫子"郁郁乎文哉,欲从周",其私作《春秋》,于礼何?故罪我者,《春秋》也。且其将死,子路以门人为臣,夫子尚以为此举欺天,况素王之位乎?故章太炎此一诠释,亦言之成理也。不过与《膏兰室札记》类似,章太炎后来对自己的这部著作亦不满意,认为该书"尚多凌杂",故"中岁以还,悉删不用,独以'叙录'一卷、'刘子政左氏说'一卷行世"②。这也是《春秋左传读》在章太炎生前并未正式刊行于世之缘由。

在《春秋左传读》之外,章太炎还有一小册名曰《春秋左传读叙录》,论者常混淆彼此。按《章太炎全集》第二册关于《春秋左传读》的校点说明,该书"原名《后证砭》,为反驳刘逢禄《左氏春秋考证》卷二《后证》而作,论证《左氏春秋》'称传之有据,授受之不妄',1907 年发表于《国粹学报》"③。

按照诸祖耿撰写的回忆,该书成书后章太炎曾经"呈曲园先生",但先生并不认可,认为该书"虽新奇,未免穿凿,后必悔之"④。

除了奠定基本的考据学功底之外,诂经精舍的学术熏陶还奠定了其后思想上的一大特色,即对诸子、非主流的重视。清中期以后,大量考据学的研究都采用以子学证经学以及"以经传诸子转相证明"的思路。⑤乾隆年间,部分学者基于研究方便的需要,开始将治学目

---

① 李学勤主编:《十三经注疏·春秋左传正义（上）》,北京大学出版社 1999 年版,第 29—30 页。
② 章炳麟:《民国章太炎炳麟自订年谱》,台湾商务印书馆 1980 年版,第 5 页。
③ 章太炎:《春秋左传读校点说明》,《章太炎全集》（二）,上海人民出版社 1982 年版,第 2 页。
④ 诸祖耿:《记本师章公自述治学之功夫及志向》,载陈平原、杜玲玲编《追忆章太炎》,生活·读书·新知三联书店 2009 年版,第 67 页。
⑤ 王汎森:《章太炎的思想（1868—1919）及其对儒学传统的冲击》,台北时报文化出版事业公司 1985 年版,第 27 页。

光从儒学典籍移向诸子学，《韩非子》《老子》《庄子》《荀子》《管子》《商君书》皆在他们研究整理之列。晚清王先谦、俞樾、孙诒让等大师继承清中期的这一学术传统，继续从事以子证经的学术研究。章太炎受其师俞樾的影响，学问之初即开始对诸子学感兴趣，这从上述《膏兰室札记》的考证中可见一斑。该书所考之内容，较正统考据学对诸子之校勘、考证等范畴已经有所超越，《列子》《文子》《管子》《淮南子》《墨子》等皆在其考之列，并不桎梏于传统之境。至于此后写的《诸子学略说》《齐物论释》《庄子解故》《管子余义》，则不仅仅是以子证经，更为诸子证名，甚至借此贬低儒家，罢黜孔子之圣人地位，这大概是其师俞樾先生始料不及的。

诂经精舍的经历还为章太炎学术风格上的不守家法奠定了基础。其师俞樾治学风格并非拘谨保守，章太炎称其师：

> 治《春秋》颇右公羊氏，盖得之翔凤云。为学无常师，左右采获，深疾守家法违实录者。①

梅启照在为《诂经精舍四集》所作的《序》中亦有言：

> 先生博览兼综，百川赴海，无所不容；明镜在空，无微不照。②

更重要的是，章太炎在诂经精舍期间还结识了诸如谭献、高宰平这样的人。前者治经本身偏向于今文经学，《清史稿》为其作传时这样写道：

> 少负志节，通知时事。国家政制典礼，能讲求其义。治经必求两汉诸儒微言大义，不屑屑章句。③

① 章太炎：《俞先生传》，《章太炎全集》（四），上海人民出版社1985年版，第211页。
② 梅启照：《诂经精舍四集序》，《诂经精舍四集十六卷》，光绪五年中夏刊，哈佛燕京图书馆藏。
③ 《清史稿》卷四百八十六，《列传二百七十三·谭廷献》，《文苑》三，中华书局1977年版，第13441页。

对于这样一位讲究"微言大义"的大师，章太炎曾登门拜访，并示之以自己的《春秋左传读》，请他"指其瘢垢"，其魏晋文风更是影响了章太炎一生。虽然论者常称章太炎为古文经学家，但实而论之，章太炎一生并不拘泥于经今古文，[①] 其在诂经精舍所作的"课艺"以及《春秋左传读》等著作都对今文经加以援用，他也欣赏顾炎武、黄宗羲、戴震等人主张从考据学中发展出义理的明经达道路径，故而最终写出了《国故论衡》《莉汉微言》《莉汉昌言》之类探讨儒家义理的著作，足见其为学为文不守家法，超越门户。

诂经精舍对于章太炎的影响，远不限传道、授业与解惑。在诂经精舍，章太炎曾登门向高学治求教，这位年逾古稀的老人告诫章太炎：

> 惠、戴以降，朴学之士，炳炳有行列矣；然行义无卓绝可称者，方以程、朱侃也。视两汉诸经师坚苦忍形，遁世而不闷者，终莫能逮。夫处陵夷之世，刻志典籍，而操行不衰，常为法式，斯所谓易直弼中君子也。小子志之。[②]

观章太炎一生，正如高先生所言，虽身处陵夷之世，特立独行，与人争斗，行为乖张，且癫且狂，但淡泊明志，虚待名利，操行不衰，终究一以贯之。

二 传统与非正统：诸子学中的经世情怀

如前所述，晚清诸子学的兴起本身有思想内在理路方面的因素，即沿袭清中期"以子学证经学"的学术传统谱系。这一学术谱系内在的蕴含着诸子学的复兴，这是因为，这一理路以追求六经原旨为理想，本质上具有一种还原主义的倾向，从弃明复宋，归唐，而越为求

---

① 章太炎对今文经学的态度分别可见汤志钧编：《章太炎年谱长编》（上册），中华书局 1979 年版，第 19 页；汪荣祖：《康章合论》，中华书局 2008 年版，第 26—29 页。

② 汤志钧：《章太炎年谱长编》（上册），中华书局 1979 年版，第 12 页。

之于魏晋，最后达于先秦，终于使得诸子学重新复活，而诸子学的"致用"品格也深合晚清今文经微言大义的追求。不过晚清诸子学的兴起更重要的原因还是救世主义的考量。西方文明的入侵以及西学对中国人观念的渗透，使得一些开明知识分子开始审视传统文化的重要性，或者从传统中发掘与西学类似的资源，从而为学习西方扫除意识形态方面的障碍①，或者通过诸子学为改革甚至革命提供传统的合法性，故章太炎有"惟诸子能起近人之废"之语。②

　　章太炎对诸子学的兴趣早期继承了其师的学术传统，对诸子学的大量考证，主要还是在于对字、词、句等概念的考究，而很少从中阐发义理，故刘申叔云："近世巨儒稍稍治诸子书，大抵甄明诂故，掇拾丛残，乃诸子之考证学，而非诸子之义理学也。"③ 但随着章太炎对诸子学的深入了解，以及受时世变化的影响，诸子学在他那里愈加重要，其大量的诸子学著述已经超越乃师，所谓"九流诸子，自名其家，无妨随义抑扬，以意取舍"④，实际上逐步走向从诸子学中阐发义理的治学路径。然此一路径也并非是晚清思想家的创造。戴东原释孔子求学之理路时曾作如是语云："经之至者道也，所以明道者其词也，所以成词者字也。由字以通其词，由词以通其道，必有渐。"⑤ 即有从考据中发现义理的主张，故章太炎对其赞赏有加。终其一生，诸子学在其著述中占有相当的分量，不仅有诸如《诸子学略说》这

---

　　① 如谭嗣同就言："如商学，则有《管子》《盐铁论》之类；兵学，则有孙、吴、司马穰苴之类；农学，则有商鞅之类；工学，则有公输子之类；刑名学，则有邓析之类；任侠而兼格致，则有墨子之类；性理，则有庄、列、淮南之类；交涉，则有苏、张之类；法律，则有申、韩之类；辨学，则有公孙龙、惠施之类。盖举近来所谓新学新理者，无一不萌芽于是。"蔡尚思、方行编：《谭嗣同全集》（增订本）（下册），中华书局 1981 年版，第399 页。

　　② 章太炎：《致国粹学报社书》，载汤志钧编《章太炎政论选集》（上册），中华书局 1977 年版，第 498 页。

　　③ 刘师培：《周末学术史序》，载劳舒编《刘师培学术论著》，雪克校，浙江人民出版社 1998 年版，第 4 页。

　　④ 章太炎：《与人论朴学报书》，载马勇编《章太炎书信集》，河北人民出版社 2003 年版，第 159 页。

　　⑤ 戴震：《与是仲明论学书》，载张岱年主编《戴震全书》（第 6 册），黄山书社 1995 年版，第 370 页。

样总括性的长文，也有《庄子解故》《管子余义》之类的专论，更不必说《齐物论释》这样阐释义理的哲学专著。这些著述，无论是出于纯粹的学术热情，还是因缘于救世主义的功利情怀，但其结果几乎毫无二致，即对传统儒学的正统地位构成了挑战。换句话说，章太炎通过以旧学解读旧学，以传统反对传统，最终导致了"传统的非传统性"① 以及晚清的思想大解放。

在诸子之中，章太炎非常重视的两个人物是荀子与庄子。荀子是章太炎早期最重视的思想家，这当然受到其老师俞樾的影响②，但更有可能与晚清荀学的研究兴盛有关。章太炎发现荀子的思想中至少有三个方面他可以借鉴，或者可以用来支持他的主张。首先是荀子主张法后王的思想，故章太炎早期称荀子为"后圣"③。法后王对于章太炎来说，无异于为改革甚至革命张目。在 1898 年的《与李鸿章》中，他自称自己年少时既以"荀子、太史公、刘子政为权度"④。《訄书》初刻本开篇也是《尊荀·第一》，出版于 1916 年的《菿汉微言》在其回忆自己人生经历时也说早期"寻求政术，历览前史，独与荀卿、韩非所说，谓之不易"⑤。荀子思想中第二个吸引章太炎的地方是其朴素的唯物主义观念。他非常欣赏《荀子·正名篇》中所说的"缘天官"⑥，认为其恰恰对应了西学中的唯物主义认识论。⑦ 对于早年的章太炎来说，这不仅在相当大的程度上证明了西学的正确性，也证明

---

① 王汎森：《传统的非传统性——章太炎思想中的几个面向》，《章太炎的思想》，上海人民出版社 2012 年版，第 1 页。

② 俞樾先生对荀子具有十分浓厚的兴趣，曾对《荀子》进行过考据学的研究，而且专门做了《荀子诗说》，此外对荀子的人性论也持肯定的态度。蒋维乔：《中国近三百年哲学史》，台湾中华书局 1978 年版，第 71—75 页；章太炎：《俞先生传》，《章太炎全集》（四），上海人民出版社 1985 年版，第 211 页。

③ 汤志钧编：《章太炎年谱长编》（上册），中华书局 1979 年版，第 51 页。

④ 章太炎：《与李鸿章》，载马勇编《章太炎书信集》，河北人民出版社 2003 年版，第 19 页。

⑤ 章太炎：《菿汉微言（选录）》，载张勇编《章太炎学术文化随笔》，中国青年出版社 1999 年版，第 360 页。

⑥ 《荀子·正名篇》有言云："凡同类同情者，其天官之意物相同。"

⑦ 章炳麟：《公言中》，载朱维铮编校《訄书》（初刻本），中西书局 2012 年版，第 13 页。

了传统思想中的非主流甚至异端的价值值得继续深挖。此外，这还意味着，荀学可以成为批判传统神秘性的工具。但荀子思想中最吸引章太炎的还是其关于人性的看法，因为这支持了章太炎关于革命需要道德的判断。章太炎早期的阿屯哲学，非常明显地受到了荀子关于人性看法的影响。在他看来，包括人在内的万物"各原质皆有欲就恶去"，"恶去"为人性之中的离心力，使得万物相殊，"人之有生，无不由妄……夫妄性虽成，化以礼义，则自入进步"①。《说文》释"妄"为"乱也"。但这种乱与恶并非不可消除，而是可以"化性而起伪，伪起而生礼义"。不过，随着章太炎逐步接受佛学知识体系，他最终对荀子的性恶论提出了批评。在他看来，荀子的性恶论与孟子的性善论，其错误不仅仅只是看到了人性中的某一面，更重要的是，人性之中的这两面背后还有一个统一性的真实实体，即第七末那识意根。正是意根执着阿赖耶识以为我，于是产生我见、我痴、我爱与我慢。我爱使得人性中有善，我慢使得人性中有恶，而且由于这种恶根源于意根，因此即使化性起伪生礼义，皆不可消除。

与对荀子的热爱相比，章太炎对庄子的认同是持续性的。大约16岁时他就在家"涉猎史传，浏览老庄"②。在诂经精舍时期章太炎所著的《膏兰室札记》也有关于《庄子》的考证，涉及《则阳》《让王》《养生主》《徐无鬼》《天下》《至乐》《大宗师》等篇。如在第169条"子乎子乎"就对庄子《则阳》"子乎子乎"之义进行考证曰：

> 《庄子·则阳》：号天而哭之曰：子乎子乎！天下有大菑，子独先离之。按子乎子乎，与下子异，下子斥辜人也。子乎子乎，犹子兮子兮。《绸缪·传》云：子兮者，嗟兹也。说乎本从兮，其谊得通。子乎与《尚书大传》之嗟子乎，《管子·小称》之嗟

---

① 章太炎：《菌说》，载汤志钧编《章太炎政论选集》（上册），中华书局1977年版，第131—132页。

② 章炳麟：《民国章太炎炳麟自订年谱》，台湾商务印书馆1980年版，第3页。

兹乎,《秦策》之嗟嗞乎,文法同。①

此一考证,以《诗经·绸缪》《尚书大传》《管子》《秦策》诸说外释《庄子》字义,基础扎实,思路开阔,初显国学功底。

1908 年,留居日本的章太炎在主编《民报》之余继续讲习国学。经过近两年的积累,此时的国学讲习活动进入到一个新的阶段②,不仅有固定的学生,而且讲解的内容精深,讲学与著书相辅相成。③ 在其讲习的内容中,《庄子》是章太炎讲学的重点。据《朱希祖日记》与《钱玄同日记》记载,从该年 4 月 4 日到 7 月 25 日,章太炎讲授《庄子》的次数仅次于《说文》。章太炎最终将他历次讲解《庄子》的稿件汇集成《庄子解故》,于 1909 年初连载于《国粹学报》。其首述作此书之缘由曰:

> 余念《庄子》疑义甚众,会与诸生讲习旧文,即以己意发正百数十事,亦或杂采诸家,音义大氏备矣。若夫九流繁会,各于其党,命世哲人,莫若庄氏。④

该书大体按传统考据学路径,选择《庄子》各篇目中的相关词条依次进行考证,《说文》《释文》《诗》《礼》《左传》《汉书》等经典皆在所引之列,故往往为释一字一义而旁征多家之言,参验互应,其小学功底,已远胜前期。如果说《庄子解故》大抵是以旧学释旧学的传统路径的话,那么《齐物论释》则是以新学释旧学,从考据引出义理的典型。该书既是章太炎研究庄子学的顶峰之作,也是研究章太炎思想无法绕越的经典,更是章太炎借学术以言政治之思想路径的

① 章太炎:《膏兰室札记》,载沈延国、汤志均点校《章太炎全集》(诂经札记 七略别录佚文徵),上海人民出版社 2014 年版,第 91 页。
② 早在 1906 年 8 月上旬,太炎先生就在东京发起"国学讲习会",后又在此基础上成立"国学振兴社",主张"振起国学,发扬国光"。汤志钧:《章太炎年谱长编》(上册),中华书局 1979 年版,第 214—217 页。
③ 姚奠中、董国炎:《章太炎学术年谱》,山西古籍出版社 1996 年版,第 131 页。
④ 汤志钧编:《章太炎年谱长编》(上册),中华书局 1979 年版,第 315 页。

转折点。此后他个体的经历使他更加看重庄子学中的人生智慧，而不是政治与无我的革命情怀。从被袁世凯的关押中解禁之后，他的兴趣逐步转移到了讲学，《庄子》依旧成为他讲学的重点内容。

章太炎对庄子的持续热爱，一是因为他认为庄子的思想与其崇尚的真如哲学之间存在着较高的一致性。比如在真如哲学中，世间之我是小我，此我本无，是意根所执阿赖耶识之产物，而庄子也有"灵台""心斋"一说。又庄子有《齐物论》《逍遥游》二篇，章太炎认为，此两篇乃庄子维纲所寄：

> 《逍遥》、《齐物》二篇，则非世俗所云自在平等也。体非形器，故自在而无对；理绝名言，故平等而咸适①。

章太炎在《齐物论释》中又言：

> 《齐物》者，一往平等之谈，详其实义，非独等视有情，无所优劣，盖离言说相，离名字相，离心缘相，毕竟平等，乃合《齐物》之义。②

不过，章太炎对庄子的兴趣更重要的原因可能还是看中了《庄子·齐物》篇所隐藏的社会政治功能。章太炎在1913年的《自述学术次第》中有言：

> 余既解《齐物》，于老氏亦能推明。佛法虽高，不应用于政治社会，此则惟待老庄也。儒家比之，邈焉不相逮矣。③

此后，章太炎又在写作于1916年的《菿汉微言》中谈道：

---

① 章太炎：《齐物论释》，《章太炎全集》（六），上海人民出版社1986年版，第3页。
② 同上书，第4页。
③ 章太炎：《自述学术次第》，载张勇编《章太炎学术文化随笔》，中国青年出版社1999年版，第323页。

余则操齐物以解纷，明天倪以为量，割制大理，莫不孙顺。①

可见，在他看来，庄子之《齐物论》，于当时中国的政治社会，最为有益，不仅高出佛法，连一向主张出世的儒家，也不可与其比拟。但如前所述，最终，章太炎也放弃了此一想法，其晚年或许对庄子中所隐含的人生智慧而不是政治更感兴趣。

三　真俗之间：佛学世界观

佛学的兴起同样是晚清思想转型的重要方面。梁启超甚至认为"晚清所谓新学家者，殆无一不与佛学有关系"②。与诸子学兴起的背景类似，佛教的兴起既是对传统儒学的冲击，可以"被看作儒学在中国思想界的统治地位正在衰微的一大标志"③，也是某种救世主义的现实需要。当是时，"固有之旧思想，寻章摘句，为六经之奴婢；传入之新思潮，来源浅觳，与传统心理格格而不相入，均不足以承担救亡图存之重任"，遇此"学问饥荒"之时，佛学暂时放弃了内在超越的出世品格，经过晚清思想家们的创造性转化，进而变为"关注国家兴亡、社会政治和人生问题的经世之学，实现了佛学由出世向入世的第二次革命"④。

章太炎与佛学的渊源最早可以追溯到1894年。这一年，章太炎认识了深通佛学的夏曾佑。《民国章太炎炳麟自订年谱》1894年条目称"始与钱塘夏曾佑穗卿交。穗卿慧辩，一时鲜匹，亦多矫怪之论"⑤。在其影响下，章太炎开始初涉佛学，略读了《法华》《华严》《涅槃》诸经，但此时的章太炎对佛学并不感兴趣，因此"不能深

---

①　章太炎：《菿汉微言（选录）》，载张勇编《章太炎学术文化随笔》，中国青年出版社1999年版，第361页。

②　梁启超：《清代学术概论》，上海古籍出版社1998年版，第99页。

③　张灏：《危机中的中国知识分子》，高力克等译，山西人民出版社1988年版，第20页。

④　麻天祥：《晚清佛学与近代社会思潮》，《学术研究》1995年第1期。

⑤　章炳麟：《民国章太炎炳麟自订年谱》，台湾商务印书馆1980年版，第4页。

也"①。1897 年，章太炎再次结识对佛学颇有心得的宋恕，在其劝说下，章太炎重新阅读了佛学典籍《涅槃》《维摩诘》《起信论》《华严》《法华》诸书，这一次虽然他觉得"渐近玄门"，但是依旧"未有所专精"，毕竟此时的章太炎还是一身投入儒术，不喜空谈，因此阅读后的结果依旧是"不甚好"②。

章太炎真正对佛学产生兴趣系偶然事件。1903 年 6 月，36 岁的章太炎因苏报案"入狱"，也许是监狱生活太过辛苦需要某种拯救的需要，章太炎这一次专心研读佛书。据其自述：

> 始余尝观《因明入正理论》，在日本购得《瑜伽师地论》，烦扰未卒读，羁时友人来致；及是，并致金陵所刻《成唯识论》。役毕，晨夜研诵，乃悟大乘法义。③

章太炎在《自述学术次第》中又谈道：

> 遭祸系狱，始专读《瑜伽师地论》及《因明论》《唯识论》，乃知《瑜伽》为不可加。既东游日本，提倡改革，人事繁多，而眠辄读藏经，又取魏译《楞伽》及《密严》诵之，参以近代康德、萧宾诃尔之书，益信玄理无过《楞伽》《瑜伽》者。④

最终，佛学为章太炎观察世界、思考人生以及探索生死问题提供了一个全新的坐标。就体系而言，这确实是一套全新的概念与知识形态。因此，章太炎几乎被其彻底征服，甚至一度认为大乘法义"出过晚周诸子，不可计数；程朱以下，尤不足论"⑤，从而表现出对佛学

---

① 章炳麟：《民国章太炎炳麟自订年谱》，台湾商务印书馆 1980 年版，第 5 页。
② 章太炎：《自述学术次第》，载马勇编《章太炎学术文化随笔》，中国青年出版社 1999 年版，第 323 页。
③ 汤志钧编：《章太炎年谱长编》（上册），中华书局 1979 年版，第 189 页。
④ 章太炎：《自述学术次第》，载马勇编《章太炎学术文化随笔》，中国青年出版社 1999 年版，第 323 页。
⑤ 章太炎：《菿汉微言（选录）》，载马勇编《章太炎学术文化随笔》，中国青年出版社 1999 年版，第 360 页。

理论的极大兴趣与高度赞赏。在 1906 年出狱东渡日本主持《民报》后，章太炎更是发表了一系列与佛学相关的著述，包括但不限于《无神论》《建立宗教论》《人无我论》《五无论》《四惑论》《大乘佛教缘起说》《辨大乘起信论之真伪》《龙树菩萨生灭年月考》等。更具悲情的是，学术上的因缘甚至使得这样一位清季民初狂人一度有皈依之心。① 不过，理性压倒了情感，在其总体性的思想体系中，佛学最终没有取得独特的优势，而只是与儒学、诸子学等一样，成了其总体综合性思想中融会贯通必不可少的要素。

或许是此前专注佛学资源，并大量发表佛学著述的关系，1913 年在上海召开的中华佛教总会第一次联合大会上，章太炎与孙少侯（毓筠）、熊秉三（希龄）等一起被请为名誉会长。② 1914 年，章太炎第二次入狱，这又给了他系统研读佛学的机会，并在此基础上写出了《菿汉微言》。该书以佛学唯识宗为主体，将其与中国的老庄、孔孟等儒道进行比较，凡 167 条，以为"卓见胜义"，"古近稀有"而欲"布之世间"。1917 年，章太炎为此书出版写的跋语云：

> 是册作于忧愤之中，口授弟子司法金事吴承仕，令其笔述。虽多言玄理，亦有讽时之言。身在幽囚，不可直遂，以览者自能知之也。③

1916 年再次出狱之后的章太炎依旧时常宣传佛法，1918 年与蒋作宾、陈飞公等人一起创办佛教团体"觉社"，1926 年与太虚法师等人一起组织"佛化教育会"。终其一生，与佛学相交之人除了上述诸君之外，还有黄宗仰、杨文会、余同伯、李叔同等人，其关于佛学的著述，也为数不少。通过这些著述，章太炎对佛理不仅进行了阐释与考辨，而且还进行了创造性的转化，为近代中国佛学的发展做出了独特的贡献。因此，佛学在其思想中远远超越了工具本身，而是成了其

---

① 汤志钧编：《章太炎年谱长编》（上册），中华书局 1979 年版，第 296—297 页。

② 《佛教月报》1913 年第 1 期。

③ 章太炎：《菿汉微言》，载虞云国标点整理《菿汉三言》，辽宁教育出版社 2000 年版，第 62 页。

思想中价值与批判的源泉之一。

从具体价值上看，章太炎在 1903 年以后一直推崇佛学，除了可以在监狱"排遣忧愤"之外，主要还是认为佛学特别是唯识宗至少在以下几个方面体现了它独特的魅力。

首先，章太炎本以朴学起家，而他认为唯识宗与朴学在求学路径、归宿以及学问的缜密程度上都非常相似，故对此说情有独钟。唯识宗关注名相问题，并且通过分析名相而达到诸法唯识的境地，而朴学也讲究在一字一句上下功夫，通过"道问学"的方法可以达到"尊德性"的目的。因此，二者皆"以分析名相始，以派遣名相终"。在学问的缜密程度上，他曾解释说：

> 仆所以独尊法相者，则自有说。概近代学术，渐趋实事求是之途。自汉学诸公分条析理，远非明儒所能企及。逮科学萌芽，而用心益复缜密矣。是故法相之学，于明代则不宜，于近代则甚适，由学术所趋然也。[1]

其实唯识宗虽有科学缜密的一面，但"三界唯心，万法唯识"，深究起来，其理之终极，亦与科学甚远。

其次，以佛解儒，以老、庄证佛，皆有异曲同工之妙。如他将周易中的"乾"比附"藏识"，"坤"比附"末那识"。《易经》象曰："大哉乾元，万物资始"。章太炎认为，此处说乾乃阿赖耶识之征。因乾知大始，故先有生相，即能起见，能见而境界妄见，故曰大始。《易经》又曰："至哉坤元，万物资生"。坤执此生（生相）为实，执此境界为实，皆顺乾，故曰成物。章太炎又说，"《经》分上下，要非无意"，"《易·上经》首乾坤者，说无明支，《下经》首咸者，说爱支。爱莫甚于男女，故以夫妇表之，《易》说缘生，较然可知"。此外，"《易传》所说亦与佛法不殊"[2]。又如他认为孔子的"绝四"

---

① 章太炎：《答铁铮》，载马勇编《章太炎书信集》，河北人民出版社 2003 年版，第178 页。

② 章太炎：《菿汉微言》，载虞云国标点整理《菿汉三言》，辽宁教育出版社 2000 年版，16—18 页。

之说，正好对应佛学的"断惑"；孔子所谓"逝者如斯夫，不舍昼夜"，既"佛家阿赖耶识恒转如瀑流之说"。① "恒"者，相续无断也；"转"者，生灭相续也。孔子作此语时，本在"川上"，而昼夜相续无断，非常非断，恒转不息，故此解亦能自圆其说。

老子之说，亦可以佛法证之：

> 关尹、老聃以空虚不毁万物为实。空虚何以不毁万物？空虚何以为实邪？此义当思。空虚不毁万物者，不坏相而即泯也；即此为实者，泯相显实也。②

至于被他认为"一字千金"③，"千六百年来未有等匹"④ 的《齐物论释》，更是以佛释庄，以庄证佛的典型，也是章太炎一生"由儒入佛""以佛反儒""以佛解庄""儒释道互补"⑤ 的思想轨迹中至关重要的节点所在。

再次，佛学还可以服务于他早期反满民族主义的光复事业。赵朴初先生曾云：

> 在晚清时期，中国知识界研究佛学成为一时普遍的风气。一些民主思想启蒙运动者，如谭嗣同、康有为、梁启超、章太炎等学术名流，都采取了佛教中一部分教理来作他们的思想武器。佛教的慈悲、平等、无常、无我的思想，在当时的知识界中起了启发和鼓舞的作用。⑥

---

① 章太炎：《菿汉微言》，载虞云国标点整理《菿汉三言》，辽宁教育出版社 2000 年版，第 28 页。

② 同上书，第 20 页。

③ 章太炎：《自述学术次第》，载张勇编《章太炎学术文化随笔》，中国青年出版社 1999 年版，第 322 页。

④ 章太炎：《与龚未生书》，载汤志钧编《章太炎政论选集》（下册），中华书局 1977 年版，第 702 页。

⑤ 唐文权、罗福惠：《章太炎思想研究》，华中师范大学出版社 1986 年版，第 584 页。

⑥ 赵朴初：《佛教常识答问》，陕西师范大学出版社 2006 年版，第 183—184 页。

　　章太炎1906年出狱之后对佛学资源如此重视，除了因在监狱中佛学给他排遣忧愤带来的精神满足感以外，佛学可以作为革命的思想武器，"其术可用于艰难危急之时"，也是一大诱因。① 革命不是请客吃饭，而是掉脑袋的事业，因此，超越对死亡的恐惧是革命者最重要的信条。而佛教"华严宗所说，要在普度众生，头目脑髓，都可以施舍与人。……法相宗所说，就是万法惟心。一切有形的色相，无形的法尘，总是幻见幻想，并非实在真有"②，故而用"华严、法相二宗改良旧法"，正可以使国人"排除生死，旁若无人，布衣麻鞋，径行独往"，养成革命者无私无畏的牺牲精神。③ 不宁惟是，革命之成功，立国之根基，皆与国民道德紧密相连，"而无道德者之不能革命""道德衰亡，诚亡国灭种之根极也"④。清季最后几年，政党作猥贱之操，愞夫无奋矜之气，乡愿之徒，骑墙之士，皆毫无道德可言，而佛教"以勇猛无畏治怯懦心，以头陀净行治浮华心，以惟我独尊治猥贱心，以力戒诳语治诈伪心"，同样于革命之道德大有裨益。⑤

　　最后，佛学还为他提供了一种观察世界、审视西方现代性的独特视角。没有这一视角，他就不可能站在类似于后现代的立场上审视现代的问题，审视西方现代性的后果。其解构公理，反对唯物，批判自然，质疑进步，消解现代人的主体地位，拒绝现代性之决定论、目的论与乌托邦等，几乎都利用了佛学的思想资源，此一理路，本书后文有详细阐释，故于此处存而不论。

---

　　① 章太炎：《答铁铮》，载马勇编《章太炎书信集》，河北人民出版社2003年版，第178页。

　　② 章太炎：《东京留学生欢迎会演说辞》，载汤志钧编《章太炎政论选集》（上册），中华书局1977年版，第274页。

　　③ 章太炎：《答铁铮》，载马勇编《章太炎书信集》，河北人民出版社2003年版，第183页。

　　④ 章太炎：《革命之道德》，载汤志钧编《章太炎政论选集》（上册），中华书局1977年版，第310、313页。

　　⑤ 章太炎：《答梦庵》，载汤志钧编《章太炎政论选集》（上册），中华书局1977年版，第395页。

四 光复：反满民族主义

近代中国一直存在着反满民族主义的问题。一方面，满族统治中华，以夷变夏，更有扬州十日、嘉定三屠等血色记忆。对汉族知识分子来说，如何拯救记忆的工程，凝聚一种因文化上的优越性而产生的民族戕害意识，乃是晚明以来他们思想的基本焦虑之一，只不过这种焦虑时隐时现而已。[①] 但毫无疑问，这是一条延续了几百年来的思想谱系，其中我们可以找到吕留良、全祖望、王船山、曾静、顾炎武、黄宗羲等思想家。更重要的是，晚清中国在异族统治的同时，又遭遇了西方的军事征服与入侵。八国联军侵华，《辛丑条约》的签订，使得汉人知识分子对这个异族的统治失去最后的信心与耐心，因为在他们的罪状中，除了原本汉族统治的篡夺者之外，又添加了"衰败时代的统治者"这一条。[②]

章太炎对于清政府有着刻骨铭心的仇恨。至少有两种因素联系着这种仇恨，分别是家庭教育以及个人阅读。

在家庭教育方面，章太炎的外祖父朱左卿在他十一二岁的时候就告知他"夷夏之防，同于君臣之义"，并谓在此之前"王船山，顾亭林已言之，尤以王氏之言为甚，谓历代亡国，无足轻重，惟南宋之亡，则衣冠文物，亦与之俱亡"[③]。按夷夏之辨论之，衣冠文物皆亡，则不仅是亡国，而是天下、文化皆亡矣，其言辞之悲切，论者当察之。续外祖父之后，其父章浚同样悲情的告知："吾家入清已七八世，殁皆用深衣敛，吾虽得职事官，未尝诣吏部，吾即死，不敢违家教，无加清时章服。"清初黄宗羲曾著《深衣考》，卒之日留遗言要求"深衣敛"以明志。章太炎之父弥留之际作此家训，用意可见一斑。故先生"闻之，尤感动。及免丧，清政衰矣"。此后光复的火种一直

---

① 章太炎也曾谓："种族革命思想原在汉人心中，惟隐而不显耳。"章太炎：《口授少年事迹》，载张勇编《章太炎学术文化随笔》，中国青年出版社1999年版，第344页。

② ［美］列文森：《儒教中国及其现代命运》，郑大华、任菁译，中国社会科学出版社2000年版，第80页。

③ 汤志钧编：《章太炎年谱长编》（上册），中华书局1979年版，第5页。

潜于他心中时隐时现，虽遭缧绁，遇狙击，亦未尝敢挫。故后幸而有功，他亦认为"皆先世遗教之渐成也"。[①]

章太炎对清政府的种族仇恨亦因缘于其个人的阅读，《民国章太炎炳麟自订年谱》1880 年条目称："架阁有蒋良骐《东华录》，尝窃观之，见戴名世、吕留良、曾静事，甚不平，因念《春秋》贱夷狄之旨。先君不知也。"[②] 可见在其家教还未传示种族仇恨之际，他已经有了排满的知识学基础。此一断语，章太炎后又在 1906 年出狱之后曾对东京留学生提及：

> 兄弟少小的时候，因读蒋氏《东华录》，其中有戴名世、曾静、查嗣庭诸人的案件，便就胸中发愤，觉得异种乱华，是我们心中第一恨事。后来读郑所南、王船山两先生的书，全是那些保卫汉种的话。民族思想渐渐发达。[③]

故章太炎早期激进的排满言行，绝不仅仅是家学教育使然，亦是明末清初反清思想通过著述代际传承之延续。也正是因为此，他早期的民族主义概念主要是奠基于对种族主义的认识，"以种族和文化为民族认同符号，表现为一种种族民族主义"[④]。章太炎是一个具有种族意识的本土主义者（ethnically nativist）[⑤]，此种民族主义落实在实践中，就是一种恢复汉人在中原地区统治的努力与集体性的抗争，即"驱除鞑虏"。为此，他甚至拒绝用革命来称呼反满的行动，而代之以"光复"。

---

① 章太炎：《先曾祖训导君先祖国子君先考知县君事略》，《章太炎全集》（五），上海人民出版社 1985 年版，第 196 页。

② 章炳麟：《民国章太炎炳麟自订年谱》，台湾商务印书馆 1980 年版，第 2 页。

③ 章太炎：《东京留学生欢迎会演说辞》，载汤志钧编《章太炎政论选集》（上册），中华书局 1977 年版，第 269 页。

④ 王东艳：《章太炎与梁启超民族主义思想比较》，《齐鲁学刊》2006 年第 4 期。

⑤ Charlotte Furth，"The Sage as Rebel：the Inner World of Chang Ping - lin"，Charlotte Furth ed.，*The Limits of Change：The Conservative Alternatives of Republican China*，Cambridge，Mass：Harvard University Press，1976，pp. 136 - 138.

> 同族相代，谓之革命；异族攘窃，谓之灭亡；改制同族，谓之革命；驱逐异族，谓之光复。今中国既亡于逆胡，所当谋者光复也，非革命云尔。①

> 所谓革命者，非革命也，曰光复也。光复中国之种族也，光复中国之州郡也，光复中国之政权也。以此光复之实，而被以革命之名。②

按此论调，在章太炎那里，革命与光复大有不同。光复意味着驱除满族在中原的统治而恢复汉人的统治，其核心是反满，与王朝更迭无关。而革命，其核心是在同族之内改正朔，易服色，"变郊号，柴社稷"③，承传统王朝兴衰更迭之定律，即反清而非反满也。或许因为这种浓重的仇恨意识，章太炎早年设想的民族国家，确实是由汉人组成的单一性民族国家④，"他的具有种族倾向的民族主义观点围绕着一个基本思想，这就是中国人保持他们清纯血统和眷恋土地的特性"⑤。为此，他不惜大量的笔墨，通过历史的考证，从血缘、种族、地理以及文化等角度论证汉人作为一个集体民族以及统治中原这块领域的合法性，为光复提供学理上的支撑。

首先从血缘与种族上看，"夫言一种族者，虽非铢两衡校于血统之间，而必以多数之同一血统者为主体"⑥。"观于《黄书》，知吾民

---

① 章太炎：《革命军序》，载汤志钧编《章太炎政论选集》（上册），中华书局 1977 年版，第 193 页。

② 章太炎：《革命之道德》，载张勇编《章太炎学术文化随笔》，中国青年出版社 1999 年版，113 页。

③ 章太炎：《论学会有大益于黄人亟宜保护》，载汤志钧编《章太炎政论选集》（上册），中华书局 1977 年版，第 13 页。

④ 章太炎：《排满平议》，载张勇编《章太炎学术文化随笔》，中国青年出版社 1999 年版，第 111 页。

⑤ 张灏：《危机中的中国知识分子》，高力克等译，山西人民出版社 1988 年版，第 154 页。

⑥ 章太炎：《中华民国解》，《章太炎全集》（四），上海人民出版社 1985 年版，第 255 页。

之皆出于轩辕"①。因此，从血统与种性起源上看，华夏民族本是一家，皆轩辕之后。而满洲则"与汉人殊种"②，"蒙古、满洲推本其祖，一自以为狼、鹿，一自以为朱果"③，故其原本与华夏民族不同。章太炎在此用血缘与种族起源来论证汉民族的单一性，其用意还是为建立单民族的国家提供合法性。不过，章太炎似乎自己也观察到这种论证极其勉强，盖即使华夏民族，炎黄子孙，皆出于同一祖先，但历史变迁，尤其经过后世婚姻之变，华夏民族的血缘与种姓，早已与周边多个少数民族交融，故以血缘与祖先论证民族的单一性，与历史事实，本有出入。因此章太炎又提出历史民族一说，以修正其血统种族纯正之论。其言曰：

故今世种同者，古或异；种异者，古或同。要以有史为限断，则谓之历史民族，非其本始然也。④

建国大陆之上，广员万里，黔首浩穰，其始故不一族。太皞以降，力政经营，并包殊族，使种姓和齐，以遵率王道者，数矣。文字政教既一，其始异者，其终且醇化。是故淳维、姜戎，出夏后、四岳也，窜而为异，即亦因而异之。冉駹朝蜀，瓯越朝会稽，驯而为同，同则亦同也。然则自有书契，以《世本》《尧典》为断，庶方驳姓，悉为一宗，所谓历史民族然矣。自尔有归化者，因其类例，并包兼容。魏、周、金、元之民，扶服厥角，以奔明氏，明氏视以携养藥子，宜不于中夏有点。若其乘时僭盗，比于归化，类例固殊焉，有典常不赦。善夫，王夫之曰："圣人先号万姓，而示以独贵。保其所贵，匡其终乱，施于孙子，

① 章炳麟：《原人》，载朱维铮编校《訄书》（初刻本），中西书局2012年版，第21页。

② 章炳麟：《消极》，载朱维铮编校《訄书》（重订本），中西书局2012年版，第262页。

③ 章炳麟：《序种姓上》，载朱维铮编校《訄书》（重订本），中西书局2012年版，第145页。

④ 同上书，第144页。

须于后圣：可禅、可继、可革，而不可使异类间之。①

也就是说，虽然各民族之间可能会互相交错变迁，但只要总体上保持华夏民族血缘的主流，保持华夏民族的统治地位，即使有其他少数民族的血统掺杂进来，也无伤大雅。毕竟，"婚至七世，故胡之血液，百二十八而遗其一"②。

其次，从地理空间上看，章太炎认为，自从黄帝入主中国，战胜蚩尤，"夷其宗"，然后尧伐三苗，夏禹灭之后，华夏民族一直成为中原的主人，统治着这块地区③，而满人本"起朔方"，只不过凭借武力强取中原，故没有任何地理意义上的合法性。因此，我们必须"光复中国之州郡"，清政府与满族人民必须离开原有的居住之地，重新回到关外。为此他甚至不惜以东北三省相送。他认为这样的结果将是"汉人治汉，满人治满"的双赢结局。④ 不过对于章太炎来说，光复汉族的统治远非种族与血缘所能完全解释。种族与血缘不仅仅影响着汉民族的单一性，更重要的是，它直接关系着汉民族在世界上的地位，关系着文化的优劣与文明的发展，在此意义上，光复中华就成了关乎中华民族生死存亡的大问题。

在他看来，种族、血缘与文化之间构成了一体的关系。华夏民族卓越的历史与文化首先归因于他们的血统。这甚至可以从现代生物学上找到根据。因为血缘上的优劣直接导致遗传上的智愚与强弱，"遗

---

① 章炳麟：《序种姓上》，载朱维铮编校《訄书》（重订本），中西书局 2012 年版，第 146 页。

② 章炳麟：《序种姓下》，载朱维铮编校《訄书》（重订本），中西书局 2012 年版，第 162 页。章太炎此处论证亦有漏洞，盖按此处太炎先生所说，炎黄子孙取得中原的方式乃是通过征服三苗，故而中原大地其本主也非汉人，这与满族通过占领取得中原的方式如出一辙。后章太炎在 1908 年的《排满平议》中修正了此一论述，认为"苗族之来先于汉族，非有符号灵可验也；汉族之来先于苗族，则犹有可质成者"。在此也可见太炎先生著作之主旨，常与学术无涉，而与政治有关。章太炎：《排满平议》，载张勇编《章太炎学术文化随笔》，中国青年出版社 1999 年版，第 105 页。

③ 章太炎：《排满平议》，载张勇编《章太炎学术文化随笔》，中国青年出版社 1999年版，第 105 页。

④ 同上书，第 111 页。

传之优劣，蠢智系焉。血液之衲杂，强弱系焉"①。这样一来，汉民族的血缘延续就至关重要。更重要的是，章太炎从进化论的视角看到了种族先后与文化高低之间本身也呈现出重要的关联性。进化较早的民族比进化较晚的民族要文明，野蛮的"戎狄"，"其化皆晚，其性皆犷，虽合九共之辩有口者，而不能予之华夏之名也"②。因而他们没有权利对文明的"中国"进行统治。章太炎甚至认为，文化是区分民与兽、正统与非正统的标志，所谓"种姓非文，九趋不曰人"，"种姓文，虽百挫亦人"③。只有进化到文明的民族的人才是真正意义上的人。那么，满族是不是章太炎笔下的"种姓文"的种族呢？在他看来，诸如北方的少数民族狄、貉等，都是异种，"其遂为人乎？非也。其肖人形也，若禺与为也"④。这些民族只不过是凭借武力与强权获得了统治，但并没有合法性，因此即使"传铜瑁至于万亿世"，也"不得抚有其民。"⑤ 最终，光复中华，恢复汉人华夏之共主的地位就获得了历史学与进化论意义上的正当性。

章太炎从血缘、种族、地理等角度论证文化优劣的思路意味着，在他那里，华夷之辨首先是一个血缘与种族上的概念，然后才是一个文化意义上的概念。也就是说，章太炎的华夷之辨具有上古正统主义的倾向，而非以后"诸侯用夷礼则夷之，进于中国则中国之"的华夷之辨变种。对此王汎森先生亦有所论，他认为章太炎的种族思想"与传统大不相同"，在他的种族思想中，"部族隔离性（tribal isolation）极强"⑥。盖历史上华夷之辨的立论基础，本身经历了从血缘与种族，到地理再到文化的转变。上古华夷之辨的血缘与种族基础一是对应于最高权力的家族世袭制，二是"维持我国中原地区正在形成的华夏族体血缘纯净的需要"，也即所谓的"裔不谋华，夷不乱夏"⑦。

---

① 章炳麟：《族制》，载朱维铮编校《訄书》（初刻本），中西书局2012年版，第35页。

② 章炳麟：《原人》，载朱维铮编校《訄书》（初刻本），中西书局2012年版，第18页。

③ 同上书，第19页。

④ 同上。

⑤ 同上。

⑥ 王汎森：《章太炎的思想》，上海人民出版社2012年版，第65页。

⑦ 何芳川：《"华夷秩序"论》，《北京大学学报》（哲学社会科学版）1998年第6期。

故《史记》之《五帝本纪》《夏本纪》等，皆首述血统之渊源。春秋前期，地理而非血缘成为华夷之标准，故楚虽帝颛顼高阳氏之血脉，但却视为"楚蛮之地"，甚至"不与中国之号谥"（《史记·卷四十·楚世家》），是为"《春秋》内其国而外诸夏，内诸夏而外夷狄"所致。由是观之，居夏则夏，居夷则夷，内外之别成为第一要务。及至春秋末，各诸侯国兵伐不断，战争不息，诸夏文化也随之扩散至四方，且此时无论血缘还是地理，皆难以辨析，华夷之辨逐主要成了文化的范畴，故《春秋》褒齐桓公、晋文公尊王攘夷，《左传》赞"中国"礼义之大，服章之美，并以华夏指称。[1] 韩退之则谓："孔子之作《春秋》也，诸侯用夷礼则夷之，夷而进于中国则中国之。"（《原道》）此一理路，此后虽绵延不绝，既至宋，业已成熟，亦成为建构传统中国人"天下"观的重要概念范畴，但历朝历代，亦有学者对此进行辩驳，以为内外、华夷皆有别，变之不可行，或曰：

> 非我族类，其心必异。（《左传·成公四年》）
>
> 夫戎狄者，四方之异气也。蹲夷踞肆，与鸟兽无别。若杂居中国，则错乱天气，污辱善人，是以圣王之制，羁縻不绝而已，不以伤害中国也。今边境幸无事，宜当修仁行义，尚于无为，令家给人足，安业乐产。（《后汉书·鲁恭传》）
>
> 夷狄不可以中国之治治也，譬如禽兽然。（苏轼《王者不治夷狄论》）
>
> 夷狄之于华夏，所生异地。其地异，其气异矣。气异而习异。习异而所知所行蔑不异焉。（王夫之《读通鉴论·卷四十》）
>
> 人不自畛以绝物，则天维裂矣，华夏不自畛以绝夷，则地维裂矣。（王夫之《黄书·原极》）
>
> 中国之与夷狄，内外之辨也。以中国治中国，以夷狄治夷狄，犹人不可杂之于兽，兽不可以杂之于人也。（黄宗羲《留书·史》）

---

[1] 《春秋左传正义·定公十年》："中国有礼义之大，故称夏；有服章之美，谓之华。"

今之学者，或因文化上华夷之辨带来的包容性而往往对此视而不见，但仔细爬疏中国历史，其实亦可发现一条力求还原华夷之辨正统的思想史路径，尤其是在华夏遭遇外族入侵之时。故章太炎从血缘、种族、地理等角度立辨华夷，其实在历史不远处也有迹可循。大而言之，思想史上后来者发现的前人思想的跳跃性或者飞跃性，其实经常在思想史断裂的缝隙中能发现传承的踪影。

按章太炎此处的分析，华夏民族卓越的历史与文化根植于其种族与血缘。清政府即使采用了华夏文化也没有统治的合法性，因为其"后进民族"的血缘劣根性决定其不可能成为优秀人种。此一理路，首先是以今推古。盖如果从普遍主义的角度定义文明，与汉族相比，满人在统治中原之前，其文明程度确有不及。如果两者同种同源，何以有如此差距？故作归因论之，血缘与种族可能是第一因素。但此种判断，亦有后知之见带来的合力。从诸夏的角度来看，清政府统治中原，在文化上至少有"用夷变夏"之嫌疑。且不说钳天下士人之口的文字狱，仅从其剃发易服政策激起的汉人精英阶层大规模的反抗就可见一斑。更重要的是，满族统治中原期间，中国遭遇了前所未有的外来文明之冲击，实而论之，即使改清朝为宋明，对此冲击亦无能为力，但对于汉族知识分子来说，低劣的异族统治而不是他们眼中的中国人成了晚清各种挫折的罪魁祸首，故清政府统治的合法性危机不仅仅是前溯的，也是自身统治绩效的使然。

除了从血缘、种族与文化的角度论证满族统治中原的非法性之外，章太炎的反满民族主义还有另外一个特点，即尝试以他深厚的旧学基础，厘清所有可能为清政府统治进行辩护的传统学说。维新派一贯利用《公羊传》宣传维新改良，而章太炎在戊戌时期即言：

> 内中国，外夷狄，《春秋》三家所同，弑君称君为君无道，三家亦有不异。[1]

戴东原先生曾言，学者治学探经，需"巨细必究，本末兼察"，

---

[1] 章炳麟：《民国章太炎炳麟自订年谱》，台湾商务印书馆1980年版，第6页。

"征之古而靡不条贯，合诸道而不留余议"，其立论方可"有十分之见"而颠补不破。① 章太炎此处立论，似乎并未达到此一境地。《春秋》三家皆讲内外之别，此言不虚，但以此作为排满基础，大有以偏概全之嫌。此处的关键在于如何区别内外，《左传》述中国与夷狄的内外之别，种族、血缘远胜文化，故有"非我族类，其心必异"之语，但《公羊传》别内外首推地理与文化，故谓"《春秋》内其国而外诸夏，内诸夏而外夷狄"。何休《春秋公羊传解诂》言"内其国而外诸夏"，乃三世说所对应的"据乱世"，此时主要还是京师（国）与诸侯（夏）之别，而"内诸夏而外夷狄"对应的是"升平世"，此时才有夷夏之辨的问题。而解决此问题的思路，除了严"夷夏之防"之外，对夷狄仰慕、遵守礼义者则"中国之"恰恰是最重要的原则。故章太炎此一立论，至少从学理上来说并不成功。不过几年之后他的思路更加清晰，其一是直接援引《公羊传》反对康氏。康氏视《公羊传》《春秋繁露》为鸿宝，"以为一字一句皆神圣不可侵犯者"，然则何以对《公羊传》"复九世之仇"而非之？② 其二是立辨康氏《公羊传》之言，大多穿凿附会，而非《公羊传》本意。

> 察《公羊》所说，则据乱、升平、太平，于一代而已矣。礼俗革变，械器迁讹，诚弗能于一代尽之。③

据《公羊传》本意，此说大体成立，盖《公羊传》三世，其本意只不过述说春秋 242 年的治乱法式，而与社会进化无关，此后因董仲舒、何休、刘逢禄等人阐发微言大义而有进化之理。章太炎又说：

> 近世缀学之士，又推孔子制法讫于百世。法度者，与民变

---

① 戴震：《与姚孝廉姬传书》，载张岱年主编《戴震全书》（第 6 册），黄山书社 1995 年版，第 372 页。

② 章太炎：《驳康有为论革命书》，载汤志钧编《章太炎政论选集》（上册），中华书局 1977 年版，第 196 页。

③ 章炳麟：《尊史》，载朱维铮校《訄书》（重订本），中西书局 2012 年版，第 269 页。

革，古今宜异，虽圣人安得豫制之?《春秋》言治乱虽繁，识治之原，上不如老聃韩非，下犹不逮仲长统。①

章氏此言，亦大体不虚，其辨《春秋》《公羊传》可谓一箭双雕。一是剥离《春秋》本身的神圣性，恢复历史真相与原貌；二是据此立基于《春秋》之上的《公羊传》及其解诂皆无根基，从而使得康有为的"托古改制""保皇立宪"亦为一厢情愿，其合法性与正统性皆成问题。

---

① 章炳麟：《原经》，载《国故论衡》，上海古籍出版社 2003 年版，第 63 页。

第三章 《訄书》中的现代性

初版于 1900 年的《訄书》，是章太炎第一本系统涉及政治与社会问题的专著。该书在当时被认为是"空前杰著"，一经出版便"轰震海内""风行一时"①，甚至脱销，而其社会影响更是"鼓动一世，造孽无穷"②，以至于最后不仅遭到清廷查禁，而且一度威胁到章太炎的人身安全。③遗憾的是，在当代诸多章太炎思想的研究中，对《訄书》的研究或者集中于文字注疏与考究④，或者注重挖掘其学术史的价值以及修辞政治，而对贯穿于该书中的一系列现代性的价值理念，以及这些价值理念给晚清思想界带来的思想启蒙与观念革新等，却鲜有系统性论述。实际上，该书在章太炎思想谱系中的地位，甚至在近代中国思想史中的地位，都非常值得给予浓重的笔墨。

就语言风格而言，该书艰深晦涩，遣词造句，无不保留古雅之风范，其与大众的阅读距离使得该书可谓"远古之著述"⑤，这也反映了章太炎在语言上一贯的精英主义立场。就阐释内容而言，该书所

---

① 《章炳麟〈訄书〉已到》，《警钟日报》1904 年 10 月 16 日第 7 版。

② 孙宝瑄：《忘山庐日记》（上册），上海古籍出版社 1983 年版，第 470 页。

③ 1901 年章太炎在给吴君遂的信中写道："兹有恳者，平阳为弟谋一译润之局，而居停虚寄，无下榻处安定。以《訄书》刻后，谣诼颇多，嘱勿寓彼宅中，致遭侦捕。"章太炎：《与吴君遂》，载马勇编《章太炎书信集》，河北人民出版社 2003 年版，第 58 页。

④ 目前对该书进行语言注释的著作有两部，分别是徐复的《訄书详注》，上海古籍出版社 2000 年版；梁涛的《訄书评注》，陕西人民出版社 2003 年版。

⑤ 章太炎的语言风格在其刚踏入社会时就遭到非议，1897 年 3 月 11 日，黄遵宪在《致汪康年书》中谓："馆中新聘章枚叔、麦孺博均高材生……章君《学会》，论甚雄丽，然稍嫌古雅。此文集之文，非报馆之文。"叶瀚在《致汪康年书》中更是指出章太炎"十九期报第二篇论文太艰涩，洗太散碎，观者颇不锐目。"汤志钧编：《章太炎年谱长编》（上册），中华书局 1979 年版，第 44—45 页。

涉，恐并世鲜有。凡诸子百家、九流三教、天文地理、生物化学、政治宗教、人文社会，皆在其所引所论所述之列。就思想表达而言，该书又与其语言风格恰恰相反，在其艰难晦涩的语言背后，隐藏的是一整套极其现代的思想观念体系。故汪荣祖先生以为，该书可称得上"清季第一部旧瓶装新酒的学术性著作"①。晚清思想界之进化、启蒙、解放、科学等理念，构建了该书内在的思想表达与旨趣，其形式之古雅与内容之现代，各安其所，相得益彰。

出版于1900年的《訄书》初刻本在书首有识语代序，可察章太炎此书之旨趣：

> 幼慕独行，壮丁患难。吾行却曲，废不中权。述鞠迫言，庶自完于皇汉。辛丑后二百三十八年十二月，章炳麟识。②

此一识语，其纪年方式与常人有异，识语所言辛丑之年，为南明永历十五年，即公历1661年。是年南明灭亡，章太炎视此为奇耻大辱，故此处依旧以遗民自居。此书旨趣，可见一斑。"訄"，迫也。所迫者何？当是时，甲午失败不到六年，德国强占胶州湾不到三年，维新失败不到两年，泱泱中华，灾祸不息。因此，其所訄所迫者不在私趣，而在公议；不在学术，而在政治；不在求真，而在致用。

一 《訄书》：从初刻本到重订本

（一）初刻本与重订本概论

关于《訄书》初刻本的集结完成、付梓与初版时间，学界目前依旧有存疑与争论。《章太炎年谱长编》的作者汤志钧认为，《訄书》初刻本编订的完成时间大约为1899年1月中旬到2月上旬，而付梓则为"乙亥冬日"也即夏历1899年冬天，正式出版则不晚于1900年

---

① 汪荣祖：《章太炎对现代性的迎拒与文化多元思想的表达》，《近代史研究所集刊》2003年第41期。
② 章太炎：《訄书》（初刻本），《章太炎全集》（三），上海人民出版社1984年版，第5页。

7月。① 朱维铮则通过考证认为，《訄书》初刻本的编订完成时间为 1900 年 1 月底，付梓的时间大约在 1900 年 2 月中下旬，正式出版则在该年 4 月上旬之前。② 但无论是哪一种说法，至少可以肯定的是，《訄书》初刻本的正式出版时间不晚于 1900 年 7 月。

初刻本的《訄书》扉页由梁启超题名，共收录论文 50 篇，部分论文此前曾发表在《实学报》《经世报》《昌言报》《清议报》《译书公会报》等报纸上。因销量火爆，初刻本出版不久之后再次印刷，并在正文后面另附有两篇"訄书补佚"，分别为"辨氏"和"学隐"，此两篇论文正文目录未载，页码另起。③ 初刻本的《訄书》以《尊荀》第一开始，以《独圣下》第五十结束，荀子法后王，足见其变易观；独圣者，孔子也，足见其此时依旧在儒家变异观的范围内思考问题。

初刻本《訄书》出版不久，章太炎便对其不满意，于是开始着手修订。《民国章太炎炳麟自订年谱》1902 年叙事称："余始著《訄书》，意多不称。自日本归，里居多暇，复为删革传于世。"④ 删革后的《訄书》大概脱稿于 1902 年底或者 1903 年初。⑤ 正式出版则在 1904 年 4 月，是为《訄书》重订本。

重订后的《訄书》由邹容题名，收录"前录"2 篇，分别为《客帝匡缪》以及《分镇匡缪》，正文 63 篇，以《原学》第一开篇，《解辫发》第六十三结束。较初刻本内容，重订本删除初刻本的《尊荀》《天论》《榦蛊》等 15 篇，而新增《原学》《订孔》《学变》等 28 篇，另有《议学》《宅南》《杂学》等 3 篇在由初刻本录入到重刻本时进行了改名与略微的修订，也有诸如《官统》《制币》《订文》等

① 汤志钧编：《章太炎年谱长编》（上册），中华书局 1979 年版，第 95—97 页。
② 朱维铮编：《章太炎全集·前言》（三），上海人民出版社 1984 年版，第 3—7 页。
③ 汤志钧认为，在《訄书》初刻本与重订本以后，章太炎还有一个《訄书》的手校本，而朱维铮认为，此说不成立。查汤志钧关于"手校本"的目录，其内容实际上与"重订本"目录基本一致，故笔者赞同朱维铮的说法。所谓手校本，实际上是章太炎着手修订初刻本《訄书》的手稿而已，并不存在一个单独的版本。
④ 章炳麟：《民国章太炎炳麟自订年谱》，台湾商务印书馆 1980 年版，第 9 页。
⑤ 汤志钧编：《章太炎年谱长编》（上册），中华书局 1979 年版，第 143 页；朱维铮编：《章太炎全集·前言》（三），上海人民出版社 1984 年版，第 9—14 页。

篇目虽然初刻本与重订本名称未改，但实际上章太炎对内容作了较大的修订，详见表3－1。

表3－1 《訄书》初刻本与重订本目录

篇目 \ 版本	初刻本	重订本
前录		客帝匡谬
前录		分镇匡谬
1	尊荀 *	原学※
2	儒墨	订孔※
3	儒道	儒墨
4	儒法	儒道
5	儒侠	儒法
6	儒兵	儒侠 附：上武论征张良事
7	公言上	儒兵
8	公言中	学变※
9	公言下	学蛊※
10	天论 *	王学※
11	原人	颜学※
12	民数	清儒※
13	原变	学隐※
14	冥契	订实知
15	封禅	通谶※
16	河图	原人
17	榦蛊 *	序种姓上※
18	订实知	序种姓下※
19	平等难	原变
20	族制	族制 附：许由即咎繇说
21	喻侈靡 *	民数
22	订文	封禅

续表

篇目 版本	初刻本	重订本
23	明群 *	河图
24	明独	方言※
25	播种 *	订文 附：正名杂议
26	东方盛衰 *	述图※
27	蒙古盛衰 *	公言
28	东鉴 *	平等难
29	客帝 *	明独
30	官统	冥契
31	分镇 *	通法※
32	宅南①	官统上
33	不加赋难	官统中
34	帝韩 *	官统下
35	商鞅	商鞅
36	正葛	正葛
37	刑官	刑官
38	定律	定律
39	改学②	不加赋难
40	弭兵难	明农
41	经武	禁烟草
42	争教	定版籍※
43	忧教	制币
44	明农	弭兵难
45	制币	经武
46	禁烟草	议学
47	鬻庙 *	原教上※

① 重订本改为《相宅》，略有改动。
② 重订本改为《议学》，略有改动。

续表

篇目　　版本	初刻本	重订本
48	杂说①	原教下※
49	独圣上*	争教
50	独圣下*	忧教
51		订礼俗※
52		辨乐※
53		相宅
54		地治※
55		消极※
56		尊史※
57		征七略※
58		哀焚书※
59		哀清史※ 附：中国通史略例 中国通史目录
60		杂志
61		别录甲 杨、颜、钱※
62		别录乙 许、二魏、汤、李※
63		解辫发※
补佚	辨氏	
补佚	学隐	

注：初刻本中标 * 的为重订本中删去的篇目；重订本中标※的为新增的篇目。

（二）从初刻本到重订本的思想变迁

从思想旨趣来看，与初刻本相比，《訄书》重订本已经有了非常大的变化，略论如下。

首先，从纪年方式上看，初刻本以"辛丑后二百三十八年十二

---

① 重订本改为《杂志》，略有改动。

月"叙事，而重订本则以"共和二千七百四十一年"叙事。① 如前所述，辛丑之年，是为南明永历十五年，即公历 1661 年，章太炎以此纪年，彰显的其实还是其反满民族主义，不忘光复，以南明遗民自居。而共和元年，则是公元前 842 年西周共和时期。以"共和纪年"，则更具深意，这并非说明章太炎放弃了其反满民族主义的思想，相反，无论是重订本以《解辫发》第六十三结束，还是将初刻本的《客帝》移作重订本的《客帝匡缪》，都说明他对清政府的仇恨愈加深刻了。此一共和，彰显的是章太炎对反满民族主义认识的深化，也即其排满已经并非简单的重复明太祖关于"驱除鞑虏，恢复中华"的华夷之辨主张，而是要从中国历史纪元的开端，从还原论与发生学的角度，厘清满族与汉族从历史发生之初就存在的显著不同，是故《訄书》重订本增有《序种姓》两篇，从最原始的角度否定清政府政府统治中原的合法性。

其次，在对孔子的态度上，初刻本与重订本也发生了很大变化。初刻本《訄书》总体上对孔子给予的是高度的肯定。在开篇《尊荀》一文中，章太炎即认为，荀子所谓的法后王，"上非文武，下非始皇帝"，后王者，素王孔子也，因此"所谓法后王者，则法《春秋》"②。在《客帝》一文中，章太炎更是认为"震旦之共主，非仲尼之世胄则谁乎？""家天下则帝孔氏，百世丕天之大律"③。而在《独圣下》篇中，章太炎再次认为"仲尼横于万纪矣"，"自仲尼之历世摩钝，然后生民之智，始察于人伦"④。章太炎在此给予孔子的评价，其实与 19 世纪末前后的中国思想界对孔子的评价大体一致，当时各家各派都在抬孔尊孔。盖洋务派主张的中体西用，改革派的托古改制，甚至诸如谭嗣同这样非常激进的横死之士，都需要借孔子之言，行己之

---

① 两者的实际时间都是夏历 1899 年。

② 章炳麟：《尊荀》，载朱维铮编校，《訄书》（初刻本），中西书局 2012 年版，第 6 页。

③ 章炳麟：《客帝》，载朱维铮编校，《訄书》（初刻本），中西书局 2012 年版，第 58、61 页。

④ 章炳麟：《独圣下》，载朱维铮编校，《訄书》（初刻本），中西书局 2012 年版，第 91—92 页。

志。也正是如此，孔子之道被视为"万世不变"之常经，或为支持变法之素王，或为自由平等之先驱。然《訄书》初刻本开篇《尊荀》抬孔意味深长。荀子法后王，不必宪章文武，从祖宗之制，意在改革图新，故曰："后圣之作，必过于先民。"[①] 章太炎尊荀，政治意图明显，康有为要从先王之法中找三世进化之公理，章太炎则论法先王不如法后王，尊孔不如尊荀。章太炎此时经常以康有为为学术靶子，《民国章太炎炳麟自订年谱》1897 年叙事亦也有"春时在上海，梁卓如等倡言孔教，余甚非之"之语。[②] 此一理路，论者当见微知著也。

在重订本中，章太炎一反此前对孔子的赞赏，改而对孔子进行温和的批判。一曰孔子名过于实。"孔氏闻望之过情有故"，其被认为是卓越成就的删革六艺，乃老子、墨子不屑之事。二曰孔子道术皆不及孟荀。"《论语》者晻昧，《三朝记》与诸告饬、通论，多自触击也。"也即《论语》阐述的义理不明，而《三朝记》则自相矛盾，前后冲突，故"夫孟、荀道术皆踊绝孔氏"。三曰孔子非圣人，与汉之刘歆一样，乃良史也。[③] 如此一来，仲尼之学，既不及老墨，也不比孟荀。以上种种，在当时谈得上是石破天惊之语，按此之说，孔子既非古文经学家所谓的圣人，亦非今文经学家认定的有德无位的"素王"，只不过是一优秀的史家而已。章太炎在此公然订孔，亦非真的对孔子不满，而是要以古文经学的理路，将《訄书》初刻本中隐藏的旨趣加以公开，即针对康有为欲神话孔子，立孔教的言行，进行批判，故订孔实为订康。[④] 其实此一理路，章太炎多次提及，如前述自订年谱1897 年之语。不过他更明确地表达此一旨趣的是在 1922 年给柳翼谋的信中，他提到：

---

① 章炳麟：《独圣下》，载朱维铮编校《訄书》（初刻本），中西书局 2012 年版，第 91 页。

② 章炳麟：《民国章太炎炳麟自订年谱》，台湾商务印书馆 1980 年版，第 5 页。

③ 章炳麟：《订孔》，载朱维铮编校《訄书》（重订本），中西书局 2012 年版，第 115—116 页。

④ 章炳麟：《訄书》（导言），载朱维铮编校《訄书》（导言），中西书局 2012 年版，第 14 页。

鄙人少年本治朴学，亦唯专信古文经典，与长素辈为道背驰，其后深恶长素孔教之说，遂至激而诋孔。中年以后，古文经典笃信如故，至诋孔则绝口不谈，亦由平情斠论，深知孔子之道，非长素辈所能附会也。①

换句话说，无论是初刻本中的"抬孔"，还是重订本中的"订孔"，其旨趣皆有针对康有为的意蕴。只不过前者因其政治立场的改良倾向而略显温和，后者则因彻底走向革命而毫不留情而已。至于其心目中真实的孔子形象与地位，观其一生，并没有学术界想象的那么大。1913 年章太炎发表的《驳建立孔教议》对孔子的贡献进行了专门的总结，其言曰：

盖孔子所以为中国斗枋者，在制历史、布文籍、振学术、平阶级而已。

孔子于中国，为保民开化之宗，不为教主。世无孔子，则宪章不传，学术不起，国沦戎狄而不复，民居卑贱而不升，欲以名号列于宇内通达之国难矣。②

无论是制历史、布文籍，还是振学术、平阶级，章太炎将孔子降格为史家的后果或许出乎他的意料。从直接后果来说，这几乎颠覆了所有后学者企图再利用孔子的权威进行改革的尝试。而且真实的孔子形象一旦产生，那么此前所有披在孔子身上的外衣，以及借此进行政治说教的企图注定要被清算。由此新文化运动的到来，在学术史上也并非无迹可寻的。从间接后果来说，孔子为史学家，再一次证明了六经皆史的正确性。问题是，当"经书是历史，是丰富的、然而有时难以理解的有关中国古代上古历史的真实记载，而不是具有神秘的宗教性质的预言教科书"时，这实际上"赢得了将致自己于死地的胜利"，

① 章太炎：《致柳翼谋书》，载汤志钧编《章太炎政论选集》（下册），中华书局1977年版，第764—765页。

② 章太炎：《驳建立孔教议》，载汤志钧编《章太炎政论选集》（下册），中华书局1977年版，第690—692页。

因为从另一个方面来看，这意味着"经书从此不再成为经书了"①。故而对于那些崇尚微言大义的知识分子来说，他晚年所推崇与宣扬的"国粹"，其功利性的理论基础何在？

再次，在政治倾向上，《訄书》初刻本的改良意图明显，而重订本则表现出彻底的革命精神。一方面，重订本以《解辫发》终，本身就是一种"断发易服"的"行古之道"，是矢志革命，绝不回头的明志。另一方面，初刻本《客帝》篇因彼时章太炎"与尊清者游"而"饰苟且之心，弃本崇教"；《分镇》篇则希望利用汉人督抚的权力迫使清政府进行自下而上的改革，故两篇都对清政府依旧存有以改良挽救时局的幻想。此外《尊荀》《独圣》篇对孔子的态度也在一定程度上表现出章太炎对康有为改良路线的妥协。重订本几乎彻底放弃了此前的改良性格，不仅将初刻本中的《客帝》《分镇》移做前录，并改之以《客帝匡谬》与《分镇匡谬》，而且在文末分别以跋语进行自我忏悔，表示"满洲弗逐，欲士之爱国，民之敌忾，不可得也"②；认为清政府的官僚系统中"督抚色厉中干，诸少年意气盛壮，而新用事者，其葸畏又过大耋旧臣，虽属以一道，弗能任"③，故而革命为不二法门。此外，重订本在多处还探讨了一系列与革命以及建国相关的问题。如在《消极》将清政府比作"酢母"，"利政入之，从化而害"，必欲除之。④《定版籍》记录了与孙中山关于国家经济发展的谈话，还提出了"均田法"。在《相宅》篇中，章太炎认为革命后"定鼎者，南方诚莫武昌若"⑤，主张建都武昌。这也成为其后一以贯之的主张。

---

① ［美］列文森：《儒教中国及其现代命运》，郑大华、任菁译，中国社会科学出版社2000年版，第79页。

② 章炳麟：《客帝匡谬》，载朱维铮编校《訄书》（重订本），中西书局2012年版，第107页。

③ 章炳麟：《分镇匡谬》，载朱维铮编校《訄书》（重订本），中西书局2012年版，第110页。

④ 章炳麟：《消极》，载朱维铮编校《訄书》（重订本），中西书局2012年版，第262页。

⑤ 章炳麟：《相宅》，载朱维铮编校《訄书》（重订本），中西书局2012年版，第258页。

最后，《訄书》重订本出现了一组重新审视传统人物的篇目，分别是《学变第八》《学蛊第九》《王学第十》《颜学第十一》《清儒第十二》《学隐第十三》。

《学变第八》旨在讨论汉晋学术的五次重大变迁。"董仲舒以阴阳定法令，垂则博士"，大有西方教皇之势，此为一变；然此举"使学者人人碎义逃难，苟得利禄，而不识远略"，故杨雄变之以《法言》，意在拨乱反正，恢复儒家正统，此为二变；但《法言》"错杂无主"，"亦无高论"，到王充时学术再发生变化，"作为《论衡》，趣以正虚妄，审乡背。怀疑之论，分析百端；有所发摘，不避孔氏"，此为三变；汉末儒学衰微，法家兴起，"钟繇、陈群、诸葛亮之伦，皆以其道见诸行事，治法为章"，此为四变；法家严刑峻法，最终导致"崇法老庄"的魏晋玄学兴起，此为五变。①

《学蛊第九》主旨在于批判北宋两位影响显著的文人欧阳修与苏轼，认为两者皆"学蛊"，并为程朱二子正名。他认为，欧阳修对六艺不通，对前代注疏不习，故随意阐释经文，最自以为是，但其实持之无故，其文曰：

> 修不通六艺，正义不习，而瞍以说经，持之无故，諓諓以御人，辞人也。不辨于名理，比合训言，反覆其文，自以为闻道，遭大人木强，而己得尸其名，以色取仁，居之不疑矣。②

苏轼发论，则往往朝夕相悖，"义之正负，朝莫之间，不皇计也"，而且为了反驳他人，故意"导人于感忽之间、疑玄之地以取之"，所以"终身言谈无衅"。程朱之学虽"未竞绚眇"，达到至高至远的境界，但其立学之根基，依旧"审己求是"，非欧阳修与苏轼所能比也。③

---

① 章炳麟：《学变》，载朱维铮编校《訄书》（重订本），中西书局 2012 年版，第 122—124 页。

② 同上书，第 124 页。

③ 章炳麟：《学蛊》，载朱维铮编校《訄书》（重订本），中西书局 2012 年版，第 124 页。

《王学第十》主要从方法论的角度批判王阳明诸说"立义至单"，认为"观守仁诸说，独'致良知'为自得，其他皆采自旧闻，工为集合，而无组织经纬"。在章太炎看来，即使是类似于解释"性情""意识"之类"冥心孑思以成于眇合者"，其条支也必须贯通，其道理也应该经得起检验，是故"古之为道术者，'以法为分，以名为表，以参为验，以稽为决，其数一二三四是也'"，故从经验的角度对自己的判断进行验证是古人为学的重要术数之一，很可惜这种方法"其后废绝"，于是"中夏之科学衰"。

《颜学第十一》从经验论与逻辑学的角度评判颜元。颜元本清初"颜李学派"始祖，其学以"务于习""务于实"为本，知人论世，批判现实，故对考据之学有所反动，且为当时所不容。但清季梁启超、钱穆等对其皆赞赏有加：

> 有清一代学术，初期为程朱陆王之争，次期为汉宋之争，末期为新旧之争。其间有人焉举朱陆汉宋诸派所凭借者一切摧陷廓清之，对于二千年来思想界，为极猛烈极诚挚的大革命运动。其所树的旗号曰"复古"，而其精神纯为"现代的"。其人为谁？曰颜习斋及其门人李恕谷。[①]

> 以言夫近三百年学术思想之大师，习斋要为巨擘矣。岂仅于三百年！上之为宋、元、明，其言心性义理，习斋既一壁推倒；下之为有清一代，其言训诂考据，习斋亦一壁推倒。[②]

与以上诸公不同，章太炎一方面对颜元的品学皆评价很高，认为其为学以"乡三物"（即德、行、艺）为宗旨，故既别于程朱，亦不同于陆王；其为人则以"苦形为艺，以纾民难；其至孝恻怆，至奔走保塞，求亡父丘墓以归"。[③] 由是观之，颜氏与"三代之英"不远，

---

① 梁启超：《中国近三百年学术史》，天津古籍出版社 2003 年版，第 121 页。
② 钱穆：《中国近三百年学术史》（上册），商务印书馆 1997 年版，198 页。
③ 章炳麟：《颜学》，载朱维铮编校《訄书》（重订本），中西书局 2012 年版，第 127—128 页。

"自荀卿而后，颜氏则可谓大儒矣"。① 然颜氏之学亦非无暇：

> 颜氏讥李颙不能以三事三物使人习行，顾终身沦于讲说。其学者李塨、王源，亦皆惩创空言，以有用为臬极。②
>
> 颜氏徒见中国久淹于文敝，故一切以《地官》为事守，而使人无窈窕旷间之地。非有他也，亦不知概念抽象则然也。③

要而言之，抽象符号与概念、数学推理与逻辑等"无用"的学问，在知识生产与真理发现中具有十分重要的作用，如果一切皆以直觉感官为基础，"以有用为臬极"，则不仅可能造成错觉，不能认识事物的真实面目，而且最后也会导致学问失去生机与活力，颜氏之学其后"憔悴"，恰恰正是此原因。

《清儒第十二》统说有清二百余年的学术发展脉络。全文首论"经"之本，认为"'六艺'（即六经），史也"，且"古史多出神官，中外一也。人言六经皆史，未知古史皆经"。最早的经，往往是夹杂着神话传说的古史。次说乾嘉考据。清考据学"成学著系统者，自乾隆朝始。一自吴，一自皖南。吴始惠栋，其学好博而尊闻。皖南始戴震，综形名，任裁断。此其所异也"。前者广列经说，谨慎评论，后者则主张由考据而阐发义理，两者皆使考据学大放异彩。桐城学派以及常州今文经学，皆是对皓首穷经之考据学的反动。桐城诸子虽"愿尸程、朱为后世"，然"本未得程、朱要领，徒援引肤末"，故为朴学家所不齿。常州今文经学"以公羊为宗"，"其义瑰玮，而文特华妙，与治朴学者异术，故文士尤利之"。及至道光末，魏源、龚自珍、邵懿辰等皆治今文，"欲以前汉经术助其文采，不素习绳墨"，但往往"所论支离自陷"。最后评述古今经文，对考据学的学术成就以及古文经赞赏有加，认为清儒（今文经学家除外）"不以经术明治乱，故短于风议；不以阴阳断人事，故长于求是"，反对今文经学主张用

---

① 章炳麟：《颜学》，载朱维铮编校《訄书》（重订本），中西书局 2012 年版，第128—129 页。

② 同上书，第 129 页。

③ 同上书，第 129 页。

"六经"为后世"制法"的做法。①

该篇虽以古文经的立场评述清代学术的发展,但"比较系统的将清代学术的演变作了概括的叙述,对它们的源流、特点,著作的分析也比较扼要,是研究清代学术思想的重要参考文献之一"②。全篇总体而言,立论言之有据,观点尚属平和,对经今古文的看法也基本被后世学者所接受,故"后来刘师培的《清儒得失论》《近代汉学变迁论》等文和梁启超的《清代学术概论》《近三百年学术思想史》等论著,都受到了这一篇的启发和影响"③。

《学隐第十三》立辩戴东原考据学之苦心。清魏源在《武进李申耆先生传》称:

> 自乾隆中叶后,海内士大夫兴汉学,而大江南北尤盛。苏州惠氏、江氏,常州臧氏、孙氏,嘉定钱氏,金坛段氏,高邮王氏,徽州戴氏、程氏,争治训诂音声……即皆摈为史学非经史,或宋学非汉学,锢天下聪明知慧使尽出于无用之一途。④

将"天下聪明知慧"尽用于"无用之一途",此一论断,大概也能反映清季今文经学家对古文经学家的普遍看法。章太炎作《学隐》篇,一是读了魏源此传有感而发,但更多的还是为考据学诸公正名。仲尼语云:"天下有道则现,无道则隐。"有清一代,知识分子"处无望之世",故即使有意追求经世致用、出仕为官,最终或者是落一"佐寇"之骂名,或者沆瀣一气,"窃仁义于侯之门",与其助纣为虐,还不如板凳十年冷。此一路径,古者经师如"伏生、郑康成、陆元朗"皆如此,诸公"穷老笺注,岂实泊然不为生民哀乐?亦遭世则然也"。且戴东原执着于汉学,用心也良苦,其目的在于使士人

①　章炳麟:《清儒》,载朱维铮编校《訄书》(重订本),中西书局 2012 年版,第 130—137 页。

②　周予同主编:《中国历史文选》(下),中华书局 1962 年版,第 405 页。

③　同上。

④　魏源:《武进李申耆先生传》,《魏源集》(上册),中华书局 1976 年版,第 358—359 页。

"绝其恢谲异谋，使废则中权，出则朝隐"，革尽知识分子功名利禄之心，为中夏学术之传承，留住薪火。章太炎对考据学的此种类似解读此后亦用于顾炎武。章太炎在1906年发表于《民报》第九号的《衡三老》一文中如是言曰：

> 宁人居华阴，以关中为天府，其险可守，虽著书，不忘兵革之事。其志不就，则推迹百王之制，以待后圣，其材高矣。①

在1908年《答梦庵》一文中，章太炎又说：

> 原此考证六经之学，始自明末儒先，深隐蒿莱，不求闻达，其所治乃与康熙诸臣绝异。若顾宁人者，甄明音韵，纤悉寻求，而金石遗文，帝王陵寝，亦靡不殚精考索，惟惧不究，其用在兴起幽情，感怀前德，吾辈言民族主义者犹食其赐。且持论多求根据，不欲空言义理以诬后人，斯乃所谓存诚之学。②

此种意境之解读，与余英时辨陈寅恪作《柳如是别传》之旨趣，相殊不远。东原、丁宁先生见此，想必可以含笑于九泉矣。

二　进化论与调和意识

现代性的历史性维度是进步的理念。这种理念重要的不仅仅是普遍进化，更重要的是，相信进化总体上是一种上升式的、进步式的过程，因此，进步的理念同时具有总体线性主义的色彩和目的论倾向。

或许我们长期误读的是，将"进化"与"进步"联系在一起的，是达尔文的进化论。但是，在达尔文的进化论中，进化只是一种适应环境的变化，或者说一种演变过程，进化确实能够产生新物种，但是

---

① 章太炎：《答梦庵》，载汤志钧编《章太炎政论选集》（上册），中华书局1977年版，第325页。

② 同上书，第398页。

否这种新物种就一定比早期的物种更为先进？设想如果遇到早期存在的物种的环境，那么新物种与早期物种之间的"适者"将不会是时间顺序上的后者，因此，在达尔文的进化思想观念中，进化是一中性词汇，而与进步以及乐观主义并无必然的相关性。

真正将"进化"与"进步"联系在一起的，是斯宾塞的社会进化论。在斯宾塞看来，世界上的所有事物都受进化论制约，大凡宇宙之生成，生物之演变，人类社会之发展，无不受进化规律之支配，无不是进化之结果。故而他将达尔文的进化论从生物领域推广到世间所有的领域，因此原本局限在生物领域的进化论在他的笔下成了普遍进化论。更重要的是，斯宾塞的进化论在强调普遍进化的同时，还具有目的论的倾向，也就是说，进化的最终境界将会达到一种最大程度的个体化以及最大程度的相互依赖，个体与社会最终会实现完美的均衡与统一。

出于救亡的需要，严复通过对赫胥黎的《进化论与伦理学》（翻译为《天演论》）与斯宾塞的《社会学研究》（翻译为《群学肄言》）进行的技术性翻译，为中国人构建了一个包括达尔文主义的基本原理，斯宾塞的普遍进化与目的论，以及赫胥黎的以人持天、自强保种在内的三维进化体系。于是，进化论在中国几乎成了普遍的信仰，"自严氏之书出，而物竞天择之理，厘然当欲人心，中国民气为之一变"①。这套进化体系既有空前的危机意识，也有力挽狂澜的希望。故而严复对进化论的翻译为现代性之进步的理念被中国人普遍接纳提供了知识论基础。②

章太炎早年与严复有过交往，甚至一度以"嵇康之遇孙登"③ 喻两人之感情，因此其进化论思想受到严复译书之影响，应无疑问。不

---

① 胡汉民：《述侯官严氏最近之政见》，《民报》1905 年第 2 期。

② 据萧公权的研究，最早表达进化将会朝着某种目的论与至善论发展的思想家是康有为而不是严复，"早在 1880 年，他（康有为）已隐约地预示社会进步的阶段，后来即据此演变'三世'说。萧公权：《近代中国与新世界：康有为变法与大同思想》，江苏人民出版社 1998 年版，第 42 页。

③ 章太炎：《与夏曾佑》，载马勇编《章太炎书信集》，河北人民出版社 2003 年版，第 49 页。

过章太炎对进化论的认知远远超过严复所译之书的范畴。1898 年，担任《昌言报》主笔的章太炎就和曾广铨合译过《斯宾塞尔文集》中的部分内容，其中包括论文《进步：它的法则和原因》（Progress：Its law and Cause）。因此，他的进化论知识超越了同时代大多数人。

对进化思想的强调与运用是贯穿于《訄书》初刻本中的一条主线。在该书中，章太炎不仅表达了一种普遍进化的理念，包括在自然领域的生物进化，在社会领域的人类进化，在规范领域的文明与道德进化，而且该书对"竞"的强调更是体现了晚清知识分子思想之调和特色。

在实证层面上，《訄书》表达了一种斯宾塞的普遍进化的理念。章太炎深信进化发生于所有的领域。"赭石赤铜箸乎山，莙藻浮乎江湖，鱼浮乎薮泽，果然貜狙攀援乎大陵之麓，求明昭苏，而渐为生人"[1]。这是自然领域的生物进化，表达了一种达尔文主义的进化论观念。"夫自然之淘汰与人为之淘汰，优者必胜，而劣者必败"[2]。也就是说，优胜劣汰不仅是自然领域的法则，也是人类发展的法则，故中国在此竞争面前，必须摆脱传统思维的束缚，革故鼎新，追上时代的步伐。进化不仅存在于自然与人类的领域，进化甚至在历史领域也同样存在。正是基于如此的认识，章太炎曾萌发著通史之志，以期发现在历史领域的"社会政治进化衰微之原理"[3]。

在观念层面上，《訄书》表达了一种文明与道德的进化理念。这意味着章太炎的进化思想没有停留在实证领域。实证领域的进化最终导致的是价值领域的差异。进化不仅意味着时间上的先后，种性上的差异，进化也意味着文化上的优劣，甚至成为判断思想与社会发展落后与进步的标志，所谓"化有蚤晚而部族殊，性有文狉而戎夏殊"，

---

① 章炳麟：《原人》，载朱维铮编校《訄书》（初刻本），中西书局 2012 年版，第 17—18 页。

② 章炳麟：《族制》，载朱维铮编校《訄书》（初刻本），中西书局 2012 年版，第 35 页。

③ 章太炎：《与梁启超》，载马勇编《章太炎书信集》，河北人民出版社 2003 年版，第 42 页。

"其化皆晚，其性皆犷"。① 在此，进化时间上的先后具有了价值判断与文化优劣的意义。不过《訄书》进化论的特色却不在于上述两点。《訄书》进化思想的鲜明之处在于其对"竞"的强调。竞争是万物发展的动力："物苟有志，强力以与天地竞，此古今万物之所以变。"② 竞争同样也是人类发展的动力："彼共和而往，其任国子者，非以贵贵，惟竞存其族故。"③ 章太炎还提出了一个密尔式的论断："人心之智慧，自竞争而后发生。"④ 个人的智力，适应能力甚至道德能力，都只有在竞争中才能得到提高："人之怠用其智力者，萎废而为蠛蠓。人迫之使入于幽谷，夭阏天明，令其官骸不得用其智力者，亦萎废而为蠛蠓。"⑤ 也就是说，如果没有竞争，进化可能呈现出一种倒退。竞争甚至也是民主共和的要件。当康有为等人认为中国民智未开，不能立刻实行民主共和，而只能实行君主立宪时，章太炎则反驳说："人心之智慧，自竞争而后发生，今日之民智，不必恃他事以开之，而但恃革命以开之。"并断言："民主之兴，实由时势迫之，而亦由竞争以生此智慧者也。"⑥ 此外，他还认为，竞争的手段与工具包括"竞以器""竞以礼""竞以形"等。⑦

《訄书》中的进化思想体现了那个时代知识分子的调和心理。确实，对进化思想的接受意味着知识分子开始自觉的西化，丧失自己的心灵主权，用西方的思维对待中国的问题。由于进化意味着进步，因此这也意味着在进步的道路上，中国开始落后于西方，它是西方军事征服胜利的理论注脚，但另一方面，彻底接受这种赤裸裸的结果对当时的中国很难具有建设性，因此，《訄书》在强调普遍进化的同时，

---

① 章炳麟：《原人》，载朱维铮编校《訄书》（初刻本），中西书局2012年版，第18页。

② 章炳麟：《原变》，载朱维铮编校《訄书》（初刻本），中西书局2012年版，第23页。

③ 章炳麟：《族制》，载朱维铮编校《訄书》（初刻本），中西书局2012年版，第35页。

④ 《驳康有为论革命书》，载张勇编《章太炎学术文化随笔》，中国青年出版社1999年版，第82页。

⑤ 章炳麟：《原变》，载朱维铮编校《訄书》（初刻本），中西书局2012年版，第24页。

⑥ 章太炎：《驳康有为论革命书》，载汤志钧编《章太炎政论选集》（上册），中华书局1977年版，第203页。

⑦ 章炳麟：《原变》，载朱维铮编校《訄书》（初刻本），中西书局2012年版，第23—24页。

引入"竞"的概念，作为对进化论的补充，其实是在浓重的救亡意识与悲凉意识之中，发现乐观主义的因子。结果是，普遍进化是必然的，但是，只有引入竞争，进化才具有进步与发展的意义。故而，在进步的道路上，中国完全可能与欧美一样齐头并进，只不过这是两条不同的道路。换句话说，如果国人开始觉醒，振作精神，开民智，行民主政治，那么，在文明世界体系中，他们还有希望成为领头羊。

三　诠释传统与思想启蒙

一个时代思想的大解放，除了因为外来思想的巨大冲击之外，还有可能是对传统进行推陈出新，重构传统的结果。因为已经存在的传统构成了那个时代大多数人思想的藩篱与思维的极限，传统成了人们元思维层面的沉淀，人们很少去质疑。而章太炎的《訄书》则祛魅传统，打倒偶像，提升异端，在清季民初，确实振聋发聩，犹如惊雷，对当时知识分子的思想启蒙，起到了巨大的推动作用。

首先，《訄书》带来的思想启蒙在于它对传统思想中儒、道、法、墨等各家给予的重新诠释。

《儒墨》篇颂扬墨家，多有新意。其言曰："钜子之传，至秦汉间而斩。非其道之不逮申、韩、慎，惟不自为计，故距之百年而堕。"从而肯定墨家之"道"具有的价值。此外，对于儒家孟子攻击墨家兼爱是无父的说法，章太炎也给予反正，认为"诋其'兼爱'，而谓'无父'，则末流之讆言。有以取讥于君子，顾非其本也"①。

对于道家，《訄书》也不无褒颂："自伊尹、大公，有拨乱之材，未尝不以道家言为急。""且夫儒家之术，盗之不过为新莽。而盗道家之术者，则不失为田常"，故而"夫不幸污下以至于盗，而道犹胜于儒"②。也就是说，无论是从道的角度看还是从术的角度看，道家都比儒家更为高明。章太炎扬道抑儒，一则打破儒家之独尊，二则此时的章太炎急于民族革命，道家之权术之于儒家之仁义，或许更为

① 章炳麟：《儒墨》，载朱维铮编校《訄书》（初刻本），中西书局2012年版，第7页。
② 章炳麟：《儒道》，载朱维铮编校《訄书》（初刻本），中西书局2012年版，第8页。

合适。

至于儒法之关联，章太炎更是道出自古"外儒而内法"的统治术：

> 今之儒者，闻管仲、申、商之术，则震栗色变曰："而言杂伯，恶足与语治？"试告以国侨、诸葛亮，而诵祝冀为其后世，而不知侨、亮之所以司牧万民者，其术亦无以异于管仲、申、商也。然则儒者之道，其不能摈法家，亦明已。①

即使是"九流"所不取的侠，与儒比之，亦有所取。"侠者无书，不得附九流，岂惟儒家摈之，八家亦并摈之。然天下有亟事，非侠士无足属"，儒者所谓的"义"，无过于"杀身成仁""除国之大害，扦国之大患"，然此中义举，侠士皆可包之。更可惜的是，古之儒，儒侠并举，今之世，"凡言儒者，多近仁柔"②。

章太炎以诸子比儒，结果是墨、道、法、侠各有所长，而儒家与其比之，亦有所短，如此一破一立，自然推陈出新。

其次，《訄书》带来的思想启蒙还在于对传统文化中的主流人物进行的重新解读。这其中最典型的是《訄书》重订本中对孔子的重新解读。本章前文对此已经有过详细交代。康氏借孔子之名而行己之道，太炎反驳康氏，必破孔子之神圣化地位，故《訄书订孔》实乃订康氏。无论是认为孔子只是一"良史"，名过于实，还是道术不如老、墨、孟、荀等，皆是欲将孔子给予世俗化（secularization）的解释，釜底抽薪，将康氏变法改制的理论基础加以剥离。

如前所说，对于儒家传统谱系中另外一位圣贤王阳明，章太炎同样也进行非议。王阳明在晚清具有相当的影响，林则徐、魏源、王韬、左中棠、康有为、梁启超都十分推崇王氏的学说。③ 但章太炎认为，王阳明的学术水平言过其实，其人虽然"才气过人"，但"不本

---

① 章炳麟：《儒法》，载朱维铮编校《訄书》（初刻本），中西书局 2012 年版，第 9 页。

② 章炳麟：《儒侠》，载朱维铮编校《訄书》（重订本），中西书局 2012 年版，第 119—120 页。

③ 吴雁南：《王阳明与近世中国》，《学术研究》1996 年第 11 期。

于学术，其学术在方策矣"，换而言之，王氏的学术只不过是方策与权术而已。甚至王阳明的治学态度与为人都有问题。在他看来，王阳明的诸说中，独"致良知"为自得，"其他皆采自旧闻，工为集合，而无组织经纬"①。章太炎批评王阳明，初衷一如订孔，也是影射康氏。早在19世纪末，梁启超就指出康氏喜好陆王而不采程朱：

> 九江之理学，以程朱为主，而兼采陆王，先生则独好陆王，以为直捷明诚，活泼有用，故其所以自修及教育后进者，皆以此为鹄焉。②

康氏《新学伪经考》《孔子改制考》，托孔子之口行己之道，其实正是阳明心学之"六经注我"③。而且，以王学在传统思想中的地位，他居然称之为"立义至单，言无分域"，可见中夏学术衰微之甚。④ 因此，章太炎批王学，可谓一石双鸟。

至于传统中其余主流之思想家，章太炎也毫无隐晦地给予批判。"董仲舒以阴阳定法令"，将儒学宗教化与神秘化，结果"使学者人人碎义逃难，苟得利禄，而不识远略"⑤。宋之余烈，蛊民之学者，"欧阳修、苏轼其孟也"，正是两者开启了宋明理学和今文经学喜言空谈之先河。⑥ "宋、明诸儒多迂介"，到了近代，"清儒多权谲"⑦。侯外庐先生曾谓，从章太炎《訄书》中可以提炼出一部简明中国学术史，实而言之，这部简明中国学术史，其实也是一部非议正统，尤

---

① 章炳麟：《王学》，载朱维铮编校《訄书》（重订本），中西书局2012年版，第125—126页。

② 梁启超：《南海康先生传》，《清议报》1901年第100期。

③ 关于康有为与陆王心学的亲缘性，还可参见李泽厚《康有为思想研究》，《中国近代思想史论》，人民出版社1979年版，第115—116页。

④ 汪荣祖：《康章合论》，中华书局2008年版，第77页。

⑤ 章炳麟：《王学》，载朱维铮编校《訄书》（重订本），中西书局2012年版，第122页。

⑥ 章炳麟：《学蛊》，载朱维铮编校《訄书》（重订本），中西书局2012年版，第124—125页。

⑦ 章炳麟：《别录乙》，载朱维铮编校《訄书》（重订本），中西书局2012年版，第291页。

其是贬低儒学的学术批评史。

最后，《訄书》在批判主流的同时，还抬升异端，对于在儒家传统中被忽视或者一向被贬斥的人物，给予极高的评价。虽说主流与异端两者的界限未必泾渭分明，但"在历史过程长期的累积中，确有部分思想或人物不为大潮流所容。故揄扬非正统的工作，实可说是对大传统的一种修正或反抗"①。揄扬非正统必然抬升异端，而每一次思想大解放的前夜，总是先有各种异端思想被发现。

章太炎的《訄书》，确实于大传统之中发现了诸多被忽视的思想与人物。秦火以后，法家一向不被待见，作为法家代表人物的商鞅，更是被史家所不齿，司马迁称商鞅"天资刻薄""少恩"（《史记·商君列传》）。贾谊《陈政事疏》更不客气地说商鞅"遗礼义，弃仁恩"（《汉书·叙传上》）。但章太炎一反前人，为商鞅乃至法家正名，发出"商鞅之中于谗诽也两千年"的感叹。② 对于汉代思想家王充，清人钱大昕曾谓王充无鬼神的思想，乃后世离经叛道，思想混乱之渊薮。章太炎的看法恰恰相反，认为王充撰《论衡》，"趣以正虚妄，审乡背，怀疑之论，分析百端。有所发擿，不避孔氏。汉得一人焉，足以振耻。至于今，亦未有能逮者也"③。章太炎后来撰写《国故论衡》，由其书名可知他对王充的推崇。此外，对于传统思想中饱受非议的曹操、颜元、盗拓等人，章太炎同样拨乱反正，给予了极高的评价。

如果说进化论体现的双重意识是自觉地以西方审视中国的话，那么，此处章太炎评议经典，褒贬诸子，抑扬百家，实则以现代审视传统，其目的不在学术考究，而是以古论今，意欲为晚清思想之启蒙，国人思想之解放，发振聩之言；为重新检讨整个中国文化与思想传统，启时代先声。这项由章太炎开始的工作，对后世影响深远。因为

① 王汎森：《章太炎的思想（1868—1919）及其对儒学传统的冲击》，台湾时报文化出版事业公司 1985 年版，第 199 页。

② 章炳麟：《商鞅》，载朱维铮编校《訄书》（重订本），中西书局 2012 年版，第 221 页。

③ 章炳麟：《学变》，载朱维铮编校《訄书》（重订本），中西书局 2012 年版，第 122 页。

章太炎一向被视为晚清古文经的代表人物，他对传统的质疑与重构实际上是同室操戈，恰恰大幅度地提升了那个时代质疑传统的合法性。而论者却很少察觉此一理路背后的今文经学术风格。在某种意义上，章太炎与康有为同出一辙，他也是借整理学术之口，托自己未酬之志。此外，这项工作也开启了近代中国反传统话语的先河，他成了近代中国第一代反传统的先锋。从此，任何传统，都可能成为知识分子的分析对象，而分析的结果，则在很大程度上取决于传统在他们目的论取向中的价值。

四　科学世界观与认识论

现代科学与前现代自然哲学之间的区别之一是，现代科学本身起着一种工具理性的作用，科学是主体凭借理性认识客观世界的工具，科学本身不再追求终极价值关怀。而前现代自然哲学不仅涉及工具理性，而且还深刻地与价值以及终极关怀联系在一起。自然哲学的重要职责在于通过认识宇宙的方式来克服对死亡的恐惧。科学与终极价值关怀的分离成了现代性的标志性事件之一。①

《訄书》中的现代性，不仅仅是进化论带来的忧患意识与调和意识，也不仅仅是对传统的推陈出新而带来的思想解放，更重要的是，此书对现代西方自然与社会科学知识的广泛运用，使得中国传统文化中的天命思想、神话传说、鬼神论、神道设教等都遭到了质疑。最终，传统中那些神圣性与神秘性的东西在章太炎的笔下都成了"科学"解释的对象。章太炎意欲以"科学"之工具理性为传统祛魅，但章太炎此举也并非对科学的知识性目的感兴趣，其以西学释中学，目的依旧在于为当时的人们引入西方现代性进行认识论上的铺垫，使得人们的认识论发生根本性的转向，科学的功利性价值十分明显。

自古以来，天与神在中国古代的宗教信仰中发挥着巨大的作用。"奉天""天帝""天谴""天视""天启""天命"等，皆反映出"天"在中国传统文化中具有某种神秘性与形而上的色彩。因此，破

---

① 金观涛：《"自然哲学"和科学的观念》，《科学文化评论》2009 年第 6 期。

解中国古代神秘之天，对于引入西方的现代性具有重要的意义，故章太炎《訄书》初刻本专辟一篇名曰《天论》。

早在《膏兰室札记》时期，章太炎就撰有《天》，以自然之天释宗教神话之天：

> 盖恒星皆日，其旁皆有行星，行星皆地。凡地球不知恒河沙数，每一地球，皆有空气……斯所谓天，仍皆地气……余谓无字从天而屈之，正谓天本无物。[1]

在1899年撰写的《菌说》中，章太炎同样否定天与天命的存在，"天为不足称颂"，因为世上本无天，"天者自然而已"[2]。

在《訄书》初刻本《天论》篇中，章太炎再一次重申其关于天的看法，认为"今自地球咫尺以上，累高而气益微，以是知未尝有天也"。既然天都不存在，只不过是自然而已，那么，所谓的天命、天帝等也就不存在了，"日无所自出"，"何必上帝？"，故而"若夫天与帝，则未尝有矣"[3]。

同样，人们常怀有恐惧与敬畏感的灵魂与鬼神等也是不存在的，章太炎从西方物理与化学知识的角度解释了人死后的组成。

> 人死而为枯骼，其血之转邻，或为茅蒐；其炭其盐，或流于卉木；其铁在矿；其肌肉或为虫蛾蛰豸……及死，则若波之复。乃夫气则瀸淖于水土也。[4]

既然天、天命、鬼神与灵魂等都不存在，那么，为何人们还孜孜

---

① 章太炎：《膏兰室札记·天》，载沈延国、汤志均点校《章太炎全集》（膏兰室札记 诂经札记 七略别录佚文徵），上海人民出版社2014年版，第256页。

② 章太炎：《菌说》，载汤志钧编《章太炎政论选集》（上册），中华书局1977年版，第143页。

③ 章炳麟：《天论》，载朱维铮编校，《訄书》（初刻本），中西书局2012年版，第15—17页。

④ 章炳麟：《原教下》，载朱维铮编校《訄书》（重订本），中西书局2012年版，第243页。

于问天，相信鬼神、灵魂等的存在？在此章太炎致力于运用其所接触的西方自然科学给予解释。他认为，人们之所以形成各种超自然的偶像崇拜，那是因为当时的人们还无法用科学的方法解释很多自然的现象。"见夫芜荑之萎于燕，鲸鱼、慧星之迭相为生死，与其他之眩不可解者，而以为必有鬼神以司之，则上天之祭，神怪魑头之禓被，自此始矣。"至于鬼魂与灵魂，人们相信其存在，除了认识上的局限性之外，还有情感上的需要，"夫一朝而丧亲戚，匍匐皋复，卒不得其处，之死而不忍致死之，荐祭之设，情也"。①

《訄书》初刻本《河图》篇针对古人关于河图的神话传说，尝试运用经验科学的方式进行解释。② 他认为，河图并非如儒家经典《周易》《尚书》等传说的那样充满神秘性，它只不过是一块绘有地图的石块而已，"《河图》者，括地者也。"这张地图并非传说中的"天赐者"，而是"人之块"，其作用类似于"萧何之收秦图籍"，古人绘制这块地图的目的在于"知地形厄塞"，谈不上什么"瑰傀"。③

如果说《河图》篇还在于向儒家经典中的神秘性提出挑战，意欲破除古书中的神秘性的话，那么，《訄书》初刻本《封禅》篇以及《冥契》篇则直指古代帝制君权的合法性信仰。封禅一向被视为君权神授的象征，司马迁《史记·封禅书》尝言："自古受命帝王，曷尝不封禅？"通过封禅，帝王获得了统治中国的合法性，上启于天，下通与民。但章太炎从发生学的角度对封禅进行了考证，认为封禅最早是军事统治的需要，"帝王治神州，设险守固。其封大山者，于《周礼》则沟封之典也。因大麓之阻，累土为高，以限戎马。"因此，"封禅为武事，非为文事"，但后来的统治者基于文治与意识形态驯化的需要，将封禅当成祭祀神灵的一种仪式，再后来，随着"三王接迹，文肆而质錾"，封禅的"本意浸微"，完全失去了原有的军事价

---

① 章炳麟：《原教下》，载朱维铮编校《訄书》（重订本），中西书局 2012 年版，第242—243 页。

② 《易·系辞上》："河出图，洛出书，圣人则之。"《尚书·顾命》："大玉、夷玉、天球、河图，在东序。"《论语·子罕》："子曰：凤鸟不至，河不出图，吾已矣乎！"

③ 章炳麟：《河图》，载朱维铮编校《訄书》（初刻本），中西书局 2012 年版，第 28页。

值，而成了论证君权神授的工具。①

同封禅一样，章太炎在《冥契》中认为，环观世界，"自东自西，自南自北，凡长人者，必雄桀足以欺其下，以此羡民"。在他看来，所谓的"天子""帝释""上帝"之称谓，以及"上帝冯身以仪之"之传说，皆是政治统治的工具，通过借助于某种并不存在的形而上称谓，老百姓就能心甘情愿的安分守己，对现存不合理的秩序无法进行理性的反思。不仅如此，在这套神话语言之下，一旦君王有难，他们甚至还"趋令若牛马"，勇于赴死。② 由此可见这套神秘化的语言对老百姓心理征服与意识形态说教的影响。

《訄书》以现代科学的名义对传统文化中建构中国帝制合法性极为重要的一套神秘化语言与符号，进行了重大的解构，它与此前对进化论的宣传以及对传统的重新诠释一样，都是从晚清中国人元思维的角度发现问题，解决问题，因此，其志存高远，自不待言。因为一旦人们将科学世界观纳入到自己的思维层面，并以此反观中国的传统，那么，传统中国中的政治哲学甚至传统本身，都将作为整体而被国人抛弃，这也正是汪荣祖将五四反传统话语体系的源头追溯到章太炎等人的重大缘由。这同样意味着，"西方"已经成了中国知识分子的思维的一部分，知识分子思维层面的西化将无可避免地促进国人在世界观、价值理念方面的西化。最终，这种科学世界观为国人拥抱西方提供了根本性的合法性。

五 反帝民族主义

如前所述，现代中国一直遭遇着双重民族主义的问题，一种是因缘于明末的反满民族主义，另一种是作为文化与政治共同体的中华民族对于帝国主义的民族主义情绪。如果说反满民族主义还是一种传统的汉族中心主义以及传统的华夷之辨的变种的话，那么，反帝民族主义就具有典型的现代性。

---

① 章炳麟：《封禅》，载朱维铮编校《訄书》（初刻本），中西书局 2012 年版，第 27 页。
② 章炳麟：《冥契》，载朱维铮编校《訄书》（初刻本），中西书局 2012 年版，第 26 页。

当面对帝国主义的强势入侵时，近代中国大多数知识分子是站在准官方的角度以"策论"救危难之时局的，故主张传统纲常名教者有之，主张中体西用者有之，主张全盘西化者有之。就政治制度设计而言，凡去一国留学者，皆主张以该国之政体为蓝本改造中国之政制。但如何从学理上否定帝国主义入侵中国的合法性，其实是近代中国知识分子更为基础的工作。或许囿于时局的关系，或许因缘于理论知识的匮乏，在一战之前能够在此方面进行系统思考者鲜见，而章太炎无论是早期的《訄书》，还是中期所著的《齐物论释》，都体现了在这方面进行理论建构的尝试，只不过两者的路径截然不同：早期以《訄书》为代表的著述主要是给予进化论的视角，统合历史主义路径和多元主义理论，以西方现代性对抗西方现代性；而中期的《齐物论释》主要是给予一种特殊的平等理论，统合庄子与佛学等前现代资源，并辅之以后现代视角对抗西方现代性。

> 余以所闻：名家者流，斥天下之中央，则燕之北、越之南是已。然则自大瀛海以内外，为潭洲者五。赤黑之民，冒没轻儳，不与论气类。如欧、美者，则越海而皆为中国。其与吾华夏黄白之异，而皆为有德慧术知之氓。①

章太炎认为，从进化的角度来看，世界各大洲同时存在着先进民族与后进民族。欧美诸民族也与华夏民族一样"有德慧术知"，都已经超越了蛮夷而进化到了文明阶段。站在当时的立场上看，章太炎的这一看法具有相当现代的意义，不仅彻底放弃了传统的华夏中心主义思想，而且还对传统中国的华夷之辨思想进行了重大的创造性转化。

传统的华夏中心主义认为，"中国不独在地理上位于地球中央，而且在文化上也是如此。中国的文字、道德、礼仪、制度，无一不优于四夷"②。故而传统的华夷之辨是一种一元主义的天下观。在这种华夷思想体系下，整个地球只有一个文明，这就是华夏，并以此为中

---

① 章炳麟：《原人》，载朱维铮编校《訄书》（初刻本），中西书局 2012 年版，第 18 页。
② 殷海光：《中国文化的展望》，上海三联书店 2002 年版，第 7 页。

心，向四周扩散，地理上的边缘也是文化上的边缘。但此时的章太炎认为，即使从文化与文明的角度上看，中国也并非地球上唯一的中心地带，相反，在地球上同时存在着多个文明的民族。因此，虽然其思想中依旧有华夷之辨的成分，但这种华夷之辨思想是一种多元主义的天下观。换句话说，中国不是一个单数，而是复数，这种改造为章太炎后来主张民族平等思想奠定了理论基础。

既然欧美诸民族也是文明的，那么，帝国主义入侵中国，给中国带来另一种文明是否具有合理性？如果说在一个中国之内文明可以统治野蛮，那么，在世界范围内一种高级文明是否也可以统治另一种低级文明？章太炎必须回答这个问题。在此，章太炎以一种历史主义与多元主义的视角进行了否定。

从历史主义的角度来看，进化论本身意味着某种形式的历史主义与特殊主义。生物的进化只是适应某种特殊的生存环境，而不可能进化到适应任何一种环境，"橘生淮南则为橘，生于淮北则为枳"。"地齐、政俗、材性"① 不同，其统治方式与治理形式也各有差别。各民族长期的历史进化与变迁，已经形成了特殊的生活方式与文化传统，这些东西是一个民族的历史记忆，也是一个民族的遗产，更是这个民族自我认同的基础。如果欧美之人统治中国，就可能发生进化论上的排异现象。一是两者的历史起源不同。"观于《黄书》，知吾民之皆出于轩辕。"② 从进化论的角度上看，这是种子的差异，由此必然导致此后果实的不同。二是两者的血统主体不同。华夏民族，虽然历经几千年的进化，但总体上，"夫言一种族者，虽非铢两衡校于血统之间，而必以多数之同一血统者为主体"③。三是两者的历史变迁不同，由此形成不同的历史民族。"使欧、美之人，入而握吾之玺，则震旦将降心压志以事之乎？曰：是何言也！其贵同，其部族不同。"④ 因

---

① 章炳麟：《原学》，载朱维铮编校《訄书》（重订本），中西书局2012年版，第114页。

② 章炳麟：《原人》，载朱维铮编校《訄书》（初刻本），中西书局2012年版，第21页。

③ 章太炎：《中华民国解》，《章太炎全集》（四），上海人民出版社1985年版，第255页。

④ 章炳麟：《原人》，载朱维铮编校《訄书》（初刻本），中西书局2012年版，第21页。

此，即使同贵为文明的民族，但是由于以上的差异，因此，他们也无权统治中国。

从多元主义的角度来看，在章太炎那里，进化思想确实包含着进步的理念，这种理念成了章太炎排满的思想基础。毕竟从时间坐标上看，汉族先于少数民族进入文明，因此，让满族统治汉族是文明的倒退。但是，一旦引入空间概念，进化就不仅仅是线性主义（Linear-progression）的了。每一种文明在其内部都沿着进步的路线发展，人类进步的轨迹是多条线路交叉或者并列向前，不同的文明之间很难给予比较。于是，帝国主义侵略中国就难以从进化论中给予合理的解释，相反，多元主义获得了肯定。最终，与康有为进化思想逻辑结果的"大同"异趣，章太炎进化思想的逻辑结果是多元主义的合理性，是空间范畴内多种乌托邦的共存。

《訄书》的语言风格基本上是古典的，但无论是从写作方法还是从写作内容上看，该书都体现了典型的现代性。该书不仅是近代中国较早尝试用进化论的思维来进行学术创作的著述，更重要的是，该书所系统表达的进化、科学等观念已经远远超出了传统的天道观、变易观以及认识论的范畴。它反映的是清季中国在巨大的危机之下知识分子的自救。他们试图通过颠覆传统主流，引入西方现代性的一系列价值理念来完成中国思想界的观念革命。在这套全新的观念之下，中华民族既有进化论带来的深重危机意识，也有因思想启蒙与观念解放而带来的希望。此外，《訄书》通过引入空间性坐标对进化论进行的改造，也开启了近代中国知识分子通过学术建构来对抗西方入侵的合法性的尝试。在此意义上，《訄书》实乃近代中国以现代性反击现代性，以西学挑战西方的一次系统努力。

第四章　现代之后：对主体性与
进步理念的解构

　　一般而言，观念史研究有一大前提，这就是思想本身具有生命，它会历史性地进行自我发展。然而，如果过分强调思想本身的自我演绎，我们就很难解释思想在某个时间点上出现的巨大波动、转折。而社会存在中的关键性事件则非常好地对此解释进行了补充，换句话说，思想也是社会存在的函数，虽然两者之间未必具有同步趋同效应。一个民族发生的关键性事件会对这个民族的集体性思考产生巨大的影响。比如，同样是异族入侵，为什么蒙古与满族对于汉族的统治并没有颠覆汉族精英阶层的自我优越意识，而欧风美雨则不仅从肉体上征服了中华帝国，而且也顺利完成了心灵上的征服，这其中隐藏性的关键性事件是甲午海战，以及由此带来的反思。同样，为什么进入到20世纪以后，晚清思想市场上革命与改良的势力会发生戏剧性的转折，这其中隐藏的关键性事件是庚子事变。进而言之，为什么早期知识分子毫无例外的以英美为师，而到一战以后，竟大规模的左倾，以苏俄为师，甚至连具有自由主义倾向的知识分子也不例外，这其中隐藏的关键性事件就是一战暴露出的"西方的没落"。

　　在一个民族身上发生的关键性事件会对这个民族的整体观念与认知产生重大影响，同样，发生在个体身上的某些关键性事件也会对个体的思考产生巨大作用，这些关键性事件甚至可能会使得个体凤凰涅槃，浴火重生。章太炎早期对西方现代性可谓满腔热血，而1905年以后竟至一片冰心，以五无之论发惊世之声，究其原因，除了社会存在本身发生巨大改变而外，个体的戏剧性遭遇首当其冲，这就是著名的苏报案。

苏报案对章太炎的影响是巨大的。这是章太炎生平第一次真实的入狱，虽然在此之前曾多次被通缉。[①] 不自由，毋宁死，章太炎在监狱不仅失去自由，而且遭受非人道的折磨。据其回忆，上海洋人所设监狱，外观虽清洁，但人身处其中，饱受饥寒交迫之苦，"食不足以充腹，且无盐豉，衣又至单寒，卧不得安眠，闻玲即起，囚人相对，不得发一言，言即被棒，此直地狱耳。人生至此，无宁踣尸于市也"[②]。

此外，西牢中还有多种酷刑，对犯人给予肉体上直接的摧残，章太炎在此多次领教，其中包括众狱卒持椎捣胸之刑，其中更有一种令人恐惧的刑罚，此种刑罚章太炎也曾受过三次：

> 其法以帆布为梏，反接两手缚之，加以木楔，名曰软梏。梏一小时许，则血管麻木，两臂如针刺状，虽巨盗弗能胜，号呼宛转，声彻全狱。[③]

不仅如此，根据判决章太炎的刑罚书，他在受刑期间要"罚作苦工，以示炯戒"[④]，因此，白天还得从事敲碎石子之类的劳动。饥寒交迫的衣食，残酷屈辱的刑罚，高强度的苦工，竟使得这位反满先驱

---

① 戊戌政变后，清廷下"钩党令"，章太炎因参加康有为的强学会，主张变法而首次遭到清廷追捕，后经《亚东时报》报馆日本人安藤阳洲、山根虎雄介绍，于1898年12月4日携家暂避台北，此谓太炎先生第一次受追捕。1900年1月24日，慈禧太后根据荣禄等人的密计，宣布立端王载漪的儿子溥俊为"大阿哥"，阴谋废黜光绪皇帝。消息传出，举国震动。1月27日，上海电报局总办经元善联合各省寓沪绅商及知名人士共1231人急电清廷，表示坚决反对溥俊为"大阿哥"，其中人名册上包括章太炎，不过据先生口述，他对此根本不知情，此乃"经氏枉署"。但此一举动使慈禧废立计划受阻，于是下令缉捕经元善、章太炎等"急电"列名者。此谓太炎先生第二次受追捕。1900年7月26日，章太炎参加唐常才在上海召开的"中国议会"，不久，唐常才自立会"勤王"失败，清廷由又下"钩党令"，章太炎在入狱之前第三次受到追捕。杨法宝：《章太炎"七被追捕"考略》，《炎黄春秋》1999年第4期；汪荣祖：《章太炎散论》，中华书局2008年版，第75—77页；汤志钧编：《章太炎年谱长编》（上册），中华书局1979年版，第73—74、109—110页。

② 章太炎：《革命军约法问答》，载汤志钧编《章太炎政论选集》（上册），中华书局1977年版，第432页。

③ 汤志钧编：《章太炎年谱长编》（上册），中华书局1979年版，第192页。

④ 同上书，第191页。

萌发了自杀的念头，并相约邹容一起赴死：

> 狱事既决，狱卒始不以人道相待，时犹闭置空室，未入铁槛，视狱卒陵暴状，相与咋舌裂眦。余语威丹："尔我体皆弱，又不忍辱，与为白人陵藉而死也，勿宁早自为计。然以禁锢期限计之，我三年，尔二年。尔当生，我当死。"威丹哽咽流涕曰："兄死，余不得不死。"余曰："不闻子胥兄弟事耶？且白人内相陵逼，而外犹恶其名。余死，彼惧烦言之不解也，必宽假尔。"因复议引决事。时刀索金环毒药诸物既被禁绝，惟饿死。威丹曰："饿死，小丈夫事也。"余曰："中国饿死之故鬼，第一伯夷，第二龚胜，第三司空图，第四谢枋得，第五刘宗周。若前三子者，吾不为；若后二子，吾为之。"①

此后先生绝食七日，"呕血数刀圭"，但未至死。后经同狱者告知有绝粒42日犹不死者，于是复进食，加上狱外多方打点，最后劳工改做裁缝，并获准役作之余可读书籍。章太炎所处的监狱，以及其中所遭受的各种刑罚与折磨，并非晚清政府所设，相反，乃是晚清知识分子一向推崇的西洋文明之创造，先生出狱之后即系统反思西方的现代性，或许这也是一直接原因。

苏报案虽然一度使得章太炎有了轻生的念头，但最终成就了他在言论界与革命军中的巨大声誉，以至出狱之时，孙中山专门派人赴沪迎接，随后由同盟会总代表们陪同去日本。不过苏报案对于章太炎也有一终生难以释怀的遗憾，这就是邹容之死。邹容虽是病逝，但章太炎是劝邹容自首之人，"我不杀伯仁，伯仁却因我而死"。此后，章太炎作《邹容传》，又篆书"赠大将军巴县邹容"字样，表刻于邹容墓碑之上，以示纪念。我们很难观察邹容之死对章太炎思想的影响。但邹容，这位革命军中的马前卒，以弱冠之年，指天斗地，非汤武，薄周礼，其势也大，其情也真，然最后惨死狱中，死生之无常，章太炎观之，悲耶？苦耶？章太炎出狱之后，佛学不离其口，求学与革命

---

① 汤志钧编：《章太炎年谱长编》（上册），中华书局1979年版，第191页。

或为其真，然以慰自心，以解其咎，亦未尝有假。

章太炎曾自述，"自揣平生学术，始则转俗成真，终乃回真向俗"①。何谓俗，何谓真，学界未尝有定论。但遵循章太炎思想变迁之轨迹，约略可言。

先生早年"谨守朴学"，在诂经精舍一意治经，考据之间，未尝没有知识分子的道德使命感与责任感，但矫枉不能过正，章太炎最初之考据，其主旨在辨真伪，澄清史实，实际上是"求真"。后世道衰微，以匹夫之责，不忘经国，于是"寻求政术，历览前史"，于荀卿韩非之说，独有向往。但无论是经世、政术还是读史，都不同于此前之考据，其意在学以致用，挽大厦于将倾，救黎民于水火。此乃从真向俗。

> 及囚系上海，三岁不觌，专修慈氏、世亲之书，此一术也，以分析名相始，以排遣名相终。从入之涂，与平生朴学相似，易于契机，解此以还，乃达大乘深趣。②

东渡日本之后，章太炎再度接触到佛学，遂以佛解庄，融儒、释、道于一体，终获"齐物之眇义"。③ 此乃"转俗成真"，及至以此齐物哲学观省社会，"操齐物以解纷，明天倪以为量"④，反思传统，抑扬古今，批判现代，此乃以真解俗。

由此观之，上海监狱的三年，是章太炎人生思想发展中"宏大的事件"。章太炎在此阅读的大量佛学典籍，不仅可以让他排遣忧愤，而且也为他提供了一种全新的世界观。由此思想之路径，章太炎来回于古今，穿梭于中西，纵横于儒、释、道，最终在其思想上掀起了一

---

① 章太炎：《菿汉微言》，载虞云国标点整理《菿汉三言》，辽宁教育出版社2000年版，第61页。
② 章太炎：《菿汉微言（选录）》，载张勇编《章太炎学术文化随笔》，中国青年出版社1999年版，第360页。
③ 章太炎：《无政府主义序》，载汤志钧编《章太炎政论选集》（上册），中华书局1977年版，第384页。
④ 章太炎：《菿汉微言（选录）》，载张勇编《章太炎学术文化随笔》，中国青年出版社1999年版，第361页。

场大革命。这场大革命，对其早期所全盘接受的西方现代性，进行了空前的批判，在其周围的政治与学术共同体中，更是誉满天下、谤满天下。

一 主体性解构——真如哲学体系

（一）主体性

现代性的背景是"现代"的综合性危机，"现代"的一系列问题与失败导致了人们对"现代"的反思与批判。最终，现代性被当成"现代"的观念与实践层面而成了这种批判的中心与焦点。因此，现代性本身意味着探讨问题与思考方式的重大转变。

主体性构成了现代性的主体性原则，主体性也构成了现代性的基石，正如吉登斯所言，在现代之维中，"人成为存在者的中心和尺度。人成了决定一切存在者的主体，也就是说，人成了决定现代一切对象化和想象力的主体"①。可以说，人是万物的尺度，这一古希腊哲学化的命题成了现代性主体性原则的最佳注脚。当然，身处现代之中的人或许根本就认为这不是一个问题，但这恰恰说明现代性观念本身就是现代的产物。无论是在中国古代的庄子哲学中，还是在西方漫长的中世纪哲学中，这一命题恐怕都会失去合理性。万物也许就没有尺度，存在意味着合理；或者神才是万物的尺度。因此，人的主体性原则的确立是人类思维观念上的重大转变。只有现代视域才能发现人本身，对人本身的理解成了传统与现代的某个分界点。

现代性的主体性是复杂的，但主体的本质性规定是理性。在理性的审视之下，主体不再满意于传统、习俗，不再是自在自发的生存状态，他们开始回归自身并内省，于是主体的内涵不断丰富起来。他们具有个性，是多样性的人（密尔）；他们具有认识能力，能够发现具有普遍性的真理性知识（笛卡尔）；他们具有创造性与建构能力，能够为自然甚至为自己立法（康德）；他们具有道德能力，即使在无知

① ［德］哈贝马斯：《现代性的哲学话语》，曹卫东译，译林出版社2004年版，第154页。

之幕中，也能选择自由与平等（罗尔斯）。更重要的是，他们是理性存在者，具有反思能力（黑格尔、吉登斯），"现代性的特征并不是为新事物而接受新事物，而是对整个反思性的认定，这当然包括对反思性本身的反思"①。

哈贝马斯在解释现代性之主体性时认为，"主体性乃是现代的原则"，"现代世界的原则就是主体性的自由"②，并且将现代性之主体性归纳为以下四个方面：

（a）个体（个人）主义：在现代世界中，所有独特不群的个体都自命不凡；

（b）批判的权利：现代世界的原则要求，每个人都应认可的东西，应该表明它自身是合理的；

（c）行为自由：在现代，我们才愿意对自己的所作所为负责；

（d）最后是唯心主义哲学本身：黑格尔认为，哲学把握自我意识的理念乃是现代的事业。③

现代性之个体主义是对现代性之主体性最好的注脚。这种个体主义意味着，从发生学的角度看，先有个体，然后再有整体。在本质上，个体是最基本的有机物。立基于现代之上的所有组织、集团与结构，都是个体思想与观念建构的产物。从规范性的角度来看，现代性之个人主义意味着个体的意见与意志具有绝对的优先性，现代社会所有价值与准则的最终来源，都必须还原为个体的偏好表达，现代所有组织合法性的终极基础，都根植于个体的理性选择。现代性之个体主义最终成了现代民族国家建构最重要的原则之一。

现代性的主体性维度恰恰成了现代性最深刻的危机。上帝走了，人成为世界的主体。但上帝在隐退的同时，也抽空了作为主体性的人

---

① ［英］吉登斯：《现代性的后果》，田禾译，译林出版社2003年版，第34页。

② ［德］哈贝马斯：《现代性的哲学话语》，曹卫东译，译林出版社2004年版，第19—20页。

③ 同上书，第20—21页。

最后的价值根基。在观念与实践中，正当性何在？主体先是求助于自己的理性，他们相信理性能够发现自然法与自然权利，并且具有创建规范的能力。"现代一旦成为现实，它就必须从被征用的过去的镜像中为自己创制规范。这些过去将不再被认为原本就是示范性的"。①在海德格尔看来，作为存在者的主体，其自身也只不过是生活在一个表现客体的主观世界中，所有的规则，权利与真理，也仅仅只有主观明确性。更加令人不安的是，单个的主体基于个人主义的自觉与自负而不得不去面对这个世界，他们捍卫自身的方式"表现为对可以感知和可以操纵的对象的计算"，于是，主体之间相互理解的过程也必然会被置于"算计他人"的范畴之下。②最终，主体的理性解放变成了对主体无孔不入的奴役与威胁，主体本质性规定的理性"走得越高，就越是失去根基，直到最终枯萎凋落，成为隐蔽而异在的原始力量的牺牲品。启蒙辩证法的秘密应该说就表现为自我毁灭的动力"③。现代性的主体性面临着肢解主体性维度的危险。

（二）真如世界观

主体性构成了整个现代性的基石，因此，对主体性的解构是对现代性的釜底抽薪，它使得现代性成了没有依靠的空中楼阁。章太炎欲破现代性之狂妄，必破现代性之主体性。

现代性之主体性，最根本的是"自我"，自我构成了现实世界的合法性源泉，现代性之集体认同意识、道德建构努力、共同体神话等，都建立在个体的观念之上；现代性之理性、合法性、启蒙、解放、权利、自由等概念，其根本的立足点也是不可再分的个体观念；无论是认识论上的个人主义，还是本体论上甚至道德论上的个人主义，其基础依旧是个体本身。而在章太炎的真如哲学体系中，这一现代性支撑点的个体，其存在最终只是一个幻觉。从来就不存在"我"，执着于"我"不仅不能达到真理性的认识，反而会妨碍我们

---

① ［德］哈贝马斯：《现代性的哲学话语》，曹卫东译，译林出版社2004年版，第13页。
② 同上书，第158页。
③ 同上书，第357页。

去认识大千世界诸多"小我"背后那个与真如同一的"大我"。

章太炎批判主体之自我，主要还是立足于其真如哲学体系。这一哲学体系的建构，始于上海监狱时期。后章太炎东渡日本，又接触印度佛学，兼及古希腊哲学与近代德国哲学，最终使这一哲学体系形成一自洽的思想体系。

何谓真如？真如，也即世界的本体，"真如本识，非因缘生"。"真如本识，无有缘起"①。也就是说，作为世界本体的真如不会依赖其他任何东西而存在。在章太炎的佛教世界观中，作为超验的终极实在真如也称真心、如来藏、真我等，"如来藏自性不变，即是佛性，即是真我"②。真如并不能认识自身，"因为真心绝对，本来不知有我"③，于是因无名而变为"阿赖耶识"，"依如来藏（真如），有此不觉（无明），始为阿赖耶识"。章太炎又说，"依真我（如来藏，是实、遍、常），起幻我（阿赖耶，非实、遍、常）"④。"此阿赖耶识，亦名如来藏。特以清净杂染之分，异其名相"⑤。换句话说，阿赖耶识的本质与真如同一，只不过由于真如不能认识自身，因而产生幻我，即阿赖耶识。或者说，阿赖耶识只不过是俗世的真如而已。现实的感知世界是根植于"阿赖耶识"的七种意识的结果，这七种意识分别是视觉（眼）、听觉（耳）、嗅觉（鼻）、味觉（舌）、触觉（身）、意识（意）以及第七种"末那识"（意根）。其中第七种末那识最为重要，因为阿赖耶识虽有种子，但它本身如清澈之水，无覆无记，只有待第七意根意想安立，方能成此世界。⑥ 因此它也被认为是

---

① 章太炎：《菿汉微言》，载虞云国标点整理《菿汉三言》，辽宁教育出版社2000年版，第30—31页。

② 同上书，第4页。

③ 章太炎：《论佛法与宗教、哲学以及现实之关系》，载马勇编《章太炎讲演集》，河北人民出版社2004年版，第34页。

④ 章太炎：《菿汉微言》，载虞云国标点整理《菿汉三言》，辽宁教育出版社2000年版，第4页。

⑤ 章太炎：《人无我论》，《章太炎全集》（四），上海人民出版社1985年版，第427页。

⑥ 王玉华：《多元视野与传统的合理化——章太炎思想的阐释》，中国社会科学出版社2004年版，第199页。

"对真实所产生的一切错觉的基础"①。

章太炎关于真如世界与感知世界的划分可能受到柏拉图的影响。他认为，"圆成实自性云者，或称真如，或称法界，或称涅槃。而柏拉图所谓伊跌耶者（即 idea，笔者加），亦往往近其区域"②。柏拉图的 idea 即理念，理念是一种超越经验世界的先验存在，具有先验性、绝对性、真实性与完美性，现实世界只不过是理念世界拙劣的复制品而已。在此意义上，柏拉图的 idea 确实与章太炎的真如具有一定的可比性。

不仅如此，在章太炎关于真如世界观的诸多论述中，还可见康德哲学的影子。在章太炎那里，人的精神是被"用阿赖耶识的前六种感觉所提供的某些先天固有的觉察、判断和概念化能力装备起来"③的。感性世界中的人认知世界之前需要某些固有的概念与范畴，章太炎将这些概念与范畴概括为"原型观念"，这些原型观念正是阿赖耶识蕴含的几种意识提供的，包括"世识、处识、相识、数识、因果识"等。世识即关于过去、现在与未来的时间意识；处识即关于点、线、面的空间意识；相识即关于色、声、香、味、触，也即感觉的意识；数相即关于数理知识的意识；因果相，顾名思义，是关于因果关系的意识。他认为，这些原型观念比之康德的 12 个先验范畴，其概括能力更强。④

在章太炎的真如哲学体系中，还有一个重要的概念体系，即佛教三性。三性包括遍计所执自性、依他起自性和圆成实自性。第一自性即遍计所执自性，乃是由"意识周遍计度刻画而成"，诸如色空、自他、内外、能所、体用、一异、有无、生灭、断常、来去、因果等。这些概念与范畴是人们用来分析事物的工具，但"离于意识，则不得有此差别"，因为使用这些概念来分析具体事物的时候，对于事物自身

---

① 张灏：《危机中的中国知识分子》，高力克等译，山西人民出版社 1988 年版，第171 页。

② 章太炎：《建立宗教论》，载张勇编《章太炎学术文化随笔》，中国青年出版社 1999年版，第 193 页。

③ 张灏：《危机中的中国知识分子》，高立克、王跃、许殿才译，山西人民出版社1988 年版，第 171—172 页。

④ 章太炎：《齐物论释》，《章太炎全集》（六），上海人民出版社 1986 年版，第 13—14 页。

而言既无所增加，也无所增减，"其名虽有，其义绝无"。因此，遍计所执自性完全是主观意识的产物，是人们的意识刻画而成的幻觉，并不具有实在性。换句话说，遍计所执自性误以为世间的名相分别等是客观真实的存在。第二自性即依他起自性，"由第八阿赖耶识、第七末那识，与眼、耳、鼻、舌、身等五识虚妄分别而成"。眼、耳、鼻、舌、身五识虚妄分别而成五尘（色、声、香、味、触），五尘乃五识了别所行之境，而末那识了别所行之境是自他，而色空、自他、内外、能所、体用、一异、有无、生灭、断常、来去、因果等，皆是阿赖耶了别所行之境。依他起自性产生世间万有。第三自性即圆成实自性，"由实相、真如、法尔（犹云自然）而成，亦由阿赖耶识还灭而成"①。

总体而言，在章太炎的真如哲学体系中，世界的本体是真如，真如不能认识自身（无明），于是产生幻觉，也即阿赖耶识，阿赖耶识又是种子识，包含了世间万有的种子，阿赖耶识不仅产生末那识，也产生意、眼、耳、鼻、舌、身六识，阿赖耶识、末那识以及其余六识因为遍计所执自性与依他起自性而形成一个现实中的感知世界。这一感知世界本身是幻觉与错觉的产物，遮蔽了人们的真心，使得尘世间的人无法达到圆成实在的真如境界。

（三）主体的临时优先性

个体的位置在章太炎的思想体系中呈现出一种流变性。章太炎27岁时曾撰写《独居记》，称赞"性廉制，与流俗不合"的钱塘汪曾唯。此人被乡里号之曰"独头"，自命曰"独翁"，署所居曰"独居"，但每"遇乡里有不平，必争之"，章太炎由此认为，"翁之独，抑其群也"，"其群至矣，其可谓独欤"②。此后在《訄书》之《明独》中，章太炎又从更高的角度对"独"与"群"也即个体与集体之间的关系进行了论证，他认为：

---

① 章太炎：《建立宗教论》，载张勇编《章太炎学术文化随笔》，中国青年出版社1999年版，第193—195页。

② 汤志钧编：《章太炎年谱长编》（上册），中华书局1979年版，第21页。

是故卓诡其行，虓然与俗争，无是非必胜，如有捲勇，如不可敌者，则谓之鸷夫而已矣；厚其泉贝，膏其田园，守之如天府之宝，非己也，莫肯费半菽也，则谓之啬夫而已矣；深豁博林，幽闲以自乐，蓄华矣，不蓄人也，筋鸟矣，不筋宾也，过此而觌，和精端容，务以尊其生，则谓之旷夫而已矣。三者皆似独，惟不能群，故靳与之独也。①

在他看来，鸷夫、啬夫、旷夫等，表面上看虽然是"独"，但是这种独是执着于个人与家族等的一己之私，执着于局部的狭隘的私人利益，因此，还不是真正的独。何谓真正的独？真正的独是一种"大独"，一种超越个体与团体的利益而致力于民族与国家利益的责任感以及担当勇气。故曰：

大独必群，不群非独也。
大独必群，群必以独成。
小群，大群之贼也；大独，大群之母也。②

遇此"天地闭，闲人隐"③之世，正需要大独的精神与有担当感的大独之人。因此，此时的章太炎，基于民族与国家的危机意识，在个体与群体的天平上，更看重的是群。

章先生早期所理解的这种个体与群体关系图式并没有多少现代性，相反，蕴含在这种关系图式背后的，更多的是一种传统文化精神。因为在这种关系图式中，个体并非具有真正的独立性，而是一种家国关系中的实体。个体的价值需要纳入到集体认同与集体利益的关系中去规定。这与启蒙之现代性构成了一种悖论。因为启蒙之现代性虽然也强调集体的解放与集体性的自我认同，但是，就个体与群体的关系而言，现代性之个体本身是一切集体性的价值的源头，无论是国

---

① 章炳麟：《明独》，载朱维铮编校《訄书》（初订本），中西书局 2012 年版，第 47 页。

② 同上。

③ 同上书，第 49 页。

家、民族等实在，还是道德、伦理等观念性，都必须纳入到个体与个人主义的解释话语中才能获得意义。不过，在逐步建构真如哲学体系的过程中，章太炎心中的个体位置最终发生了颠覆性的变化。

大约在 1906 年到 1910 年也就是主要在东渡日本的期间内，章太炎基于发生学、还原论与解构主义的研究方法，以一种极端反群体的方式展示了个体的绝对优先性与实在性，在此，个体与群体之间的关系不再是传统的家国关系图式的，甚至也不是近代自由主义的，个体最终构成了对包括群体、民族、国家等在内的人类社会所有组织的否定。

要了解章太炎对这些组织的否定，首先需要了解其思想中一个极其重要的概念即"自性"。何谓"自性"？

> 凡云自性，惟不可分析绝无变异之物有之，众相组合，即各各有其自性，非于此组合上别有自性。①

也就是说，自性是一种不可再分的客观实在，是构成世界的最基本单位。各个具有自性的实在可以组合，但新的组合物本身并不具有自性。这一自性运用到人类社会，个体就成了最基本的自性物。因为从发生学的角度看，个体是构成人类社会最小的基本单位，个体是最基本的有机体。

就个体与群体、民族、国家等的关系而言，先有个体，再有其余整体，而且，就实在性而言，个体为真，而其他群体性单位是一人造物，并不具有自性。以国家为例：

> 国家既为人民所组合，故各各人民，暂得说为实有；而国家则无实有之可言。非直国家，凡彼一村、一落、一集、一会，亦惟各人为实有自性，而村落集会则非实有自性。要之个体为真，团体为幻，一切皆然。②

---

① 章太炎：《国家论》，载汤志钧编《章太炎政论选集》（上册），中华书局 1977 年版，第 359 页。
② 同上书，第 360 页。

这样一来，个体的价值就具有了发生学上的优先性。基于这一认识，章太炎断言，"人本独生，非为他生"，"非为世界而生，非为社会而生，非为国家而生，非互为他人而生"①。由此路径，个人是一终极实在，对于群体、民族、国家以及他人，都无责任。在此，个体的概念构成了对人类社会所有组织与群体形态的绝对否定。

不仅如此，个体的概念也是对各种人为建构起来的规则的否定，这些规则包括公理、自然规则与道德律令等。启蒙现代性宣称发现了适用于人类社会的各种公理、自然规则与道德律令，但章太炎以一种彻底还原论的方式认为，所有加之于个体身上的束缚都是主观性的，是人造物，并非具有天然的合理性。以启蒙时代人人信服的公理为例，"公理者，犹云众所同认之界域"②。公理只不过是大家所一致认同的规则而已，但是一致认同并不代表其存在就是合理的，也并不能说明其存在是客观的，因为这一公理并不具有"自性"，并不是先验性的存在，而是先有人的存在，然后人们通过观念建构制造出来的，公理是"人之原型观念应于事物而成"③。同样，诸如其他的进化、自然、唯物等，在章太炎看来，都不具有自性，都是人为的产物，这样一来，个体就从各种普遍性中解放出来。

章太炎将自我从所有的组织与规则中释放出来，具有十分现代的意义。基于这样的认识，个体之间的关系将展示出一种空前的平等性、自由性，而且，个体的选择与判断最终为现代人格的培养以及道德实践，奠定了一自由主义式的知识学基础。

（四）无我

章太炎并不满足于对现代性之主体的无限拔高，相反，章太炎的个体概念最终在其真如哲学中自我丧失（无我）。个体以及自性本身也只有相对性，只有在与人类社会的其他组织比较时才具有价值，从绝对意义上看，个体也无自性，换而言之，个体也是一个临时性的概念。

---

① 章太炎：《四惑论》，载洪治纲编《章太炎经典文存》，上海大学出版社 2003 年版，第 236 页。

② 同上书，第 235 页。

③ 同上书，第 235—236 页。

如前所述，根据佛教三性的解释，大千世界的名、相、差异等，本身是意根与藏识虚妄而成，是"意根自执藏识而我之"形成的，但实际上，"一切有形的色相，无形的法尘，总是幻见幻想，并非实在真有"①。更有甚者，"天地本无体，万物皆不生，由法执而计之，则乾坤不毁，由我执而计之，故品物流行，此皆意根遍计之妄也"②。

既然大千世界本来是无，那么，个体的存在也是一种虚妄，"所谓我者，舍阿赖耶识而外，更无他物。此识之真，此我是幻"③。这就是说，真正的我就是真如，就是阿赖耶识，这是一种齐物意义上的"大我"，而并非现实世界中单子式的个体本身。在《人无我论》中，章太炎又说：

> 所谓依他起之我者，虽是幻有，要必依于真相。譬如长虹，虽非实物，亦必依于日光水气而后见形。此日光水气是真，此虹是幻。所谓我者，亦复如是。……故自阿赖耶识建立之后，乃知我相所依，即此根本藏识。此识含藏万有，一切见相，皆属此识枝条，而未尝自指为我。于是与此阿赖耶识展转为缘者，名为意根，亦名为末那识。念念执此阿赖耶识以为自我。④

阿赖耶识本不分彼我，但"以无明不自识如来藏，执阿赖耶以为我"（即意根执之为"我"），于是产生"我见"。⑤ 因此，在章太炎的真如哲学中，一切众生只不过是"我见"而已。只有真如、阿赖耶识、真我以及圆成实在性等才是超越变化、生灭的永恒实在（即具有实、遍、常的特性）。而个体只能是无实体性的、非普遍性的、变

① 章太炎：《东京留学生欢迎会演说辞》，载汤志钧编《章太炎政论选集》（上册），中华书局1977年版，第274页。

② 章太炎：《齐物论释》，《章太炎全集》（六），上海人民出版社1986年版，第19页。

③ 章太炎：《建立宗教论》，载张勇编《章太炎学术文化随笔》，中国青年出版社1999年版，第196页。

④ 章太炎：《人无我论》，《章太炎全集》（四），上海人民出版社1985年版，第424页。

⑤ 章太炎：《辨性》，载洪治纲编《章太炎经典文存》，上海大学出版社2003年版，第196页。

动不居的暂时性存在。最终，个体与其解构的群体、民族、国家以及进化、公理、自然、唯物等一样，也是没有自性的幻觉。

章太炎的个体观念以肯定关系中的个体开始，以彻底解放了的个体过渡，以一种超越任何个体的本体论上的永恒性、绝对性与实在性的普遍主义个体结束。在这种普遍主义的个体观念中，单个的个体不再具有现代性之个人主义的自性与自由实在性，也不能构成存在于人类社会中的各种组织的逻辑基础，更不能成为建构合法性与道德律令的价值源头。相反，在这种大我的个体模式中，单个的存在陷入一种近乎虚无主义的渺茫境地。作为现代性基石的主体观念，在章太炎的真如哲学体系中成了依赖于更为本质性规定的暂时性存在。主体的解放、主体的自由、主体的权利不能依赖于主体本身，相反，需要主体透过尘世的俗见，毁灭自我，泯于我见，以一种反人类中心主义的方式获得彻底的解放与自由，达到齐物之境，获致真如。

二　进步理念解构——俱分进化论

（一）现代性之进步的理念

现代性是与某种特定的时间观念联系在一起的，"只有在一种特定时间意识的，即线性不可逆的、无法阻止地流逝的历史性时间意识的框架中，现代性这个概念才能被构想出来"[①]。当"现代"这一概念产生时，它同时就意味着传统与未来的存在，但现代性是要与传统做彻底的决裂的，现代性的时间矢量不是过去，而是未来。确实，人类几乎没有任何一个时期像今天这样如此的关注于未来。在时间矢量的拉伸中，现代性之中的主体空间感受与身体感受明显不同于前现代。在现代性之维中，时间已经液化（liquefaction），这种液化的时间意识使得现代性成了"流动的现代性"（liquid modernity）。最终，这种流动的时间意识颠覆了古典的历史意识与空间意识，"在现代性中，时间具有历史，这是因为它的时间承载能力（carrying capacity）

---

① ［美］马泰·卡林内斯库：《现代性的五幅面孔》，顾爱彬、李瑞华译，商务印书馆2002年版，第18页。

在永恒扩张——即空间（空间是时间单位允许经过、穿过、覆盖或者占领的东西）上的延伸"①。

现代性的时间意识与主体性、理性观念结合在一起，最终在历史观上产生了划时代的革命性影响，这就是进步主义的历史观念，"直线适量的时间观必然要求一个进步主义的历史观"②。历史不再是循环论的，也不是悲观主义的。在现代之维中，作为主体性的人取代了上帝，解放与救赎不再依靠信仰，而是依靠主体的理性。主体相信，通过他们的理性，在向前无尽延伸的时间与历史中，他们最终能够实现解放的神话。理性的狂妄带来的是进步的遐想。进步起初只是某种观念（concept），进而发展成某种理念（ideas），最后，在理性的自我迷思中，进步成了信仰、神话与某种意识形态（ideology）。

进步不是发生于某一领域的观念。在这种进步的意识形态中，进步是全面的、宏大的、整体主义的。进步会在历史的长河中发生于所有的领域，③ 包括政治的、道德的、精神的、自然科学的、技术的等等。④ 人类的历史就是一幅漫长的画卷，从过去开始，一直通达到现在，还要一直延伸到未来，但是，这幅画卷并非毫无章法，"人类致力的每个领域都被看作是马队的一员，众马协力并进，在同一条路上奔向同一个方向"⑤。在他们中间，有一个神奇的纽带，这就是理性，所有的这些，都应该服膺于理性的检验，理性就像一个策马人，他用自己的力量推动着这幅画卷缓缓向前。

亚里士多德认为，"好人"与"好公民"是有区分的，两者只能在最好的城邦中合二为一。中国古代的道家则否认技术进步与道德之

① ［英］齐格蒙特·鲍曼：《流动的现代性》，欧阳景根译，上海三联书店 2002 年版，第 13 页。

② 彭国华：《现代性与时间》，《学术月刊》2003 年第 8 期。

③ ［法］乔治·索雷尔：《进步的幻象》，吕文江译，上海人民出版社 2003 版，第 202 页。

④ ［法］乔治·孔多塞在《人类精神进步史表纲要》里恰恰展示的就是这样一个整体性的进步观。［法］孔多塞：《人类精神进步史表纲要》，何兆武、何冰译，江苏教育出版社 2006 年版。

⑤ ［法］乔治·索雷尔：《进步的幻象》，吕文江译，上海人民出版社 2003 年版，第 17 页。

间的相关性，甚至认为两者之间存在着反相关，所谓"大道废，有仁义；智慧出，有大伪"。（《道德经》）但是，在现代性的进步神话中，好事都是联系在一起的。进步不仅发生于所有的领域，而且某一领域的进步也会对其他领域产生积极影响。在他们的头脑里，似乎有着这样一个条理清晰的逻辑链条——既然我们的知识来源于推理，那么，我们只要深谙理性之道，我们就可以获取可靠的知识、掌握真理、建立法则，无论是技术的、道德的、还是政治的，而所有这些知识与法则，都可以用来为人类谋取利益，增加人类的福祉，技术的知识将会使我们的财富迅速的增长；道德法则使我们告别野蛮，更加文明；而政治更是可以成为可能的科学与艺术。

进步的理念同时承载着现代性之目的论与决定论。这种目的论与决定论深信，人类的历史注定会达到至善的理想之境。那种古老的"世界毁灭"理念不再成为现代人的信仰。他们有理由相信，人类的理性将会使得世界具有"无限可完善性"。

> 现代进步主义笼罩着一种宗教性的确定的气息。在古代，历史意味着混乱或悲剧的可能性……反之，现代的进步历史观把未来的进步不仅看成是无可避免的，而且从一种有限的程度来说，是在对现有数据进行理性计算的基础上可以预见的。正是这种无可避免性强烈助长了现代的历史决定论观念以及将社会科学看作是一种预测的科学。①

更重要的是，在现代性的时间矢量中，进步不仅是必然的，而且进步还呈现出总体线性主义的色彩。或许没有任何意识形态像马克思主义者那样迷恋于这种线性主义历史观。在他们的头脑里，有这样一套清晰的发展逻辑：生产力与生产关系的基本矛盾运动必定会推动人类社会从低级走向高级，世界历史的总体趋势是从原始社会走向共产主义社会，这其中或许有曲折，但前途是光明的，世界历史将会在

---

① ［法］乔治·索雷尔：《进步的幻象》，吕文江译，上海人民出版社 2003 年版，第18—19 页。

"各尽所需"的乌托邦中完美的终结。

现代性之进步的意识形态并非没有反对者。在哈耶克看来，在现代人的理性算计、权威等级、全面计划背后，隐藏的不是一条通往完美乌托邦的道路，恰恰相反，是一条"通往奴役之路"。在以赛亚·柏林看来，现代人所呼唤的"理性的自由"，只会成为统一、集权、高压政治的借口。① 对于海德格尔来说，每个人都是"曾在的此在"，他们被抛弃在众存在之中，为在有限的生命中追寻自我的超越而处处操心与烦（Sorge）。"人的一切行为举止在存在者层次上都统统是'充满操心的'"，众存在的操心成为此在的建构，众存在之链构成了历史。② 在福柯那里，现代人所宣称的普遍权利、理性与逻辑，只不过是理性知识的建构。所有的理性与真理，都联系着某种形式的权力。那种统一的、有秩序的、目的论的历史将会被终结，而代之以新的历史学，它们"不以任何恒定性为基础"，"我们在无数流逝的事件中生活，并无原处的坐标"③。最终，进步的意识形态所宣称的普遍真理、解放的神话、必然性与目的论，都成了可以合理质疑与批判的对象。

基于民族危机意识以及严复翻译进化论的影响，以严复、康有为、梁启超、章太炎等为代表的晚清知识分子对进步的理念几乎都没有任何质疑，而是致力于在这一理念之下寻求中国的富强之路。

康有为在用公羊"三世说"阐释社会进化论时，就非常坚定地相信人类历史进程的必然完美性：

> "三世"为孔子非常大义，托《春秋》以明之。所传闻世为据乱，所闻世托升平，所见世托太平。乱世者，文教未明也。升平者，渐有文教，小康也。天平者，大同之世，远近大小如一，

---

① ［英］柏林：《两种自由概念》，载刘军宁等编《市场逻辑与国家观念》，生活·读书·新知三联书店1995年版，第196页。

② ［德］海德格尔：《存在与时间》（修订译本），陈嘉映、王庆节译，生活·读书·新知三联书店1999年版，第230页。

③ 杜小真选编：《福柯集》，上海远东出版社1998年版，第157—158页。

文教全备也。①

康有为在此表达的三世进化不仅是一种政治治理的进步，更是文明的逐步展示与野蛮的逐渐消退。而且，进化最终具有终极目的性，这就是所有人都会进入一个完美的理想国，即大同社会。

与章太炎、梁启超同时代的严复也断言"吾党生于今日，所可知者，世道必进，后胜于今而已"②，同样表达了一种今胜于古，也即现代性之普遍进步的理念。

（二）决定论解构

章太炎对进化论的系统批判始于 1906 年。这一年章太炎出狱不久便在日本发表《俱分进化论》，开始初步否定现代性之进步理念的普遍性、必然性与真实性。两年之后，他又发表《四惑论》，对 20 世纪初大多数知识分子以为神圣不可干者的"进化"进行彻底的解构。③

首先，章太炎非常敏锐地观察到进步理念的背后是某种形式的理性主义，隐藏在进步理念背后的是历史决定论。

> 所谓世界之发展，即理性之发展者，进化之说，已蘗芽其间矣。达尔文、斯宾塞尔辈应用其说，一举生物现象为证，一举社会现象为证。如彼所执，终局目的，必达于尽美醇善之区，而进化论始成。④

相信人类必将"达于尽美醇善之区"是进化论之决定论倾向的具

① 康有为：《春秋董氏学》，载姜义华、张荣华编校《康有为全集》（第二集），中国人民大学出版社 2007 年版，第 324 页。

② 严复：《天演论》，中国青年出版社 2009 年版，第 50 页。

③ 章太炎：《四惑论》，载洪治纲编《章太炎经典文存》，上海大学出版社 2003 年版，第 235 页。

④ 章太炎：《俱分进化论》，载张勇编《章太炎学术文化随笔》，中国青年出版社 1999 年版，第 181 页。

体展示。然而，章太炎却认为，这种决定论很难加以证实，相反，还非常容易被证伪："若云进化终极，必能达于尽美醇善之区，则随举一事，无不可以反唇相稽。"①

章太炎的这一看法并非无源之水。就个体经验而言，监狱之灾，章太炎备尝各种折磨；邹容之死，更是遗憾终身，何谈臻于至善。此外，他在日本还接触到叔本华、赫胥黎等人的著作，因此也受到两者思想尤其是叔本华悲观主义的影响。

当海格尔（今译黑格尔，笔者加）始倡"发展论"时，索宾霍尔（今译叔本华）已与相抗，以世界之成立，由于意欲盲动，而知识为之仆求。盲动者，不识道途，惟以求乐为目的，追求无已。如捷足者之逐日月，乐不可得，而苦反因以愈多。②

黑格尔的发展论其实只是其历史目的论的一个逻辑而已，对于黑格尔的历史哲学来说，世界历史的演进具有一个先验的终点，这就是作为世界历史合理目的的每个人的自由本身。章太炎以叔本华的悲观主义对抗黑格尔的历史目的论，其意指的是蕴含在进化论背后的乐观主义与决定论。

章太炎认为，西方宣传达尔文进化论的另一位学者赫胥黎也表达了对进步理念的担心。在他看来，"赫氏持论，徒以世运日进，生齿日繁，一切有情，皆依食住，所以给其欲求者，既有不足，则相争相杀，必不可已"③。这就是说，只要人类的资源是有限的，人类社会必定会进行永无休止的争杀。这种争杀并不会因人类的进化而停止，所以乐观主义者所期望的人类发展"必达于尽美醇善之区"是不可能之事。

（三）善恶进化论

基于对人类臻于至善的不可能性判断，章太炎提出了道德方面的

① 章太炎：《俱分进化论》，载张勇编《章太炎学术文化随笔》，中国青年出版社1999年版，第182页。
② 同上书，第181页。
③ 同上。

善恶进化论。这种观念认为，人类社会在不断向善进化的同时，也在不断向恶进化，"曩时之善恶为小，而今之善恶为大"。①

首先从善的方面来看，作为进化论上先进者的人类，其行善的能力要远远大于作为进化论上后进者的动物。因为"它物唯有小善，而人之为善稍大。"② 原因是动物虽然也有父子兄弟之爱，但是这种爱却不能持久，而人不仅能够组建稳定的家庭，形成持续的爱，而且还能够推己及人，从而将善进行广度上的扩展。故人之善大于兽之善。

其次，从恶的角度来看，作为进化论上先进者的人类，其为恶的能力也远远大于作为进化论上后进者的动物。

> 虎豹以人为易与而啖食之，人亦以牛羊为易与而啖食之。牛羊之视人，必无异于人之视虎豹，是则人类之残暴，固与虎豹同尔。虎豹虽食人，犹不自残其同类，而人有自残其同类者！太古草昧之世，以争巢窟、竞水草而相杀者，盖不可计，犹以手足之能，土丸之用，相抵相射而止。③

最后，从人类社会自身的发展来看，人类社会的发展史，也是人类为恶能力不断扩大的历史。既以杀戮之恶为例：

> 国家未立，社会未形，其杀伤犹不能甚大也。既而团体成矣，浸为戈矛剑戟矣，浸为火器矣，一战而伏尸百万，蹀血千里，则杀伤已甚于太古。④

当团体、国家等不存在时，人类的杀戮往往处于小规模状态，在这种情况下，人类为恶的能力也就有限。但是，随着各种团体以及国家的产生，随着人类智识的进化，人类进入到热兵器时代，其杀戮可

---

① 章太炎：《俱分进化论》，载张勇编《章太炎学术文化随笔》，中国青年出版社1999年版，第182页。
② 同上。
③ 同上书，第182—183页。
④ 同上书，第183页。

以"一战而伏尸百万",故而,今天的人类,其为恶的能力远远大于以前。

1908 年 3 月 22 日,章太炎在社会主义讲习会上发表演说,再一次表达了其关于善恶进化论的看法,认为"愈文明之人愈恶,愈野蛮其恶愈减"。从文明上看,猿类不及蒙古之游牧民族,而蒙古之游牧民族又不若台湾之生番,此乃文明的进化。但是如果从恶的角度来看,蒙古游牧之恶,远大于猿类,而台湾生番之恶,又远大于蒙古游牧民族,这又是恶的进化。①

因此,无论是低等的哺乳动物还是高级的人类,无不是善恶俱进,而并非进步论者主张的单线进步。

(四) 苦乐进化论

在生计方面,章太炎提出了苦乐进化论。在他看来,人类的苦乐从来就是形影不离的,"双方并进,如影之随形,如罔两之逐影",就苦乐的程度而言,"曩时之苦乐为小,而今之苦乐为大"②。

就动物之苦乐而言,从进化论上看,动物是进化论上的后进者,远远落后于人类。但是,章太炎认为,作为进化论上的后进者,"他物所以养欲给求者少"。一般的哺乳动物"所乐者,亦几微也。一昔而得之,而不为甚乐,一昔而失之,而亦不为甚苦,故苦乐之量必小"③。因此,这些动物是苦与乐皆小。

人类的苦乐则不同。就快乐而言,人类不仅具有"五官之乐",而且"自五官而外,其乐又有可以恒久",人类寻求的不仅是衣食无忧,而且还要不断地追求衽席之情、床第之乐、刍豢之味、裘帛之温,更有甚者,人类还要寻求有形之外的乐趣,诸如名誉、地位、高官、学问、功业、道德等,因此,人类的乐其种类也多,其范围也广,其形式也繁。故而,人类的快乐,无论在数量、种类还是在强度上都远远大于动物。正是因为如此,所以人类追寻这些快乐的代价也

---

① 汤志钧编:《章太炎年谱长编》(上册),中华书局 1979 年版,第 291 页。
② 章太炎:《俱分进化论》,载张勇编《章太炎学术文化随笔》,中国青年出版社 1999 年版,第 182 页。
③ 同上书,第 183 页。

高，时间也长，而且还未必能够真正获取这些快乐。

　　有时而求此道德、功业、学问之名，乃不得不举此可以受用
道德、功业、学问之名者而亦丧之，杀身灭种，所不恤矣！此其
为苦，则又有甚于前者，以彼其苦而求是乐，其得之者犹可以自
喜也，而不得者十犹八九。藉令得之，犹未知可以摄受否也？藉
令可以摄受，受之愈乐，则舍之也愈苦。佛说诸天终时，现五衰
相，其苦甚于人类。今观富贵利达之士，易箦告终，其苦必甚于
贫子；贫子之死，其苦必甚于牛马；牛马之死，其苦必甚于鱼
鳖。下至腔肠、囊状、桑葚诸物，而死时受苦之剂量，亦愈减
矣。是不亦乐之愈进者，其苦亦愈进乎？①

（五）智愚进化论

很少有人怀疑人类的知识与智力的不断进步。现代性之理性主义
认为人的理性具有无限发展的可能性，这为现代人的智识进步提供了
最充分的理由。不过在章太炎看来，人类在智识进步的同时，并非就
远离了愚昧，相反，伴随着智识发展的，是人类愚昧的增加。

　　智与愚者，非昼夜之校，而巨烛，温火之校。痴与见不相
离，故愚与智亦不相离。
　　文教国固多智，以其智起愚，又愚于蠕生之人。②

　　章太炎还以蠕生之人与文教之人的信仰进行对比。蠕生之人信仰
牛尥耿黾，文教之人信仰上帝，世人当谓后者之信，智于前者之信。
但章太炎认为，恰恰后者之愚倍加于前者，何哉？因前者所信，至少
是可验之事，人皆可见牛蛇；而后者之信，是不可验之事，上帝无以

---

① 章太炎：《俱分进化论》，载张勇编《章太炎学术文化随笔》，中国青年出版社
1999 年版，第 184 页。
② 章太炎：《辨性》，载洪治纲编《章太炎经典文存》，上海大学出版社 2003 年版，
第 197 页。

明之。故曰，蠕生之人智于文教之人。此外，就法治、位号、礼俗等各方面而言，文教之人在其智进化的同时，其愚也无不在增长。① 可见，人类的发展，是智愚并进的过程。

（六）文质交替论

进化论者不仅相信人类在道德、知识等领域会愈来愈完美，而且也认为人类的历史必定是由乱到治，由质趋文的。然而，在1910年发表的《信史》中，章太炎以中国历史为实例，明确地反驳了进化论者关于"世皆自乱以趋治""自质以趋文"的看法。

以文质为例，先秦六国并立，"游说者务为辩丽"，儒、墨、道、名四家，各有穷阎著书之士，义至闳远。及至汉朝，"萧、曹皆文法吏，一于救谨无害。其他卿相，起自介胄，木强人也"，魏晋代汉，文质亦流转，"稍旁理诸子，玄言之士，次六国而起"，及至"隋、唐又反钝"，此后两宋，经术虽衰，但儒释分离，分摔凑理，虽不及魏、晋辉煌，但亦足珍贵，明朝以后，"殿堂之上，君臣相诟，乃与妄呼击柱者等，斯亦文质往复之数矣"②。同一年撰写的《封建考》同样表达了类似的看法，认为考察中国历史，"一盛一衰，自古已然"③。故而由中国历史观之，并非文胜而质衰，相反，历史的真相揭示了某种形式的循环论，而并非充满乐观主义的进化论。

此外，在1906年章太炎写的《革命之道德》一文中，章太炎还就道德与职业群体之间的关系进行了一种进化论上的横向比较。在这篇文章中，章太炎把社会上的人们所从事的职业划分为包括农、工、贾、学、官等在内的16种，认为人们的道德境界与其所从事的职业有关，越是被认为从事低级职业的人，其道德反而越高。"农人于道德为最高，其人劳身苦形，终身勤动，田园场圃之所入，足以自养，故不必为盗贼，亦不知天下有营求诈幻之事也"。至于现今的知识分

---

① 章太炎：《辨性》，载洪治纲编《章太炎经典文存》，上海大学出版社2003年版，第197页。

② 章太炎：《信史》，载洪治纲编《章太炎经典文存》，上海大学出版社2003年版，第253—254页。

③ 汤志钧编：《章太炎年谱长编》（上册），中华书局1979年版，第335页。

子，章太炎以一种轻蔑的言语几乎一概抹杀，"朴学之士多贪，理学之士多诈，文学之士多淫，至外学则并包而有之"①。芸芸众生，皆以高级职业为荣，无不想沿着职业的阶梯向上，但在章太炎看来，职业进化的同时伴随着的是道德的退化，从这一方面来看，进化论所断言的普遍进化也是错误的，人类的发展，未必各方面都会尽善尽美。章太炎的这一判断，于史于实，亦可印证。自古以来，凡居为农，其失德也小，所谓窃钩者，其失德也，大多为蝇头小利；而精英阶层之失德也大，彼窃国大盗，因争权夺利而伏尸百万不惜。两者比较，泾渭分明。

（七）义理分析与解构

章太炎并不满足于对进化论进行历史实证学的反驳。从佛学义理的角度对进化论做更深层次的解构，从而发现其中被遮蔽的真理，这是比历史实证学更重要的事情。在此，其知识学体系中的佛学再一次发挥了作用。

如前所述，人类的历史实践证明，人类的发展并不是道德上的单线进步，而是善恶并进。其中的原因何在？章太炎认为，一是因为人的"熏习性"，二是因为人的"我慢心"。

就熏习性而言，本来阿赖耶识是无覆无记的。无覆者，即不受染污之谓；无记者，即无善无恶之谓。这种无善无恶的种子章太炎称之为"初种"。② 第七末那识其特质为恒审思量，它恒执阿赖耶识以为我，此识恒与我痴、我见、我慢、我爱四烦恼相应，所以已受染污，于是"有覆无记"，若执着迷妄则造诸恶业，反之，则断灭烦恼恶业。其余六识则是"兼有善恶"。阿赖耶识虽是世间万有的种子，但它需要经过末那识与其余六识才能真正产生世间万有。因此，所谓熏习性，是指阿赖耶识经过种种善恶的熏染成了"受熏之种"，受熏之种与已受污染的第七末那识，以及兼有善恶的其余六识所产生的世界必定是"兼有善恶"的。

---

① 章太炎：《革命之道德》，载张勇编《章太炎学术文化随笔》，中国青年出版社1999年版，第119—120页。

② 章太炎：《辨性》，载洪治纲编《章太炎经典文存》，上海大学出版社2003年版，第190页。

种种善恶，渐现渐行，熏习本识，成为种子。是故阿赖邪识亦有善恶种子伏藏其间，如清流水杂有鱼草等物。就轮回言，善恶种子，名为羯磨业识，此不可为常人道者。就生理言，善恶种子，则亦祖父遗传之业识已。种子不能有善而无恶，故现行亦不能有善而无恶。生物之程度愈进而为善，为恶之力亦因以愈进。①

就我慢心而言，由于第七末那执此阿赖耶识，以为自我，念念不舍，于是生四种心即我痴、我见、我慢、我爱。这里的关键在于我爱与我慢，我爱产生审善，我慢产生审恶。所谓审善，意即根本的、先验的、不可消除的善，同样审恶是一种根源于受熏种子的先验的恶。与审善相对应的是伪善；与审恶相对应的是伪恶；伪善是"有为而为善"，也即出于计算的后天人为之善；同样伪恶也是"有为而为恶者"，也即后天之恶。

今人何故为盗贼奸邪？是饥寒迫之也。何故为淫乱？是无所施泻迫之也。何故为残杀？是以人之堕我声誉、权实迫之也。虽既足而为是者，以其志犹不足。志不足，故复自迫。此其为恶，皆有以为者。是故予之伪恶之名。②

章太炎认为，对于伪恶，人类还可以通过规则甚至金钱的诱惑进行消除。但是审恶是先天性的，只要还有我慢心，就必定还有审恶，"恶之难治者，独有我慢"。③ 因此，要消除审恶，仅仅靠审善是不行的，"审恶者，非善所能变也"④，而必须消除我慢。如何消除我慢，

---

① 章太炎：《俱分进化论》，载张勇编《章太炎学术文化随笔》，中国青年出版社1999年版，第185页。
② 章太炎：《辨性》，载洪治纲编《章太炎经典文存》，上海大学出版社2003年版，第192页。
③ 同上书，第193页。
④ 同上。

章太炎主张最好的方法是"以我慢还灭我慢"①，也就是人们通过长时期无休止的争斗，最终醒悟，发现世界的存在本身是虚幻，所有的争斗，只不过是意根之动，真正的实在是真如本身。这就好比佛教所说的以梦渡河，人在梦中见有大河横距行径，正奋跃越过时，其梦即醒，发现其实本无河，也无奋跃之事，正是因为这奋力一跃，其梦才能醒。在此，奋力渡河，可以比作现实中人们的好胜心与争斗，梦境即是阿赖耶识通过其余七识所产生的，并有人们生活于其中的现实世界，醒来的世界才是章太炎眼中的真如境地。

在章太炎看来，中国古代关于性善性恶的争论都只看到了某一方面，孟子认为："今人乍见孺子将入井，皆有怵惕恻隐之心。"这只是我爱在人性中的表现，也即审善之使然。荀子则认为："从人之性，顺人之情，必出于争夺合于犯分乱理而归于暴，斯之谓恶。"同样，这只是我慢在人性中的表现，也即审恶之使然。而告子的人性"无善无不善"、杨子的"善恶混"等，也只不过是将阿赖耶识受熏之种当成了人的本性。所有这些都并没有发现隐藏在人性背后的真正本质是阿赖耶识本身。②

对于人类社会所表现出的苦乐进化，章太炎同样也给予了解释。他根据佛学唯识宗的义理将人类的苦从形态上分为三种，分别是怨憎会苦；求不得苦；爱别离苦。③ 乐的形态则与此正好相反。从苦的感受上看，苦又可以分为两种，分别是苦受，也即现行之苦，当下之苦；忧受，即未来可能之苦与过去已成事实之苦。乐的感受同样也如此。随着文明的发展，人类的快乐在量上不断地增多，在质上也发生了飞跃，在此意义上，文明的进化确实是快乐的增长，但另一方面，正是因为快乐数量的增多，因此，获取这些快乐需要的时间、精力、代价也就更多，同样也正是因为快乐质量的飞跃，因此，获取这些快乐的难度也就

---

① 章太炎：《辨性》，载洪治纲编《章太炎经典文存》，上海大学出版社 2003 年版，第 194 页。

② 同上书，第 190—191 页。

③ 《法苑珠林》谓人生有八苦，而不是章太炎所说的三种苦。"人生在世，常有无量众苦切身。今粗为汝等略说八苦。何谓八苦。一、生苦，二、老苦，三、病苦，四、死苦，五、恩爱别苦，六、所求不得苦，七、怨憎会苦，八、忧悲苦。是为八苦也。"道世：《法苑珠林校注》（卷六十六·八苦部第四），周叔迦、苏晋仁校注，中华书局 2003 年版，第 1981—1982 页。

不断地增加。所以人类的苦乐乃是并进的，总体而言，无论是单个的个体还是作为集团的人类群体，都存在着以下苦乐并进的事实：

感观愈敏，应时触发，其感乐则愈切，其感苦亦愈切。

卫生愈善，无少毁伤，其感乐则愈久，其感苦亦愈久。

思想愈精，利害较著，其思未来之乐愈审，其虑未来之苦亦愈审。

资具愈多，悉为已有，其得乐之处愈广，其得苦之处亦愈广。

好尚愈高，执着不舍，其器所引之乐愈深，其器所引之苦亦愈深。

夭殇愈少，各保上龄，其受乐之时愈永，其受苦之时亦愈永。①

对于人类在智愚方面呈现的"智愚并进"现象，章太炎再一次从其真如哲学体系中寻找根据。他认为人类的智与愚，根源于第七末那执此阿赖邪识以为自我而产生的四心（我痴、我见、我慢、我爱）中的我见与我痴。

责善恶者于爱、慢，责智愚者于见、痴。我见者与我痴俱生。②

因无明不自识如来藏（真如），于是执阿赖耶识以为我。我见者，即无明执阿赖耶以为我之谓。我痴者，即无明不自识如来藏之谓也。因此我见与我痴，其实二者同体一根，既是无明。意根之动，由我见者即为智，由我痴者即为愚。因此，"痴与见不相离，故愚与智亦不相离"③。

---

① 章太炎：《俱分进化论》，载张勇编《章太炎学术文化随笔》，中国青年出版社1999年版，第188—189页。

② 章太炎：《辨性》，载洪治纲编《章太炎经典文存》，上海大学出版社2003年版，第196页。

③ 同上书，第196—197页。

（八）进步理念解构的意义

章太炎对进化论之进步理念的上述解构，使得进化论所蕴含的历史目的论、决定论以及普遍进步的理念等，都处于毫无实证支撑的空想地位，普遍进步的理念在章太炎那里成了空中楼阁。章太炎对进化论之进步理念的解构在近代中国思想史上具有非常重要的意义。

首先，在此我们发现了章太炎思想的复杂性与深邃性。我们不必执着于"后知之明"（retrospective meditation）①，也不必从时代意见去评判历史，相反，只能以一种历史分析的眼光对历史人物的思想进行同情的理解。在民初的中国，包括康有为、梁启超、严复等在内的绝大多数知识分子都在进化论思维的影响之下致力于以西学拯救中国，以现代取代传统。但章太炎振聋发聩，发现了这种被普遍接受的真理背后存在的目的论与决定论错误，从而对时人思想深处的"成见"进行义理分析，并结合历史事实加以解构。就此而言，章太炎的进化论批判是于无声处发惊雷，比同时代的大多数知识分子走得更远。但也正因其思想之深邃，再加上语言之晦涩，使得他这种深刻的洞察并不为大多数人理解，以至于曲高和寡。

其次，基于进化论与现代性的相关性，章太炎对进化论所蕴含的历史目的论、决定论以及普遍进步理念的批判成了中国现代思想史上最重要的事件之一。正如汪晖所言："在许多方面，他对进化论的理解较之《天演论》的翻译者严复更为准确和深刻。"② 它意味着，在现代中国惯用的传统与现代、中国与西方、革命与改良、激进与保守等研究范式的背后，其实还隐藏着更深刻的逻辑体系，这就是现代性与现代性批判之争。换句话说，西方的入侵在中国引起的不仅仅是要不要学习西方的争论，也不仅仅是究竟应该学习英国、法国、还是美国等的争论，它还包括对整个西方文明的批判与反思。时过境迁，事过境迁，1914 年，西方的分裂最终导致了一战，在巴黎，中国这个

---

① 汪荣祖：《康章合论》，中华书局 2008 年版，第 9 页。
② 汪晖：《现代中国思想的兴起》（下卷），生活·读书·新知三联书店 2008 年版，第 1029 页。

表面上的战胜国，最终以非常屈辱的方式受到了代表正义与公理的西方的不公平对待，正如许德珩所言："大家眼巴巴地企望着巴黎和会能够给我们一个'公理战胜'，哪晓得奢望的结果是失望。"① 在五四新文化运动时期中国的思想市场上，西方现代性批判谱系中的尼采、叔本华等人不断地被思想家们提及，那时，距离章太炎《俱分进化论》发表的时间，已近十年。

更重要的是，从进化论的自我逻辑看，进化论所蕴含的目的论与决定论，在某种程度上对作为现代性之基石的主体性本身具有一种自我解构的倾向。因为进步的理念与大同世界的必然性将现代性之主体置于一种非常尴尬的地位。既然进步是必然的，既然人类必定会在进步的历史中获得彻底的解放，那么，作为现代性基础的主体其作用何在？在此，章太炎对现代性之进步理念的解构又具有从根源上解放现代性主体的作用。

最后，章太炎基于进化论批判而发现的人性观念以一种釜底抽薪的方式否定了此岸理想国与乌托邦的可能性，在近世中国较早地发现了存在于人性深处的幽暗意识。乌托邦是古今人类一直追求的梦想，但古典时代的乌托邦与今天的乌托邦之间有一个十分重大的区别，这就是，古典时代的乌托邦是作为一种他们自己也认为无法实现的理想而存在。以中国古代的大同为例，其实此一乌托邦在中国历史上一直只是作为历史开端的某种想象，它更多的是起到一种批评后世历代政治统治的偶像作用。在很多儒家知识分子看来，这种大同，三代以后几近消失，甚至历史的发展将会使得人类离这种乌托邦愈来愈远。② 因此，古典时代的"乌托邦之事不只是无地点，而且无时间、无前

① 许德珩：《五四运动六十周年》，《五四运动回忆录》（续编），中国社会科学出版社1979年版，第51页。

② 比如南宋以朱熹为代表的理学派就认为，三代以下君道日损，因此，盛世也就越远。"但以儒者之学不传，而尧、舜、禹、汤、文、武以来转相授受之心不明于天下，故汉唐之君虽或不能无暗合之时，而其全体却只在利欲上。此其所以尧、舜、三代自尧、舜、三代，汉祖、唐宗自汉祖、唐宗，终不能合而为一也。"朱熹：《〈答陈同甫〉之八》，载郭齐、尹波点校《朱熹集》卷三十六，四川教育出版社1997年版，第1600页。

途，概言之，乌托邦是不存在之事，因为它是不可能之事"①。

但现代性的时间观念，进步必然性的想象，乐观主义的心态与理性主义使得乌托邦从彼岸世界僭越到了此岸世界，马克思主义者甚至断言，因为科学发现了人类社会的规律与真理，所以他们最终会设计出将社会主义从空想变为现实，进而在人类社会实现乌托邦的宏伟蓝图。但是，在章太炎看来，既然我慢心是根植于主体本身的，那么，在人间建立天国就是永不可能之事，人性之恶（审恶）与人同在，因此，只要有人，就必定有争斗，有原罪。所有的制度、规则、法律，都只能消除人为的恶（伪恶），而不可能使人本身变得完美。大同并非不可实现，但悖论的是，乌托邦的实现在章太炎那里是一种近乎虚无主义的自我解脱，"以我慢还灭我慢"，只有当人本身发现世界不过虚幻一场的时候，大同才能到来，但从俗世的眼光来看，这样的乌托邦，其价值何在？

---

① ［美］萨托利：《民主新论》，冯克利、阎克文译，东方出版社 1998 年版，第 69 页。

第五章 现代之后：对理性主义与乐观主义的解构

一 理性主义解构——四惑论

现代性自负的背后是理性主义者对理性能力无限性的想象。现代性所宣称的真理、自然秩序以及道德律令等，都依赖于理性的建构或者发现，因此，理性主义者并非简单的承认理性的作用，而是将理性提升到无以复加的地位。

从知识的来源上看，理性主义者认为，只有经过理性审视的知识才是真正的知识，没有经过理性审视的只能是经验，或者叫做意见（opinions），在他们看来，人的理性是一切可靠性知识的基础。笛卡尔非常明确地阐释了理性主义者的这种认识，"理性告诉我说，和我认为显然是错误的东西一样，对于那些不是完全确定无疑的东西也应该不要轻易相信，因此只要我在那些东西里找到哪怕是一点点可疑的东西就可以使我把他们全部都抛弃掉"[1]。在此意义上，理性主义者极具怀疑之精神，在怀疑精神的影响下，奠基于传统以及超自然力量基础之上的所有真理、自然秩序以及道德律令全部因理性的审视而失去了合法性，理性取代信仰与神性成功地建立了一个符合理性自身逻辑的新世界秩序，被解放了的主体凭借理性在科学、道德以及政治实践等所有的领域进行了历史性的变革。因这种理性主义者集中于欧洲大陆，他们的思想在十七八世纪的欧洲得到了大规模的传播，因此，这种理性主义者的思想一般被冠之以欧陆理性主义或者唯理主义的头

---

[1] ［法］笛卡尔：《第一哲学沉思集》，庞景仁译，商务印书馆1998年版，第15页。

衔，经过几个世纪的不断变迁，最终与不列颠经验主义构成两极。

从人性的基础来看，理性主义者对人性持高度的乐观主义心态。他们认为，我们每个人都生而具有智慧和善的能力，正是这种智慧与善的能力使得个人都倾向于采取理性行动，从而避免愚昧与无知，达至文明的境地。哈耶克非常清晰地阐述了这种乐观主义心态：

> 唯理主义传统假定，人生来就具有智识和道德的秉赋，这使得人能够审慎思考而形构文明。[1]

由此乐观主义出发，理性主义者相信，理性会在人类所有的领域取得统治地位，会为现世的人们提供一个不同于以往所有历史的新世界、新道德、新法律，甚至"能建立一种全新的纯洁语言"[2]。

更重要的是，由于理性主义者看不到理性自身的边界，看不到理性本身受制于特定的社会制度、传统与行为规则，因此他们毫无反思地认为，人类的理性可以发现所有的知识并以此获得真理，找到自然法则与道德律令，还可以据此建构适用于人类社会的各种规则与制度。在他们看来，"所有的社会制度都是，而且应当是，审慎思考之设计的产物"[3]。人类只要沿着这些已经设计好了的步骤与方法前行，人间的乌托邦将不会是梦想。

章太炎对理性主义的解构，恰恰是从理性主义者主张的知识开始的。最终，理性主义者所认为的可靠的知识，理性主义者所宣称的公理、唯物、自然与道德律令，在章太炎的笔下成了毫无根基的漂浮之物。他对理性主义的解构，在一定程度上超越了所有的反理性主义者与非理性主义者，他以一种几乎虚无主义的方式使得所有的知识（包括经验知识）都是偏见；所有的确定性都是幻想；所有的"自然"

---

① ［英］弗里德利希·冯·哈耶克：《自由秩序原理》，邓正来译，生活·读书·新知三联书店1997年版，第68页。

② ［英］弗里德利希·冯·哈耶克：《致命的自负》，冯克利，胡晋华等译，中国社会科学出版社2000年版，第52页。

③ ［英］弗里德利希·冯·哈耶克：《自由秩序原理》，邓正来译，生活·读书·新知三联书店1997年版，第15页。

都是人为之物。

（一）知识的可能性

就知识的来源而言，经验论者主张人类的知识起源于感觉经验，人们的经验与感觉是获取知识的可靠方式，正如霍布斯所言，"我们所有的一切知识都是从感觉获得的"①。洛克同样表达了类似的看法，在他看来，"我们的全部知识是建立在经验上面的；知识归根到底都是导源于经验的"②。基于经验与知识之间的这种相关性，经验论者断言，凡是在感性内容中找不到的东西，要么是错误的，要么就是超出人的理性之外的。

对于这一经验论立场，早在《訄书》时期，章太炎就给予了怀疑，他认为，人们的经验并不具有可靠性，因为人的感觉器官具有一定的局限性，因此，通过感觉经验获取的就很可能不是可靠的知识。

> "取岐光之璧流离，蔽遮之于白日，而白者为七色，非璧流离之成之，日色固有七，不岐光则不见也。"③

常人凭借肉眼观阳光，以为无色，但是，如果通过三棱镜的折射，太阳光就成了七色，实际上肉眼观察的无色是错觉，七色才是可靠的知识。因此，人的感觉与对象之间未必具有真实的对应性。还有一些知识是感觉本身无法获取的，"目之察色，不过墨丈寻常之间；耳之察清浊，不过一人之所胜"④，人的视觉、听觉、味觉等，都有一定的感知限制，超过这些限制之外的知识，仅仅凭借感觉器官是无法获取的。

章太炎出狱留居日本期间，对于经验论的知识学问题由怀疑转变

---

① ［英］霍布斯：《论物体》，载北京大学哲学系外国哲学史教研室编译《十六—十八世纪西欧各国哲学》，商务印书馆 1975 年版，第 90 页。

② ［英］洛克：《人类理智论》，载北京大学哲学系外国哲学史教研室编译《十六—十八世纪西欧各国哲学》，商务印书馆 1975 年版，第 366 页。

③ 章太炎：《公言》，载洪治纲编《章太炎经典文存》，上海大学出版社 2003 年版，第 214 页。

④ 同上。

为否定，他以一种休谟式的立场否定通过感性经验的推理与分析而获取理性认识的可能性。休谟认为，经验论者获取可靠性知识的方式主要是基于因果联系。但在休谟看来，所谓的因果联系只不过是人们头脑中主观的联系而已，人们观察到的因果是因为我们习惯性地发现在某些境遇中总是会发生某种结果，因此，如果以后遇到类似境遇，我们立刻就会期待这种结果的发生。但真相是，我们既不能从这些境遇本身发现这些结果，也无法把这些结果与这些境遇进行逻辑上的联系，因此，经验"只是教导我们，一种事情如何恒常地跟随着另一种事情，它并不能告知我们能结合它们，并使它们有不可分割的那种秘密的联系"①。也就是说，人们并不能从经验中推导出理性知识。

章太炎对经验论的批判与休谟非常相似，甚至论证的思路也非常一致。在他看来，所谓的因果联系，只不过是人们的习惯，因果联系并不具有客观必然性。

> 凡同一事而屡见者，即人心之习惯所由生。初见一事，前有此，后有彼；继见一事，前有此，后有彼。如是更十百次，皆前有此，后有彼，遂以此为彼因，彼为此果。其实非有素定也。②

这种论证方式与休谟毫无二致，在章太炎的笔下，所有的因果联系，其实都是人心的习惯。我们不能因为在过去所有的日子里太阳每天都会升起，就断言明天的太阳一定也会升起，甚至"明日尚不能知其必有"③，更不必说以今日之验预言明日。

不仅如此，章太炎还从佛学世界观的角度对这种因果联系进行了分析。如前所述，按照他的真如哲学体系，感性世界中的人认知世界之前需要某些固有的概念与范畴，这些概念与范畴称为"原型观念"，这些原型观念正是阿赖耶识蕴含的几种意识提供的，包括"世识、处识、相识、数识、因果识"等。经验论者所谓的因果联系，正

---

① ［英］休谟：《人类理性研究》，关文运译，商务印书馆1957年版，第61页。
② 章太炎：《四惑论》，载洪治纲编《章太炎经典文存》，上海大学出版社2003年版，第244页。
③ 同上书，第243页。

是原型观念中的"因果识"造成的，从佛教三性上看，这种原型观念是遍计所执自性的产物，是人的主观意识的错觉，而并不具有必然性与客观性。一言以蔽之，人们的因果联系，其实只不过是"原型观念之一端"而已。①

既然经验论所断言的确切知识只不过是习惯，其本质是阿赖耶识所蕴含的原型观念的运用。那么，唯理论者经过严格的理性推理与计算而得出的知识是否就是确切的知识？在章太炎看来，唯理论者的知识实际上与经验论者的知识一样，都是不可靠的。在唯理论者那里，数学知识是最为确切的知识，因此，欲驳唯理论，必驳数学知识的可靠性与客观性。

与对经验论的解构类似，章太炎同样从真如哲学体系中寻找资源。数学知识最重要的是数，但数本身的存在就是人为构建的，当人们开始从"一"发现"多"时，人们的意识已经在起建构作用。他举例说：

> 如人见三饭颗，若只缘印象者，感觉以后，当惟生饭颗、饭颗、饭颗之想，必不得生三饭颗之想。今有三饭颗之想者，非于尔所饭颗，各各取其印象；亦非以尔所饭颗，和合为一以成一种印象。②

也就是说，当人们看到三颗饭粒的时候，如果没有某些先天的原型观念（类似于不证自明的公理），那么，他们的印象中应该是对每一颗饭粒产生印象，即饭粒、饭粒、饭粒。而不会自觉地将其综合为三这个观念。人们之所以能够自觉地将其进行综合，"必有原型观念，在其事前"，这种原型观念，正是五识中的"数识"。在此意义上说，唯理论其实本质与经验论一样，没有任何区别，只不过后者是因果识作用于人的结果，而前者是数识作用于人的结果，两者同根，源于阿

---

① 章太炎：《四惑论》，载洪治纲编《章太炎经典文存》，上海大学出版社 2003 年版，第 243 页。

② 同上书，第 245 页。

赖耶识本身。

章太炎以一种超越经验论与唯理论的佛学视角将经验主义与理性主义视为同体异相的孪生兄弟，并且以一种近乎还原论的方法将现代知识学的基础进行了解构，他清除了蒙在俗世人们头脑中的种种面纱，告诉人们，必须通过某种最根本的视角，看到大千世界种种复杂性与差异性背后的原始统一性。结果是，现代知识学并不具有可靠性，作为现代性最坚实基础的理性并不具有任何客观性与实在性，它只不过是现代性之主体的先验想象。

（二）公理

章太炎解构现代性之理性主义，不仅直接解构理性本身，而且对于理性自负之结果的公理也进行了知识学上的批判。

1. 公

从字源上看，公理由"公"与"理"二字构成，日本著名汉学家沟口雄三在比较日中两国公私观念的时候，认为中国的"公"这一概念的含义，经历了一个漫长的历史变迁并逐步丰富的过程。上古时期，中国的"公"主要是以共同体为背景的"公"，与作为私家概念的"私"对应。秦汉时期，基于大一统政治王朝的出现，在政治领域的公私观念开始出现，"国家、朝廷、官事被看成为'公'，在政治领域里家族、个人、私事被认定为'私'"。①

《韩非子·五蠹》有"自环者谓之私，背私谓之公，公私之相背也"之说。自环，即通过圈围的方式进行独占，不与他人共享。后汉许慎所著《说文解字》释"公"为"平分"之意，"平分"意指与共同体成员之间的公平分配关系，在此意义上看，公也具有公平、公正、平等之意。

基于传统道家以天之无私、不偏的理念，"公"又具有了"天之公"的形而上含义，同时兼有普遍性、原理性与自然性的特征。所谓

---

① ［日］沟口雄三：《中国与日本"公私"观念之比较》，贺跃夫译，《二十一世纪》（香港）1994年第21期；［日］沟口雄三：《"公"的概念在日本和中国的区别》，冉毅然译，《船山学刊》1999年第2期。

的普遍性，意即对所有人的适用性，没有人能例外。在此意义上的
"公"具有规制皇帝、朝廷和国家的含义。《吕氏春秋》有"天下非
一人之天下"之言，意即"天之公"的普遍性。原理性与自然性则
意味着不可违抗，具有天然的合理性与合法性。《庄子·应帝王》里
有"合气于漠，顺物自然，而无容私焉，天下治矣"之语，此即以
顺天地生成的自然规律者为"公"，以逆其规律者为"私"，实乃
"自然"之公。

　　及至清末，基于天为天下万物全体之代表的理念，天之公的含义
被发挥到极致，并由此引申为以人民、国民的多数、全体公民为公的
理念。与此相反，朝廷与皇帝甚至国家是一家一族的代表，为私。也
即顾炎武所谓的亡国与亡天下的区分，亡国之国乃"私"，故匹夫无
责，亡天下之天下乃"公"，虽匹夫亦不能无责也。

　　因此，从总体上看，中国的"公"，其主要含义有两点。一是某一
共同体内多数人的利益与看法，如果执着于共同体内多数人的利益，则
为"公"，在此意义上看，共同体的界限与范围不同，则"公"的定位
也不同，呈现出一种流动性。就家庭而言，个人为私，家庭为公；就宗
族而言，家庭为私，宗族为公；推而广之，就国家而言，所有次级共同
体为私，国家为公；而如果从天下的角度来看，国家也可能是某种
"私"。"公"的第二种含义是蕴含着普遍性、原理性与自然性特征的公
道、公平与公理。在此意义上的"公"成了某种不可抗拒的形而上之
"道"，具有天然的合理性与正当性。第一种意义上的"公"与第二种
意义上的"公"除了含义具有重大差别之外，还有一根本之不同。基
于某一共同体内多数人的利益与看法而形成的"公"，实乃一主观印象
与概念，因此，并不具有天然的统一性与原理性；而基于普遍性、原理
性与自然性的"公"，则具有某种不可抗拒与违背的客观性与必然性，
与现代的规律、法则、公理等概念相当接近。

　　2. 理

　　根据金观涛先生的分析，"理"在中文里面最早的意思是指"物
理组织纹路"，《说文解字》释为"治玉也。从玉里声。良止切"，
《说文解字系传》云："物之脉理惟玉最密，故从玉"，此后又引申出
诸如秩序、纹理、沟通之义。汉代以后，由于社会秩序与道德秩序合

一，因此，原先代表秩序的"理"开始具有了道德正当性的含义，并且在一定程度上还涉及政治合法性。如《贾谊新书》里有"德生于道而有理，守理则合于道，于道理密而弗离也"之说，此"理"，与"道""德"相关，具有形而上的合法性与正当性。魏晋以后，中国哲学发生了从宇宙论到本体论的转变，自然与名教分离而并存，前者与"天"相关，成为现世政治统治（也即与名教相关的）的形而上基础与合法性的依据，最终"理"从道德意识形态中分离，而与形而上之"天"发生关系，成为"天理"，变成"超越意识形态的正当性的最终来源"①。

从字义上看，无论是"公"还是"理"，其在汉语里都含有形而上的正当性、合理性、合法性、自然性、普遍性之义。由此二字结合而成的"公理"，自然也有此意。

3. 公理及其发展

根据现有的文献，汉语里最早出现"公理"一词是在《管子·形势解》中，其言曰："行天道，出公理，则远者自亲。"此后《三国志·吴志·张温传》亦言："竞言艳及选曹郎徐彪，专用私情，爱憎不由公理。"清姚鼐在《礼笺序》中也有"经之说有不得悉穷。古人不能无待於今，今人亦不能无待於后世。此万世公理也"之说。上述引文中的公理，其实已经暗含普遍性规则与公正等意蕴。但是，公理一词在中国开始被大规模地运用是近代的事情，其意首指自然界普遍之理，用于表达自然科学的规律。如《格致汇编》中有言："依万物公理，凡两体热度不同，彼此相切，则热者传其热与冷者，至两体同热而止。"康有为也曾说："有几何公理之公。一、二、四、八、十六、三十二，是也。"② 这种公理与自然科学中的定理相似，是一种可以确切证明的知识。

甲午以后，公理一词除继续指自然之理而外，还具有道德与政治正当性等价值准则与规范的含义，近代中国人对公理的运用，主要还

① 金观涛、刘青峰：《观念史研究：中国现代重要政治术语的形成》，法律出版社2009年版，第27—38页。

② 康有为：《实理公法全书》，载朱维铮编校《康有为大同论二种》，生活·读书·新知三联书店1998年版，第6页。

是在此意义上。如梁启超曾言："礼者何，公理而已。"① 又曰："自由者，天下之公理，人生之要具，无往而不适用者也。"② 基于这种道德上的正当性，近代知识分子认为，公理是一种应该被普遍运用的价值准则与规范。在他们看来，这种"公理"与"强权"构成两极，代表着一种正义与天然的公正性。但由于这种公理是一种价值准则，因此，从实质上看，它又具有不可证明性，只能诉诸于人心的某种直觉。对于公理的这种不可证明性以及它所蕴含的普遍适用性，谭嗣同做过非常精彩的论述，他说：

> 公理者，放之东海而准，放之西海而准，放之南海而准，放之北海而准。东海有圣人，西海有圣人！此心同，此理同也。犹万国公法，不知创于何人，而万国遵而守之，非能遵守之也，乃不能不遵守之也。是之谓公理。③

这种意义上的公理与自然科学中的公理恰恰具有对应性。在自然科学中，公理与定理是两种完全不同的称谓。公理者，不可证明，但普遍适用，而且无法提出反证，比如平面几何中"两点之间，线段最短"，这即是几何公理，人们无法证明它，也无法证伪它。而在自然科学中，定理是基于公理的假设，从公理中推导出来的法则，它是可以证明的。此外，由于进化论在中国的传播并获得广泛的影响，当时的人们几乎全部将"进化"当成公理，公理专门指"物竞天择，适者生存"的社会达尔文主义，这其中典型的代表是梁启超，他说："盖生存竞争，天下万物之公理也。"④ 又说："盖弱肉强食，优胜劣败，天演之公例也。"⑤

---

① 梁启超：《论中国宜讲求法律之学》，《饮冰室合集》（第一册：文集之一），中华书局1989年版，第93页。
② 梁启超：《新民说》，辽宁人民出版社1994年版，第55页。
③ 蔡尚思、方行编：《谭嗣同全集》（增订本）（上册），中华书局1981年版，第264页。
④ 梁启超：《自由书》，《梁启超选集》，上海人民出版社1984年版，第100页。
⑤ 金观涛、刘青峰：《观念史研究：中国现代重要政治术语的形成》，法律出版社2009年版，第53页。

考察近代中国人对公理概念的运用，我们会发现一个非常有趣的现象，这就是他们通过事实描述的方式将某种价值与规范变成客观性的准则，从而达到一种说理的目的。这种方法是先说一事实判断，然后再说一价值判断，最后，基于事实的客观性而推导出价值判断的客观性。这种论证方式在《孟子》中大量出现。① 以公理为例，本来，他们早期将公理限定在自然科学领域，而且普遍皆知的是，在这一领域的公理确实具有客观性，不可证伪性，因此是放之四海而皆准的。但是，一旦他们将"公理"当成一种应该被普遍运用的价值、准则与规范，就使得原先限定在自然科学领域的客观性的规则僭越到了社会与人文科学领域。而他们在这一领域所表达的公理其实完全是主观性的价值规范与准则，在此，主观性的价值通过某种搭便车的方式获得了一种表面上的客观性，正是因为这些公理是主观性的价值准则，因此，从根本上看，他们并非真的是自然科学领域所说的公理，它们完全可以被证伪，这是后话。

晚清知识界普遍存在着这种从客观准则中推演出主观价值判断的"公理"错误。再以进化论为例，本来，达尔文的进化论严格限定在自然科学领域，表达的是一种自然进化规律，但晚清思想家基于天演的公理准则，再通过严复对《天演论》的功利性翻译，最终将很多与天演本质上无关的价值标准，通过搭便车的形式获得了天然的合理性。邹容在论证革命的合理性时曾说："革命者，天演之公例也。革命者，世界之公理也。"② 据此从天演中推导出革命的合理性与神圣性，但实而论之，革命与天演何干？两者风马牛不相及。

---

① 《孟子·告子上》有语云："仁之胜不仁也，犹水胜火"，其论证方式是类比（因为水灭火，所以仁胜不仁），但水可以灭火是一事实判断，而仁胜不仁，是一价值判断，我们并不能从前一事实中推导出（或者对比出）后一价值。如果原文改为"不仁之胜仁也，犹水胜火"，其理同在。再比如，《孟子·告子上》有言："人无有不善，水无有不下"，以此证明人性善，其论证方式是因为水有向下流的特征，所以人也有向善的本能，但水向下流是一事实判断，而人性向善，是一价值判断，我们并不能从前一事实中推导出（或者对比出）后一价值。因为我们也可以说："人无有不恶，水无有不下。"也就是说，这种论证方式具有很强的诡辩性，它是先把一个常识性的东西加以列举，然后把一个价值判断附着在这个常识性的东西的后面，给人一种这个价值判断的正确性也是常识的感觉，用逻辑学来表示就是：A 有属性 B，所以 C 有属性 D。

② 邹容：《革命军》，华夏出版社 2002 年版，第 8 页。

近代中国人对公理的这种心态值得我们进一步探讨。如果说生物领域的"物竞天择，适者生存"是他们发现的最早的公理的话，那么这种公理首先给中国带来的是焦虑感与紧迫感，因为直接地看，在进化的道路上中国已经落后于西方。不过严复对进化论的选择性翻译与转化又给中国人带来了希望，在他那里，社会领域甚至国家的进化，其强者不完全是武力与军事上的，也是智识与道德上的，故而社会领域的进化本身就有朝着公理方向发展的趋势。

> 夫如是，则一种之所以强，一群之所以立，本斯而谈，断可识矣。盖生民之大要三，而强弱存亡莫不视此：一曰血气体力之强，二曰聪明智虑之强，三曰德行仁义之强。[①]

由是观之，严复的进化论同时具有"力""智"与"德"的三重因子，而不单纯是赤裸裸的强力竞争，由此产生的公理世界观就在另一个维度给失望的中国人带来了乐观主义。一方面，这意味着那些单纯凭借武力征服中国的帝国主义者如果道义上出现了问题，那么他们违背了公理。另一方面，这也蕴含着在当时的世界秩序体系中，有一些国家是进化论中的先进者，对于公理遭到践踏，他们绝对不会坐视不管，更何况按谭嗣同所言，公理本身就有一种自我实现的能力。或许这种犬儒主义的公理世界观能够给国人以心灵的慰藉，故而虽然历史地看，无论是协约国还是同盟国，在一战之前几乎都对中国进行过不同程度的掠夺，他们从未丢弃过强权政治，从来就没有以公理对待过中国[②]，但一战在当时还是被诸多人解读成了公理与强权的较量。直到战后的巴黎和会，近代中国人才以一种非常残酷的方式发现，原来他们所认为的公理，并非如他们想象的那样是"不能不遵守之"

---

① 严复：《原强修订稿》，《论世变之亟——严复集》，辽宁人民出版社 1994 年版，第 24—25 页。

② 朱执信就认为，一战双方皆非公理的代言人，以公理自居的协约国英国"夺我香港，据何公理。逼我吸销鸦片，划我国土地为彼势力范围，据何公理"。"俄之吞我满洲，间我外蒙，据何公理。"朱执信：《中国存亡问题》，《朱执信集》（上），中华书局 1979 年版，第 259—260 页。

的客观性的道德律令，相反，这种公理很容易被证伪。而他们眼中那些主持公理的国家，同样是文过饰非，借公理以装点门面，"并不实心信奉"。于是，公理不再是普遍适用的具有天然公正性与合理性的规范，公理只不过是人为的产物，既与正义无关，也与客观性无关。19 世纪末晚清知识界普遍认为的公理，在 20 世纪初，甚至一度成了强权的代名词。在此意义上看，公理在近代中国仅仅 20 年的时间，其意竟完全相反，其中旨趣，值得深思。

4. 对公理的解构

如前所述，晚清知识界对公理内涵的理解，其一是指自然科学中客观性的规律与定理，在此意义上的公理，不过是科学知识的代名词而已。因此，前述章太炎对知识可能性的解构，也适用于在此意义上的公理解构。而章太炎所解构的公理，其实主要还是近代中国知识分子所理解的公理的第二层意思，即某些不证自明的具有天然合理性与正当性的价值准则与规范。在章太炎看来，这些不证自明的公理，并非不可证伪，它们更不具有天然的合理性与正当性，至于其所声称的普遍适用性，同样是一种主观的错觉。

> 昔人以为神圣不可干者，曰名分。今人以为神圣不可干者，一曰公理，二曰进化，三曰惟物，四曰自然。有如其实而强施者，有非其实而谬托者。要之，皆眩惑失情，不由诚谛。①

章太炎将现代中国人心理层面上的深沉积淀概括为"公理""进化""惟物""自然"四种，确实触及了晚清知识分子思维中的集体潜意识，也是近代中国大多数人思维的逻辑原点。这四者共同重构了近代中国人的认知方式（自然、惟物）、认同意识（公理）、危机意识与拯救意识（进化）。近代中国人几乎所有的社会与政治实践，其思想上的内在动力，无不由此四者而出。也正是因为大多数中国人将此四者当成了"神圣不可干者"的信仰，所以最终这四者成了那个

---

① 章太炎：《四惑论》，载洪治纲编《章太炎经典文存》，上海大学出版社 2003 年版，第 235 页。

特定环境中普遍流行的价值准则与规范，这种流行的价值准则与规范经过历史的积累，无形中成了整个民族思考问题的观念背景与思想环境。它们为整个共同体设置了一种思想上的牢笼，生活于其中的人犹如思想上的"囚徒"，很难真正跳出这种思想上的"囚徒困境"，相反，可能还会因为这种意识形态上的路径依赖，不断地受制于这种自己给自己设定的思维空间。① 只有少数的智者才有可能率先成为跳出这种思想牢笼的先知。在大多数中国知识精英还受制于这四者限定的思维空间时，章太炎竟将此四者视为"眩惑失情"的惑，率先成为那个看到"洞穴"之外阳光的人，成为鲁迅笔下"铁屋子"外的人，无怪乎被"洞穴"与"铁屋子"内的人集体性地视为疯子。

基于章太炎的佛学知识背景，章太炎称此四者为惑，其用心也深思。因为在佛教中，"惑"并非一个普通名词，而是与"谛"对称的一个统摄性概念。如在天台四教之藏、通二教中，惑有"见惑""修惑"（一说"理惑""事惑"）两种，见惑为迷于无常、无我等四谛之真理者，故也称为理惑。修惑为迷于色、声等世法之事相者，故也称为事惑。但无论是见惑还是修惑，其本质同一，即因内心的迷乱而无法认识到真相本身，换句话说，章太炎称"公理""进化""惟物""自然"四者为四惑，这种概念上的定位即是一种根本上的否定。

> 公理者，犹云众所同认之界域。譬若棋枰方卦，行棋者所同认，则此界域为不可逾。②

章太炎将公理定位为"众所同认之界域"，其意一反近世诸贤。公理既为众所同认的规则，那么，公理就不再是具有先验合法性与正义性的形而上规范，而是人为的产物，公理不再具有神圣性与不可抗

----

① 达尔在《现代政治分析》中认为，"某一政治意识形态一旦在政治体系中被广泛接受，领导人本身也就成了它的囚徒"。推而广之，一个社会中流行的价值、准则与规范，也具有同样的囚禁功能。［美］达尔：《现代政治分析》，王沪宁等译，上海译文出版社1987年版，第80页。

② 章太炎：《四惑论》，载洪治纲编《章太炎经典文存》，上海大学出版社2003年版，第235页。

拒性。

章太炎认为，现今的社会人们都受制于公理的制约，"不与社会相扶助者，是违公理；隐遁者，是违公理；自裁者，是违公理"①。但公理之发明者，其只不过是以"公"的名义行私义、谋私利、述私见而已，"其所谓公，非以众所同认为公，而以己之学说所趋为公"②。因此，公理的展示过程，其实是"私"的曲折表达而已。

章太炎还将公理与天理进行对比，在他看来，二者虽然都是人心的建构，但与天理相比，公理对个人自由的束缚更大，因此危害也更大。

> 公理之束缚人，又几甚于天理矣。③
> 宁得十百言专制者，不愿有一人言天理者；宁得十百言天理者，不愿有一人言公理者。④

按其所说，天理对人的束缚"非终身不能解脱"。比如按照天理所言，"臣子当受君父抑制"，但有朝一日，父逝，则子可以解脱。同样，臣子侍君不顺，也可以选择远离庙堂而处江湖之远。故曰"天理缚人，非终身不能解脱"。而对于公理，因其是"以社会常存之力抑制个人"，即以社会多数人的名义对个人形成无形的制约，所以对于个人的束缚是"无时而断"，处处时时刻刻都在。⑤

不宁惟是，天理对于人的束缚，个人还可以提出质疑，而公理对于个人的束缚，个人不敢也不能提出质疑。在天理世界观之下，臣之侍君也必忠，这是天理。但这种忠并非无条件的，如果"君以不道遇其臣者"，那么，不仅天理家可以非之，而且一切社会都可以非之。《孟子》里就有言："君之视臣如手足，则臣视君如腹心；君之视臣

---

① 章太炎：《四惑论》，载洪治纲编《章太炎经典文存》，上海大学出版社 2003 年版，第 236 页。
② 同上。
③ 同上。
④ 同上书，第 240 页。
⑤ 同上。

如犬马，则臣视君如国人；君之视臣如土芥，则臣视君如寇仇。"（《孟子·离娄下》）君臣之间是一种互惠关系，并非无条件地服从，因此，在此世界观之下，个人还有反抗的可能性，尚有"讼冤之地"。而在公理世界观的支配之下，因其是以公理、正义的名义，是以社会的名义来抑制个人，所以个人"无所逃于宙合"①。

章太炎此处讲公理对个人自由的束缚，很容易使人想起托克维尔论民主之下多数人的暴政。在托克维尔看来，民主制度之下，谁也对抗不了多数，多数因其人数的优势而逐渐成了真理、正义的化身，最终形成了对个体自由与精神的极大压制，"在独夫统治的专制政府下，专制以粗暴打击身体的办法压制灵魂，但灵魂却能逃脱专制打向他的拳头，使自己更加高尚。在民主共和国，暴政就不采取这种办法，它让身体任其自由，而直接压制灵魂。"② 民主之下的多数"既拥有政治权力，又拥有社会的乃至道德的权力，多数是真理的化身，是道德的体现，任何人如果与多数的意见相左，他首先就必须反躬自问，反省自身，而决不敢对多数的判断力提出疑问"③。章太炎虽不曾阅读托克维尔之著作，但先生身处之时代，恰恰是天理世界观向公理世界观过渡的时期，也是民主共和之理念在近代中国之兴起时期，因此，其对多数人意见之化身的公理所做的批判与揭示，与托克维尔形异而体同，足见其思想之敏锐。

通过与天理世界观进行对比，章太炎发现，"公理之惨刻少恩，尤有过于天理"，公理者常言"无益于社会者，悉为背违公理"，在此教条之下，弱者、智者等都有可能在公理的名义之下被抛弃，甚至被戕害。④

有法人之俗，虐老兽心，以为父既昏耄，不能饬力长财，为

---

① 章太炎：《四惑论》，载洪治纲编《章太炎经典文存》，上海大学出版社 2003 年版，第 240 页。

② ［法］托克维尔：《论美国的民主》，董果良译，商务印书馆 1993 年版，第 294 页。

③ 李强：《自由主义》，中国社会科学出版社 1998 年版，第 71 页。

④ 章太炎：《四惑论》，载洪治纲编《章太炎经典文存》，上海大学出版社 2003 年版，第 240 页。

世补益，而空耗费衣食之需，不如其死，则自载其老父，沈之江水。①

章太炎在此阐述的是公理与功利之间的相关性，正是因为公理背后是某种形式的功利，因此，在公理世界观之下，可能会形成"以众暴寡，甚于以强凌弱"的局面，最终，公理必定成为披着真理外衣的强权，而与正义无关。

基于公理乃"私"的曲折表达以及对个人自主自由的束缚，章太炎欲为个体自由立一牢固不破之基础。

> 非为世界而生，非为社会而生，非为国家而生，非互为他人而生。故人之对于世界、社会、国家，与其对于他人，本无责任。责任者，后起之事。②

在章太炎看来，个体的自由只有一个限制标准，这就是"以无害为其限界"。也就是说，个体只要没有对他人产生伤害，那么，个体的自由就是绝对的、无条件的，社会不能以公理的名义对个人的自由加以各种限制。基于这一标准，个人如果做出不利于自己的事情，但如果没有妨碍到他人，个人也是自由的。同样，个人如果做出有益于自己但无益于他人的事情，社会也不得干涉之，只有"有害于人者"，社会才"得诃问之"。章太炎在此论述的个体自由的限度问题同样与近代自由主义大师约翰·密尔非常相似，密尔在《论自由》中多次提到："个人的自由必须被限制在这样一个界限上，就是不能使自己成为他人的妨碍。"③ 在该书的第五章密尔进一步对这种限度做了概括，他说："第一，仅触及自己而非他人利益的，个人不必因其行为对社会负责。""第二，个人对有害于他人利益的行为要承担

---

① 章太炎：《四惑论》，载洪治纲编《章太炎经典文存》，上海大学出版社 2003 年版，第 240 页。

② 同上书，第 236 页。

③ ［英］约翰·密尔：《论自由》，张友谊等译，外文出版社 1998 年版，第 62 页。

责任。"① 不过，章太炎的个体自由概念与密尔毕竟还是不同，这是因为，在密尔那里，个体的自由是建构社会政治制度与规则的元基础之一，而在章太炎那里，个体的自由是一临时性的概念，本质上并不具有元基础性，个体的自由只有在与其他团体相比时才具有优先性，个体的自由最终也成为镜花水月，对此前文已有交代，在此不再赘述。

总之，在章太炎看来，被大多数中国人视为神圣不可侵犯的公理，其实质不过是"私趣""私义""私利""私见"而已，它们是人心的建构，是多数人的意见的表达与价值的阐释。因此，他们不具有形而上的先验正义性与正确性，也就并不具有普遍适用性与合理性，相反，公理最终可能成为某种强权的代名词，社会最后可能以公理的名义形成对个体的戕害、对自由的践踏、对弱者的欺凌、对思维的禁锢，只有彻底地对这一公理进行解构，个体才能回到本真，享有真正的彻底的自由。

（三）惟物与科学

惟物，也即现代的唯物。"惟物者，自物而外，不得有他"②。唯物论是与惟我论、惟神论等相区别的关于宇宙本体的看法。"自物而外，不得有他"，即是说唯物论认为世界的本体是"物"，不存在超越物质之外的其他实体。无论是唯物论、惟我论还是惟神论，其思想都渊源于古代，但唯物论在现代的扩展以至于成为某种"主义"，恰恰是因为现代性观念的普及，在此意义上说，现代唯物论是现代性观念的产物。

现代性之启蒙摧毁了古老的信仰、宗教与神话，人取代上帝成为世界的主体。主体基于理性的自负声称世界上根本就不存在上帝，因为理性所建构起来的现代科学尤其是物理学与化学发现整个世界都是物质性的。在此意义上，唯物之物构成了现代科学研究的对象与基

---

① ［英］约翰·密尔：《论自由》，张友谊等译，外文出版社1998年版，第103页。
② 章太炎：《四惑论》，载洪治纲编《章太炎经典文存》，上海大学出版社2003年版，第243页。

础。而现代医学也证实了创世神话的谎言。所有这一切，都支持了唯物的正确性。最终，唯物、科学与理性构成了现代性观念的知识学基础。

章太炎基于对唯物的批判，提出了一个富有想象力但非常符合其哲学体系的命题：唯物论本身乃是惟心论的一种。

惟物论者，惟心论之一部也。①

首先，唯物论所定义的"物"，并非宇宙全体之物。在这一点上无论理性主义者如何狂妄，他们也必须承认，即使是现代科学，也无法穷尽宇宙之内所有的物质。因此，从认识与对象的关系上看，唯物之"物"，乃特定关系与范畴即人的视野之内的物质。这意味着两点。第一，从逻辑上看，既然唯物论者只是研究了特定的局部的宇宙，而没有研究整个宇宙，那么，就不能凭借此一局部经验而断言其余整体，也就是说，不能从局部经验中推导出必然性，"今言火尽热，非能遍抚天下之火也。抚一方之火，而因言凡火尽热，此为逾其所亲之域"②。在此意义上看，唯物论肯定宇宙的本体是物质的就犯了以偏概全的错误。第二，由于唯物论所研究的对象只是纳入到人的视野之内的特定物质，所以，此一"惟物"达成的过程，其实是人主观认识的过程，是基于科学的逻辑而进行的世界认知图景的建构。也就是说，人们是按照他们既有的知识体系去不断地重构他们对世界的认识的，至于世界本来是什么样子，其实现代人本身因为知识的有限性而无法真实的知晓。正如张灏先生所言："按章太炎见解，一个讲逻辑的，坚定的唯物论者不会离开感官知觉去确立外部世界的客观存在。"③

其次，章太炎以一种二律背反的方式论证了唯物论的逻辑错误。

---

① 章太炎：《四惑论》，载洪治纲编《章太炎经典文存》，上海大学出版社 2003 年版，第 245 页。

② 章太炎：《原名》，《国故论衡》，上海古籍出版社 2003 年版，第 123 页。

③ 张灏：《危机中的中国知识分子》，高力克等译，山西人民出版社 1988 年版，第 183 页。

唯物论断言，世界是物质性的，物质是构成世界的原始质料。但章太炎在《齐物论释》定本中写道：

> 近世亦立二说，若有方分，剖解不穷，本无至小之倪，何者为原，谁为最初之质。若无方分，此不可见闻臭尝触受，则非现量，此最遍性，则无比量。①

也就是说，如果物质（方分）是质料性的，那么，从逻辑上看，我们就无法发现这种质料的最小单位，因为任何实体性的存在物我们都可以进行无穷尽的分解，这样一来，就无法找到那个最原始的质料物；而如果这种物质是非质料性的，那么，它就不可能有色、声、香、味等，因此人们也就没法用感觉器官去探究它们，也无法将它们演绎出来。

再次，即使纳入到科学研究范围也即人的认识对象范畴内的物质，其本身"亦非真惟物论"，"科学之说，既得现象，亦必求其本质"②。科学研究的目的在于透过现象看本质。但章太炎认为，我们日常见到的只能是各种现象，但各种现象之间的关系如何，其实人心本不知，物自己也无所谓知与不知，此即齐物。

> 若就物言，日自日耳，何与于光；火自火耳，岂关于热。③

现象与现象之间的因果联系，乃是人心的建构，故人心可知（但本不知），但现象与现象之间的关系究竟如何，"于彼物界诚有此因果否"，其实人心不知也。

究其原因，章太炎发现科学研究最根本的方法是因果律，但如前所述，所谓的因果律，其实乃"原型观念之一端"，因果律所声称的

---

① 章太炎：《齐物论释》，《章太炎全集》（六），上海人民出版社1986年版，第81页。

② 章太炎：《四惑论》，载洪治纲编《章太炎经典文存》，上海大学出版社2003年版，第244页。

③ 同上。

必然性，并非物质本身的属性，而是人心的使然。所有的因果律都是主观性的东西（吾心之牵联）通过人心而强加于客观性的物质之上（谓物自牵联）。在此意义上，人们确实可以说唯物乃惟心之一种。

不仅如此，章太炎还提出了另外一个同样具有想象力的命题，他认为，根据以上的论证，现代人所声称的唯物与科学之间的联姻关系，也是一种严重的逻辑学错误。"世人之矜言物质文明者，皆以科学揭橥，而妄托其名于惟物，何其远哉"，因为科学研究的基础是承认因果关系，在章太炎看来，"因果非物，乃原型观念之一端"。而世人眼中的唯物论则又认为物质之外本无他物，因此，既承认唯物，则否定因果，而否定因果，则科学不成。

最后，在章太炎的知识学体系中，即使纳入到科学认识对象范畴之内的各种现象，其实也无所谓存在与否。以时间为例，现代科学与唯物论皆视时间为客观之物，时间本身也构成现代性最重要的命题之一。但在章太炎看来，时间未必是客观性之存在。

> 即自位心证自位心，觉有现在；以自位心望前位心，觉有过去；以自位心望后位心，比知将来。是故心起即有时分，心寂即无时分。若睡眠无梦位，虽更五夜，不异刹那。然则时非实有，宛尔可知。①

在章太炎看来，时间的变化是因为心的变化，比如我们童年的时候，觉得时间过得太慢，而到了中年的时候，又觉得时间过得太快；同样，当我们嬉戏快乐的时候，觉得时间不够用，而当我们劳苦耕作的时候，又觉得时间没完没了。所有这一切，皆因"时由心造"，"其舒亦由心变也"。而心之所以能够"造时"，则又归因于阿赖耶识本身中包含着世识（时间意识）。

总之，章太炎认为，"天地本无体，万物皆不生"②，从遍及所执

---

① 章太炎：《齐物论释》，《章太炎全集》（六），上海人民出版社1986年版，第68页。

② 同上书，第19页。

自性的角度看，唯物论所声称的物质是第七末那识意根之所动而产生的，离开意根，则不得有这些存在；从依他起自性的角度看，现实的感知世界是由第八阿赖耶识、第七末那识以及眼、耳、鼻、舌、身五识虚妄分别而成，是无明的错觉，而并非实有；从第三自性即圆成实自性的角度来看，世界的本体是真如。因此，何来科学之研究？何来唯物之论？

（四）自然

在现代性的主体建构现代性的一系列规则与道德律令的过程中，还有一个极其重要的概念：自然。以自然的名义出现的自然法则、自然权利、自然法等成了近代政治哲学建构所有秩序、义务与制度的起点，成了建构社会体系与道德伦理的基础。

《老子》语云："人法地，地法天，天法道，道法自然。"《后汉书·李固传》又言："夫穷高则危，大满则溢，月盈则缺，日中则移。凡此四者，自然之数也。"北魏郦道元在《水经注·河水三》中也说："山石之上，自然有文，尽若虎马之状，粲然成著，类似图焉。"由此观之，汉语"自然"之意，一指自然而然，非人为干预的事物发展状态，在此意义上的自然，与天然近同，由此引申出"本真"（与伪相对应）、"本性"等含义。二指不可抗拒、难以违抗的发展进程，如"月盈则缺"之数者，在此意义上的自然，含有禁止与命令之意。

现代性背景之下的自然法则、自然权利与自然法，皆乃一组合名词，自然者，天然也，非伪，不可抗；而法则、权利等，则是人为之物，乃"伪"，可违背。但赋予权利与法则等以"自然"之意，其中旨趣，值得探索。因为自然本身含有一种先于人类、独立于人类但对人类具有普遍约束力的禁止性命令之义，因此将一系列主观的权利与法则以"自然"的客观名义陈述出来，就在表面上赋予了这些主观的权利与规则天然的合理性与合法性，使得这些主观性的声称成了理性主义者眼中不可抗拒的公理。最终这些以公理名义出现的各种价值与规则，都获得了自然的前缀，成了自然之理。此一论证方式笔者前文曾有交代，其实质是通过必然性来论证必须性，通过客观性的事实赋予主观性的价值以客观性，也即从事实中推导出价值的合理性与合法性。其实这种自然权利与自然规则建构的历史，最终反映的不是现代理性的自负，而是无能。它以一种近乎悖论的方式将现代各种规则与价值建立在沙滩之上。现代人将会发现，承载这些价值的，并非真实的自然，而是人心，不是客观性，而是主观的意识。现代性精心设计的大厦，最终可能反过来对现代性之主体构成某种压制，以自然名义出现的各种规则与制度，带给人的可能不是自由，而是奴役；不是民主，而是专制。自然之下的平等，成了所有人同时享受恐惧与不安的平等，在此，我们看到了现代性的无助与脆弱。

章太炎解构自然，并非反对真实的自然。他所从事的，是从俗世与真谛的角度将自然从各种人为的制度、规则与权利中解放出来，从而恢复自然的本真状态，并由此给人以真正的自由。从俗世来看，章太炎认为：

> 就人间社会言之，凡所谓是非者，以侵越人为规则为非，不以侵越自然规则为非。人为规则，固反抗自然规则者也。[1]
> 以自然规则本无与于人道，顺之非功，逆之非罪云尔。[2]

章太炎从俗世的角度提出了一个判断自然规则与人为规则的标准：道德判断是否存在，并由此区分自然规则与人为规则。人为的规则是共同体本身的建构，一般而言，个体自身也参与了此规则的建构过程，所以这是共同体内大家一致同意的规则。侵犯此规则，意味着个体违背了自己或者他们的祖先做出的原初选择，因此就有了是非判断。而自然规则并不是任何共同体主观的建构之物，个体当初也没有对其进行参与以及选择，在此意义上看，个体即使违背自然规则也无所谓是非判断。如果个体违背自然规则，我们可以由此判断个体顽固愚蠢，但并不能由此说个体是在犯罪或者作恶，甚至对其进行惩罚。正是在此意义上，章太炎例证曰：

---

[1]　章太炎：《四惑论》，载洪治纲编《章太炎经典文存》，上海大学出版社 2003 年版，第 246—247 页。

[2]　同上书，第 247 页。

　　阑入人之邸舍者有罪，而阑入大火聚中者无罪。谋斩关越塞者有罪，而谋超越星球者无罪。纵有非笑之者，惟得斥为顽愚，不得指为过恶。①

　　基于这一判断标准，章太炎发现，近人所谓的进化、公理等自然规则，其实质并非真实的自然律令，而是人为规则。

　　今夫进化者，亦自然规则也。……然主持进化者，恶人异己，则以违背自然规则弹人。……昔之愚者，责人以不安命；今之妄者，责人以不求进化。②

　　如果进化是自然规则，那么，违背进化就无所谓是非对错之道德判断，犹如个体之对抗死亡，人类之谋求超越星球等。但世人皆以不求进化为非，是何言？那么只有一种解释，世人眼中的进化，其实并非真实的进化，而是基于自然进化而人为建构起来的进化信仰与"进化教"耳。③

　　从真谛的角度来看，"知自然者，过于自然"，真实的自然并非不存在，但由于俗世之人本身的认识局限性，他们无法认识那个所见自然背后的真实自然。这是因为我们看到的自然，是被名相处理过后的自然，是人心所造之自然。

　　夫就胜义言之，名、相二者，皆由分别妄念所成。若就俗谛言之，相则在物，可认为真；名乃在心，惟认为假。故纵不说物为心造，而不容不说自然等名为心造。物若非心造耶？知物者，或未能过物。④

---

　　① 章太炎：《四惑论》，载洪治纲编《章太炎经典文存》，上海大学出版社 2003 年版，第 247 页。
　　② 同上书，第 247—248 页。
　　③ 同上书，第 243 页。
　　④ 同上书，第 246 页。

耳闻者为名，眼见者为相，但无论名相，皆是人心所设。"人心所起，无过名、相、分别三事"①，故人所耳闻目睹之自然，皆是意识所造之名相。在此意义上，章太炎认为，真正的唯物论者，也必定会排斥自然权利与自然规则，因为唯物者之物，并非人心建构之物，而是构成世界本体之实体性存在，而自然权利与自然规则所言之自然，皆乃人心建构之名相，而非自然之本真，故曰："真惟物论者，亦不得不遮拨自然。"②

二　乐观主义解构——无生主义

（一）现代性之乐观主义

"进步"学者的进步观构成了 18 世纪历史著作的基础。③ 启蒙时代的进步学者，以理性的眼光去看待、分析历史，在他们那里，几乎看不到历史循环论，更很少看到一种悲剧的历史、一种毁灭的观念，相反，历史在他们眼里不仅是有目的合规律性的历史，也是乐观主义的发展史。人类在所有领域持续的进步与发展将给予"历史"一种前所未有的力量。历史的车轮滚滚向前，即使后面尘土飞扬，那也是值得为历史牺牲的"进步"的代价。

既然历史是有目的有规律性的历史，那么，这暗示着，在政治领域，把握这种规律性与目的性将成为合法性的源泉。悲剧的英雄不再是历史的主角，取而代之的是那些深谙历史必然性与真理的伟大的先知。既然历史是有规律的，既然社会的演化不再是因为神的旨意与干预，而是因为其自身内在的结构与法则④，那么历史就不再是英雄史、神话史，历史可以成为独立的研究对象。通过研究，孟德斯鸠发现了政体的原则，发现了法律精神与历史精神的内在一致性，发现了法律

---

① 章太炎：《齐物论释》，《章太炎全集》（六），上海人民出版社 1986 年版，第 4 页。

② 章太炎：《四惑论》，载洪治纲编《章太炎经典文存》，上海大学出版社 2003 年版，第 246 页。

③ Mark Goldie and Robert Wokler, *The Cambridge History of Eighteenth - Century Political Thought*, New York：Cambridge University Press, 2006, p. 204.

④ Ibid. .

与政体以及气候、地理、民族等之间的关系，这种研究体现了一种深刻的历史感。同样，另一个法国人伏尔泰发现了理性与进步的统一是在历史的发展中完成的，历史学可以像牛顿的力学那样成为精确的科学，个别的历史事件、王朝的覆灭不再是历史学家的目的，把事实还原为定律、在纷繁复杂的现象中寻求隐藏的规律与法则，才是历史学的责任。其同时代人孔多塞在《人类精神进步史表纲要》一书中也描述了这样一种进步的历史观。在该书中，他把人类的历史分为十个时代，这十个时代的历史就是一部人类各方面不断进步的历史。①

进步的历史是乐观主义的历史。乐观主义并不否认灾难与不幸，但是，它否认或者排除神性的力量对历史与秩序的作用。② 万能的理性将使人们逐渐告别黑暗，随着理性之光不断地普照大地，解剖学与医学会使所有的社会疾病得以医治，历史法则与政治统治法则的发现将会使人们生活在一个更加自由平等的世界之中。乐观主义者最终相信，历史将会在理性主义的光谱中完美地终结。

近代中国的知识分子，一方面因西方现代性系统的入侵而具有十分浓重的忧患意识与危机意识，另一方面，对于绝大多数知识分子来说，这种忧患意识与危机意识并没有转化成他们思想上的悲观主义与绝望，恰恰相反，西方现代性理念之下的进步理念使得他们依旧具有乐观主义心态。按照张灏先生的说法，忧患意识是幽暗意识的前驱，并且在中国传统文化的"轴心时代"已经肇始，从《论语》《孟子》《荀子》直至晚明刘宗周，我们都可以发现这种幽暗意识的存在。③但近代中国人恰恰因为逐步接受了现代性的观念体系，使得这种原本在传统文化中一直存在的幽暗意识逐步失去市场。④ 他们相信，现代性之下的进步理念会将所有的幽暗一扫而尽，最终，进步的理念、至

---

① ［法］孔多塞：《人类精神进步史表纲要》，何兆武、何冰译，江苏教育出版社2006年版。

② Mark Goldie and Robert Wokler, *The Cambridge History of Eighteenth - Century Political Thought*, New York: Cambridge University Press, 2006, pp. 196 - 197.

③ 张灏：《超越意识与幽暗意识》，《幽暗意识与民主传统》，新星出版社2006年版，第59—69页。

④ 或许王国维与章太炎是两个例外。高瑞泉：《中国现代精神传统》（增补本），上海古籍出版社2005年版，第79、88页。

善的可能性、乐观主义等成为近代中国精神的主流。这其中的认识论转向反映了近代国人对西方知识的接收，并非如学界经常认为的那样仅仅是表面上的。西方知识已经渗透到了国人的思想与心理层面，以至于国人自觉地将自己文化中某些深层次的东西进行了抛弃。

基于以上的认识论背景，章太炎对乐观主义进行的解构，不仅反映了其思想在清末民初的独特性与深邃性，而且从思想史的角度看，既是对中国传统文化中幽暗意识的继承与发扬，也是从宏观上对近代国人思维方式自觉转向的一种拨乱反正，更是对西方现代性一种特殊视角的审视，甚至也是对人类中心主义的一次重大批判。因此，他对乐观主义的解构，虽然色调几近灰色，然从另一个角度看，却又蕴含着重新审视传统、检讨国人思维、破除西方神话、反思人类主体等重大价值。

就个人经历而言，章太炎本身也与乐观主义相差甚远，以至于萧公权先生称他为中国最悲观的政治思想家。① 据张灏先生所考察，荀子思想中的幽暗意识在清季的俞樾身上曾有浮现②，而章太炎曾受教于俞樾七年，言传身教之间难免受到影响。如本书第二章所述，荀子是章太炎早年非常重视的思想家，虽然我们不能由此说章太炎一开始就接受了荀子思想中的幽暗意识，但随着个体阅历的丰富，个体极有可能在不同的时期对同一思想家的思想进行合于己的选择性吸收，在此意义上看，荀子思想中的幽暗意识，或许对中年以后的章太炎解构乐观主义具有思想层面上的支撑作用。就直接的体验而言，章太炎一生独特的经历更有可能与其思想上的非乐观主义具有姻缘性。他一生颠沛流离，先后遭晚清政府、北洋政府以及民国政府通缉，七次被追捕，三次入狱，其中酸苦，旁人难以深悉，章太炎本心自知。章太炎婚后 10 年丧妻（王氏），21 岁丧父，37 岁挚友邹容间接因己而死，长女（章㸚）23 岁正青春年华时自尽，自己先后两次绝食自杀未遂③，所有这一切，几乎都显示章太炎一生与乐观主义无缘。其由儒

---

① 萧公权：《中国政治思想史》，辽宁教育出版社 1998 年版，第 819 页。
② 张灏：《超越意识与幽暗意识》，《幽暗意识与民主传统》，新星出版社 2006 年版，第 71 页。
③ 分别是 1904 年囚禁上海监牢之时以及 1914 年关押北京龙泉寺之时。汤志钧编：《章太炎年谱长编》，（上册），中华书局 1979 年版，第 191—192、473—474 页。

入佛，虽与当时整个社会借宗教以救世的时代情境有关，但个体的经历与体验，实乃一主观之背景。长女（章㛤）自杀后，章太炎曾撰《亡女㛤事略》称："余以不禄，出入生死几二十年……成章之死，与其他故旧无穷失据之状，皆㛤所亲睹也。身处其间，若终身负疢疾者，其厌患人世则宜然。"[1] 然章太炎眼之所亲睹，身之所遭难，几不知千百倍于其女也。故言为心声，其所悲叹者，女耶？己耶？

萧公权先生有言："章太炎言九世之仇则满腔热血，述五无之论则一片冰心，寒暖相殊，先后自异。"[2] 汪荣祖先生认为，言九世之仇，乃政治事业，故需要满腔热血；而述五无之论，乃哲学事业，故需要冷静思考。[3] 此解其实有失偏颇。章太炎述五无之论，初衷并非"立言"，更与探索哲学玄理无关，除去个体经历，五无之论与九世之仇，殊途而同归。九世之仇，其所针对者，乃满人之政府，故满腔热血。五无之论，其所针对的，乃芸芸众人，故一片冰心。

（二）五无之论

五无者，一曰无政府。章太炎主张无政府，首先是因为他发现政府本身并不像人们认为的那样代表着公平，法律也并非代表着正义。相反，政府在为社会提供保护时，"其所庇仍在强者"。不过章太炎主张无政府，更重要的是因为看到了政府是一极大的"恶"，他认为，自从有了政府，人类的杀戮并不是像很多人所说的那样减轻了，相反更重。

> 凡兹种族相争，皆以有政府使其隔阂，假令政权堕尽，则犬马异类，人犹驯狎而优容之，何有于人类？抑非专泯种族之争而已。[4]

---

[1] 汤志钧编：《章太炎年谱长编》（上册），中华书局1979年版，第502页。
[2] 萧公权：《中国政治思想史》，辽宁教育出版社1998年版，第819页。
[3] 汪荣祖：《康章合论》，中华书局2008年版，第87页。
[4] 章太炎：《四惑论》，载洪治纲编《章太炎经典文存》，上海大学出版社2003年版，第223页。

至于帝国主义，寝食不忘者，常在劫杀，所以"今无政府，虽不免于自相贼杀，必不能如有政府之多"①。

太炎所生之时代，一方面是帝国主义对中国全方位的入侵，鸦片战争、中法战争、甲午海战、庚子事变等，成为当时整个中国知识分子的集体性痛苦记忆。另一方面是帝国主义本身之间的互相争斗甚至残杀。而在这一入侵与残杀的过程中，最终受到伤害的不仅是各国政府，更是大多数的劳苦大众，因此，两害相权取其轻，不如取消政府。在章太炎看来，虽然取消政府并不能就此终结人类的杀戮，但是，他相信取消政府一定会使得人类的杀戮要少。不过从逻辑上看，章太炎此一论断，未必成立，因为要验证此一结论正确与否，必待有一无政府之地，经过若干年之变迁，再观其效果，才能做出与有政府之地的对比，而并不能因为有政府就有极大之杀戮而否定政府存在的合理性。

此外，章太炎在此还非常敏锐地发现了政府杀戮的一个最大特性，即合法性。也就是说，政府经常是以合法、正义、文明等的名义进行战争，从而使得杀戮具有道义上的依据，因此，在这一合法性之下，即使"赤地千里"，也"以为义所当然"。正是基于这一判断，他认为现今帝国主义的侵略远较中国古代桀、纣的残暴统治更为恐怖，因为后者"无美名"，但前者则是"所谓文明之国"，故师出有名。

> 综观今世所谓文明之国，其屠戮异洲异色种人，盖有甚于桀、纣。桀、纣惟一人，而今则合吏民以为之；桀、纣无美名，而今则借学术以文之。②

在此我们同样可以窥视章太炎现代性批判之主旨：基于外来文明系统的入侵而给予学理上的反抗。在此意义上看，章太炎之无政府甚

---

① 章太炎：《四惑论》，载洪治纲编《章太炎经典文存》，上海大学出版社 2003 年版，第 229 页。

② 同上。

至五无之论，其意旨并非哲学，相反，是以悲观主义之笔调从事积极的入世事业，其中政治旨趣，令人回味。

最后，章太炎还从人性论上为无政府进行论证。近世诸多学者主张，设立政府的目的是因为人性是恶的，设立政府是为了限制、减少人性之恶，也即以恶制恶。但在章太炎看来，既言人性恶，那么，人们所设之政府，政府所设之机关，机关所制之礼法，恐皆是恶，即便非恶，但良法善制，必得人所实施，因此，"把持礼法者，犹是恶人"。故"以性恶之故，不得不废政府"①。

二曰无聚落。政府既破，杀戮当减，但终不能尽灭。原因是世界上的资源本来有限，而且分布极不均匀，气候有寒暖，土地有肥瘠，财富有多寡，因此，为了争夺这些有限的资源，即使没有国家与政府存在，人类也必定会逐步形成聚落，进行集体性的斗争，"虽兄弟至亲，犹有操戈之衅，况故为路人"②。他认为，虽然同是主张无政府主义，但俄国与东亚诸国之所以不同，恰恰是因为资源分布的差异。章太炎在此看到了无政府主义者本身可能具有的帝国主义逻辑，这也是他并没有真正认同无政府主义的重要原因。

> 俄人所以敢言无政府者，何也？地素苦寒，有己国人之侵食他方，而不虑他方人之侵食己国。
>
> 若泰东诸国则不然，中原、辽沈、日本、朝鲜，虽与俄国同时无政府，东亚之民犹为俄人所蹂躏也。③

在他看来，像法国这样的西方国家，虽然一直以自由平等之民族自居，但"始创自由平等于己国之人，即实施最不自由平等于他国之人"。因为这些国家的自由平等，是对于本国人民的平等，而对于域外之国，实施的是极度专制与压迫的政策，"其酷虐为旷古所未有"。既然像法兰西这样自由平等的民族都会在本国之外实行如此残酷的政

---

① 章太炎：《五无论》，载洪治纲编《章太炎经典文存》，上海大学出版社2003年版，第230页。
② 同上书，第225页。
③ 同上书，第224页。

策，那么，有朝一日他国政府被消灭，他们所从事的，必定有甚于现在。因此，只有消灭所有群体性的组织，使得"农为游农，工为游工，女为游女"，才有可能消除集体性的残杀与争夺。①

三曰无人类。政府、国家、聚落之恶，其终极原因是人本身，"政府云，国家云，固无自性"。人类所有的群体性组织都无自性，都是人为建构与设立的产物，这些机构与团体的恶，其实是人心之恶，是人争夺各种利益的结果，否则，在原始社会本没有国家与政府之累，何以还存在诸种争斗，以至于发展到今天难以消除。世上之人，原本好斗，"睚眦小忿，则憎怨随之；白刃未获，则拳力先之"②。因此，在五无之中，以无人类为最重要，只有断人道，消灭人本身，才能从根本上消除国家、政府、聚落之恶。

四曰无众生。即便人道已断，人身已灭，但大千世界，诸种极微之物，本乃流转真如，因此，新生之种，必定渐为原人，必将又成现今之社会，现今之国家。因此，只有无众生，断其后，才能真正无人类。故此说应与"无人类说同时践行者也"③。

五曰无世界。在章太炎看来，世界本无，"今之有器世间，为众生依止之所本，由众生眼翳见病所成，都非实有"。也就是说，世界的存在是因为众生的存在，是众生的错觉，因此，既然众生已尽，那么"世界必无豪毛圭撮之存"④。

在章太炎看来，这五无的实现并非一蹴而就，而是有一个先后顺序，分为三期，首先是无政府、无聚落，此为第一期；其次是无人类、无众生，此为第二期；最后是无世界，达到圆满，此为第三期。

章太炎著《五无论》之时，身居日本，当是时，日本无政府主义思潮泛滥，章太炎与日本无政府主义者幸德秋水⑤，中国无政府主义

---

① 章太炎：《五无论》，载洪治纲编《章太炎经典文存》，上海大学出版社 2003 年版，第 225 页。

② 同上。

③ 同上书，第 226 页。

④ 同上。

⑤ 从其书信中我们可以发现他曾与张继一起于 1907 年 3 月约见幸德秋水。章太炎：《与幸德秋水》，载马勇编《章太炎书信集》，河北人民出版社 2003 年版，第 269 页。

者刘师培、张继等人交往密切，而且还大力支持过刘师培等人创建的社会主义讲习会的活动①，更为张继所译的《无政府主义》做序②，因此，其思想受到无政府主义者的影响，自无疑问。然而，章太炎并不是一个无政府主义者，他的思想与无政府主义相距甚远。

就思想资源而言，无政府主义是现代性的产物，无政府主义的发生学背景、思想理念、世界图景，甚至其语言哲学，都与西方社会的现代性关系密切，从根本上看，它并没有脱离西方的人文主义传统。而章太炎"五无"思想，虽然也是对西方现代性的反抗，但是其思想资源尤其是整体的哲学与语言建构，都来源于佛学以及荀子思想中的某些方面，因此两者之间存在着巨大的差别。

就终极目标而言，无政府主义者对人类至善的可能性持高度的乐观主义心态，在这一点上，无政府主义者与现代性的目的论之间，并没有深远的鸿沟，或者说无政府主义者的乌托邦，本身也是所有现代性理念的乌托邦。而章太炎的五无之论，其色调是虚无主义的，它对人性持高度的怀疑态度，对于人间至善的可能性，是毫不犹豫地拒绝。

就手段而言，无政府主义是一种极端强势性与进攻性的主张，近代中国无政府主义者诉诸的暗杀、恐怖等，都在一定程度上反映了此一主义的强势性与进攻性。而章太炎的无生主义理想之实践途径，不外乎个体层面上的直觉体验、集体层面上相互平等的对话等，因此是一种非常温和的建设性主张。

就个体的看法而言，章太炎也多次委婉地表达了他的思想与无政府主义的差异，比如他在《五无论》中就说："无政府主义中道自

---

① 1907年9月22日，在社会主义讲习会第三次集体集会上，章太炎做了专门演说：《痛斥国家学之荒谬并立宪之病民》，转引自姜义华《章太炎思想研究》，上海人民出版社1985年版，第173页。1908年3月22日，章太炎又在社会主义讲习会上"讲人之根性恶"，并以蒙古国、中国台湾为例，断定"愈文明之人愈恶，愈野蛮其恶愈减"。汤志钧编：《章太炎年谱长编》（上册），中华书局1979年版，第291页。

② 章太炎：《无政府主义序》，载汤志钧编《章太炎政论选集》（上册），中华书局1977年版，第383页。

画，而不精勤以求其破碎净尽者，此亦乏于远见者也。"① 无政府主义者执着于消灭政府，认为政府一灭，所有问题将迎刃而解，这只不过是他们的一厢情愿（中道自画）。因为无政府主义者没有看到世上之恶，本源于人，源于我见，我见不除，即便无政府，也不可能实现至善。一年之后，他又在《排满平议》中再一次表达了对无政府主义者的不满，认为无政府主义不仅不如他的无生主义，甚至也不如近代的民族主义，原因是"无政府主义者，与中国情状不相应，是亦无当者也，其持论浅率不周，复不可比于哲学，盖非玉卮，又适为牛角杯也"②，从而显示了其思想与无政府主义者之间的差异。

就理想与现实之间的张力而言，无政府主义者因其进攻性与理论上的强势，故而主张在当下就进行无政府主义的实践，消灭国家与政府。他们认为，理想的蓝图已经绘制，剩下的只是集体性的行动，最终理想与现实之间的张力丝毫不存在，因此，只能是以近乎悲情的结果告终。而章太炎对自己的无生主义主张则怀有非常清醒的认识，他并不认为当下就有必要实现其理想。如其所言：

> 争战不绝，则政府不可以一日废。是故政府者，非专为理民而设，实与他国之政府相待而设。他国有政府在，即一国之政府不得独无。③

在《国家论》中，章太炎也表达了同样类似的看法：

> 今之建国，由他国之外铄我尔；他国一日不解散，则吾国不得不牵帅以自存。④

---

① 章太炎：《五无论》，载洪治纲编《章太炎经典文存》，上海大学出版社 2003 年版，第 227 页。
② 章太炎：《排满平议》，载张勇编《章太炎学术文化随笔》，中国青年出版社 1999 年版，第 103 页。
③ 章太炎：《四惑论》，载洪治纲编《章太炎经典文存》，上海大学出版社 2003 年版，第 224 页。
④ 章太炎：《国家论》，载汤志钧编《章太炎政论选集》（上册），中华书局 1977 年版，第 368 页。

章太炎在此的看法恰恰反映了他一直试图在理想与现实之间保持某种平衡，也是其思想中"真"与"俗"之间的某种调和，章太炎并非一个不考虑实际情况的理想主义者，相反，他对当时中国的政治与现实局面，有着非常清醒的认识。

（三）五无之途

按照章太炎所说，五无之中，以"无人类最重要"，因此，无人类的方法，是达到无生主义最重要的途径。而如何做到无人类？章太炎认为其一是断交接，其二是观无我。断交接，即是通过断除人的繁殖能力的方式来消灭人类，此为一俗径。观无我则是通过体验与顿悟等方式断除我见，最终达到丧我、无我、真我的境界，此为一真途，"万物无我见则不生，无我见则不杀"①。因此，断我见是观无我最重要的环节。何谓断我见？断我见也就是主体发现原来所谓的我（小写的复数的我，芸芸众生）不过第七意根末那识执阿赖耶识之产物，而不是真正的我。真正的我（大写的单数的我）只有消除我见之后才能出现，因为它是真如本身（真我），也即认识到"我为幻有，而阿赖耶识为真"②。

如何断我见？章太炎认为，断我见最根本的方法是"断意根"，"欲断我见，必先断意根"。正是因为意根不自识如来藏，执阿赖耶以为我，于是产生我见。他认为，孔子所谓的"毋意、毋必、毋固、毋我"正是断意根的逻辑过程与方法。

> 毋意者，意非意识之意，乃佛法之意根也。有生之本，佛说谓之阿赖耶识。阿赖耶无分彼我，意根执之以为我，而其作用在恒审思量。……毋必者，必即恒审思量之审。毋固者，固即意根

---

① 章太炎：《四惑论》，载洪治纲编《章太炎经典文存》，上海大学出版社 2003 年版，第 232 页。

② 章太炎：《人无我论》，《章太炎全集》（四），上海人民出版社 1985 年版，第 427 页。

之念念执着。无恒审思量，无念念执着，斯无我见矣。①

　　子绝四：无意，即末那不见；无必，即恒审思量不见；无固，则法执、我执不见；无我，即人我、法我不见。意根、末那，我见之本也。恒审思量，思此我也。一切固执，执此我也。是故，意为必固所依，我为意之所见。绝四则因果依持，皆已排遣。②

　　也就是说，毋意即是告诉人们要断意根，此为逻辑起点，而毋必、毋固是断意根的途径。所谓的毋必，就是指意根不再恒审思量（意根的特性即是恒审思量，处处作主，有覆无记），所谓的毋固就是意根不要再执阿赖耶以为我，做到了以上这点，就能真正达到无我、断我见的结果与境界（毋我）。

　　五无之论，其实是章太炎的理想国，只不过这一理想国与近世所有理想国的形态具有极大的不同。其立论之基础，并非人性论上的乐观主义，也并非基于现代目的论而对至善的信仰，相反，乃是基于对人性的幽暗意识与怀疑而做出的回应。在此一理想国中，万物一体，不齐而齐，甚至连人这一主体都不存在，在此意义上，章太炎的理想国，极具虚无主义之色彩。特别需要注意的是，我们并不能因为章太炎对乐观主义的解构以及他的无生主义的思想，就断言章太炎是一个极端悲观的思想家。③ 章太炎对政府、聚落、人类、众生以及世界的解构，确实展示了某种幽暗意识与对人性的高度怀疑，而且其个体独特的经历似乎也预示着他与悲观主义的某种姻缘，但就思想与现实两方面而言，此一论断，有待商榷。

　　就思想而言，对人性的高度怀疑以及幽暗意识与悲观主义没有直接的相关性，现代西方的自由民主制度，恰恰与幽暗意识以及人性论上的怀疑主义有着某种关联性。在此意义上章太炎对乐观主义的解构

---

　　① 章太炎：《章太炎讲国学》，凤凰出版社 2009 年版，第 156 页。

　　② 章太炎：《莂汉微言》，载虞云国标点整理《莂汉三言》，辽宁教育出版社 2000 年版，第 28 页。

　　③ Michael Gasster, *Chinese Intellectuals and the Revolution of 1911：The Birth of Modern Chinese Radicalism*, Seattle and London：University of Washington Press, 1969, p. 213.

是要求现代人正视自身的理性与智慧的局限性，因此此一乐观主义的解构，并非真正的逃避现实与彻底的虚无主义，而是含有十分积极的思想动因的。

就现实而言，1907 年前后，章太炎在日本也并非消极低沉之人，相反，他以极大的热情投身于复九世之仇以及抵制帝国主义侵略的政治事业之中。甚至在 1907 年，章太炎还与张继、刘师培、苏曼殊等人一起在日本发起"亚洲和亲会"。由其执笔的约章痛斥帝国主义的侵略，主张亚洲已失去主权之民族，应"互相扶助，使各得独立自由为旨"。[1] 如果联系此一主旨，再结合章太炎在《五无论》中对俄、法等国侵略亚洲的强烈批判，我们可以隐约窥视到，章太炎的无生主义主张，其本身是对西方列强以普遍主义之名（自由平等）行特殊主义之实的一种对话（以齐物真如的大同理想对抗现代性的至善论与乌托邦）以及对抗（学理上的解构，事实层面的批判与揭露）。在此意义上看，章太炎的无生主义，虽有某种虚无主义的色调，但总体的基调仍是批判性的、对话性的、反思性的，而并非彻底的绝望与悲观主义的厌世。

---

[1]　汤志钧编：《章太炎年谱长编》（上册），中华书局 1977 年版，第 243 页。

第六章 《齐物论释》与现代性解构的旨趣

　　章太炎对成书于 1910 年的《齐物论释》,自视甚高,认为该书"可谓一字千金"[①]"千六百年来未有等匹"[②]。梁启超也说,"章太炎的《齐物论释》,是他生平极用心的著作,专引佛家法相宗学说比附庄子,可谓石破天惊"[③]。此后梁启超又在《清代学术概论》中论道:"炳麟用佛学解老庄,极有理致,所著《齐物论释》,虽间有牵合处,然确能为研究庄子哲学者开一新国土。"[④] 胡适对此书同样给予了较高的评价,认为该书与章太炎的《原名》《明见》等篇皆是"精到""空前的著作"[⑤]。乌目山僧(黄宗仰)甚至预言该书将会起到"为两千年来儒墨九流破封执之局,引未来之的"的效果。[⑥]

---

　　① 章太炎:《自述学术次第》,载张勇编《章太炎学术文化随笔》,中国青年出版社 1999 年版,第 322 页。

　　② 章太炎:《与龚未生书》,载汤志钧编《章太炎政论选集》(上册),中华书局 1977 年版,第 702 页。《齐物论释》成书于 1910 年,故推算 1600 年之前当为公元 310 年左右。他在《自述学术次第》中有言:"少虽好周秦诸子,于老庄未得统要,最后终日读齐物论,知多与非相涉,而郭象、成玄英诸家,悉含胡虚冗之言也。"(章太炎:《自述学术次第》,载张勇编《章太炎学术文化随笔》,中国青年出版社 1999 年版,第 323 页)而郭象生于 252 年,卒于 312 年。由此推知,章太炎自认魏晋以下解庄之作,皆不与其匹敌。此一推论也可见《齐物论释》自序。其言曰:"《齐物》文旨,华妙难知,魏晋以下,解者亦众,既少综核之用,乃多似象之辞。"(章太炎:《齐物论释》序,《章太炎全集》(六),上海人民出版社 1986 年版,第 3 页)

　　③ 梁启超:《中国近三百年学术史》,天津古籍出版社 2003 年版,第 263 页。

　　④ 梁启超:《清代学术概论》,上海古籍出版社 1998 年版,第 95 页。

　　⑤ 胡适:《中国哲学史大纲》,上海古籍出版社 1997 年版,第 21 页。

　　⑥ 乌目山僧:《齐物论释》后序,《章太炎全集》(六),上海人民出版社 1986 年版,第 58 页。

梁启超曾说，章太炎会把"考证学引到新方向"①。在章太炎诸多著述中，《齐物论释》大概最适合此一判语。从实际的写作方式、写作内容及其解释逻辑来看，该书是近世思想与学术史上的"石破天惊"之作，其以佛解庄，以庄证佛，析理名相，融贯中西，寓道、佛、儒以及西方的逻辑学、语言学、宗教学以及哲学等为一体，偏见之中，不无深邃；义理之中，常怀功利；学术之中，不忘经世；冷峻之中，不乏热情。诸种面向，殊途而同归：既要反思西方现代文明之合理性，重建中国社会之秩序；又要在此基础上建构一真正平等之世界。在此意义上，《齐物论释》表达的是一种对人类的终极关怀，其意义不谓不深远。

一 《齐物论释》与以佛解庄的传统

《齐物论释》顾名思义，即对《庄子·内篇》的《齐物论》进行诠释，这本身就是庄子学研究的常用方法，也是中国古代学术研究的重要传统。其诠释之形式，或曰发微，或曰学案，或曰章义，或曰补正，或曰篆笺，或曰集注，凡此种种，不一而足。其诠释之理路，不外乎两种，一是传统考据学的理路，凡字、词、义，皆在所考所证之列，并参验百家，以求获取真知，推陈出新。二是类似今文经的理路，虽也考证辞章，但其旨并非求真，而在阐发微言大义，托庄生之口，行自己之志。至于诠释之依据与工具，则历朝历代皆有不同，古文经学家与今文经学家亦差别很大，但皆以传统经史以及历朝各家已有诠释为主。

就本章所言，以佛解庄，以庄证佛，目前可考的时间始于魏晋时期。其时惠远法师、僧肇法师在讲授佛经中引庄子之义理诠释佛经。此后历朝历代皆有学者从事此方面的工作。唐成玄英在《庄子注疏》中对《齐物论》篇语句"恶乎然？然于然，恶乎不然？不然于不然"以及《达生》篇语句"事奚足弃而生奚足遗？弃事则形不劳，遗生则精不亏"所作的疏已经有引"空"入"道"之势：

---

① 梁启超：《中国近三百年学术史》，天津古籍出版社2003年版，第34页。

心境两空，物我双幻，于何而有然法，遂执为然？于何不然为不然也。①

人世虚无，何足捐弃？生涯空幻，何足遗忘？故弃世事则形逸而不劳，遗生涯则神凝而不损也。②

宋林希逸《庄子口义》更是以佛解庄的代表之作。林希逸在《庄子口义》中大量运用佛理与庄子进行互证，而且已经初步体现出三教合一的倾向，开后世诠释庄子之先河。如在诠释《齐物论》篇"古之人，其知有所至矣"到"且果无成与亏乎？"这一段时，其言曰：

且如一念未起，便是未始有物之时。此念既起，便是有物。因此念而后有物我，便是有封。③

又如他以禅宗"不立文字，直指人心"诠释庄子之"无言"，并谓庄子濠梁之辩正合忠国师与僧灵觉二人关于"无情说法""无心成佛"的对话。

有明一代，以佛解庄之代表，当属陆西星与释德清两人。陆西星解庄，崇佛老不崇儒学，其言曰：

震旦之有《南华》，竺西之《贝典》也。《贝典》专讲实相，而此则兼之命宗。盖妙窍同玄，实大乘之秘旨。学二氏者，乌可以不读《南华》？④

释德清承陆西星之意蕴，并明确提出儒、释、道皆可互补互证，其言曰：

① 成玄英：《庄子注疏》，中华书局2011年版，第38页。
② 同上书，第342页。
③ 林希逸：《庄子鬳斋口义校注》，周启成校注，中华书局1997年版，第28页。
④ 陆西星：《南华真经副墨》，上海古籍出版社1989年版，第574页。

学佛而不通百氏，不但不知世法，而亦不知佛法；解庄而谓尽佛经，不但不知佛意，而亦不知庄意。此其所以难明也。故曰"自细视大者不尽，自大视细者不明。"余尝以三事自勖曰："不知春秋，不能涉世；不知老庄，不能忘世；不参禅，不能出世。"知此，可与言学矣。①

及至清季，在章太炎之前，杨文会也以佛学义理对庄子进行过诠释。其典型之作是《南华经发隐》，该著择《庄子》中的十二章相关内容进行引申发挥，每部分内容自成一体，简约而不失深邃。其在"序"中交代作此发隐之初衷曰：

太史公言庄周作《渔父》《盗跖》《胠箧》，以诋訾孔子之徒，以明老子之术。岂知《渔父》《盗跖》皆他人依托，大违庄子本意……至唐初尊之为《南华经》，而作注解者渐多。唯明之陆西星、憨山清二家，以佛理释之。憨山仅释内篇，西星则解全部。今阅二书，犹有发挥未尽之意。因以己意释十二章，为古今著述迥不相同。②

据此可知，杨文会作此发隐，一是拨乱反正，阐发庄子之本意；二是承以佛解庄之传统，推陈出新。如《庄子·庚桑楚》语云：

出无本，入无窍。有实而无乎处，有长而无乎本剽，有所出而无窍者，有实。有实而无乎处者，宇也。有长而无本剽者，宙也。有乎生，有乎死，有乎出，有乎入，入出而无见其形，是谓天门。天门者无有也，万物出乎无有，有不能以有为有，必出乎无有，而无有一无有。圣人藏乎是。③

---

① 释德清：《道德经解》，黄曙晖点校，华东师范大学出版社2009年版，第6—7页。
② 杨文会：《南华经发隐》，载周继旨校点《杨仁山全集》，黄山书社2000年版，第297页。
③ 同上书，第311—312页。

杨文会在《天门·庚桑楚》中认为，此处"万物出乎无有"当作"从真空，现妙有"解释，"而无有一无有"即是佛法中的"重空""空空""大空""究竟空""第一义空"，故：

> 此章语语超越常情，显示空如来藏也。世出世法，皆以真空为本，强名为天门。天者，空无所有也。门者，万物所由出也。既以有无二端互相显发，而仍结归甚深空义，恰合般若旨趣。①

由是观之，魏晋以下，以庄证佛，以佛解庄，本是源远流长之学术传统，且从学术趋势上看，宋以后已经出现儒、释、道互证，三教合一之征兆。故章太炎做《齐物论释》，乃是继承先贤。但在晚清大时代背景之下，相对前人，《齐物论释》又有超越，一是阐释义理之论据，不再囿于传统诸子百家，而是大量吸收西学，并互证互用；二是其所阐发义理之主旨，大有从学理上反抗外敌入侵中华之意蕴，详见下文。

《齐物论释》共有初写本和定本即《齐物论释定本》两个版本，后者对前者虽有删革增补，但两者内容远非《訄书》初刻本与重订本之悬殊。据王仲荦先生考证，1910 年之前初写本已经完成②，并于 1910 年发表在《国粹学报》上。至于定本，王仲荦先生认为改稿时间大概在 1911 年之后③。1912 年频伽精舍刊印《齐物论释定本》单行本。但根据 1912 年 1 月 18 日章太炎写给吴承仕的信中所述，定本在此之前至少已经完成初稿，只不过因后来阅读而有新知，故"尚有未尽义"，仍需增补而已，此信谈道：

> 《齐物论释》第五章尚有未尽义，昨日读《法苑·义林章》

---

① 杨文会：《南华经发隐》，载周继旨校点《杨仁山全集》，黄山书社 2000 年版，第 311—312 页。

② 王仲荦：《齐物论释定本校点后记》，《章太炎全集》（六），上海人民出版社 1986 年版，第 122 页。

③ 同上书，第 121 页。

乃悟《人世间》篇'耳目内通，虚室生白'之说，即内典所谓三轮清净神变教诫世人。但以禅那三昧视之，虽因果相依，究与教诫卫君何以耶？思得此义，甚自快耶。足下可携《齐物论释》改定本来，当为补入。①

无论是初写本，还是定本，后都收入浙江图书馆所刻的《章氏丛书》。

从结构上看，初写本前有作者"序"交代作此书的背景，正文分八个部分，分别为开篇"释篇题"以及中间七章，书后附黄宗仰"后序"。从体例上看，虽然其形式依旧是传统的注疏，但内容却远非乾嘉考据学所能容纳，所阐释的义理亦非传统儒、释、道话语体系所能接收。特别要指出的是，《齐物论释》所引证之著述，亦远非前人释《庄子》所能比。除传统的经史之外，《齐物论释》在西学方面大量引用柏拉图、康德、黑格尔、斯宾塞尔、密尔、叔本华等人的著述为自己立论，涉及的佛学典籍则更多，凡《华严十地经论》《大乘起信论》《瑜伽师地论》《华严经》《大乘入愣伽经》《阿毗达摩大毗婆沙论》《摄大乘论》《地藏十轮经》《大般若涅槃经》《解深密经》《圆觉经》《华严经旨归》《华严一乘教义分齐章》《成唯识论》《十二门论》等，皆有所涉。足见其佛学知识功底扎实，视野开拓。

《齐物论释》定本与初写本相比，结构大体相同，但删除了初写本前作者的"序"以及书后黄宗仰所撰的"后序"。定本因对材料的增补与语言的考究，从而使得内容更加饱满，义理更为明确。如在初写本的"释篇题"中，章太炎释"齐物"曰：

　　《齐物》者，一往平等之谈。②

定本则增加了相关注疏，论证更为严密，释"齐物"曰：

---

① 章太炎：《与吴承仕》，载马勇编《章太炎书信集》，河北人民出版社 2003 年版，第 296 页。

② 章太炎：《齐物论释》，《章太炎全集》（六），上海人民出版社 1986 年版，第 4 页。

齐物者，（齐物属读，旧训皆同，王安石、吕惠卿始以物论属读。不悟是篇先说丧我，终明物化，泯绝彼此，排遣是非，非传为统一异论而作也。应从旧读。因物付物，所以为齐，故与许行齐物不同。）一往平等之谈。①

又如在第一章释《齐物论》中语句从"夫随其成心而师之"到"天地一指也，万物一马也"这一段时，初写本做如是解释：

今举三法大较应说第八藏识，本有世识、处识、相识、数识、因果识……第七意根本有我识，其他分支变复，悉由此六种子生。②

而定本，不仅在各识中增加了"作用识"，使得诠释更符合佛学常识，而且对后文也进行了相应的补充，从而更加容易让人信服。其言曰：

今举三法大较应说第八藏识，本有世识、处识、相识、数识、作用识、因果识……第七意根本有我识，其他有无是非，自共合散成坏等相，悉由此七种子支分观待而生。③

此外两者在一些细节上也有变化。初写本中《大乘起信论》所占比重极少，而在定本中，《大乘起信论》是重要的思想资源。对于庄子的"真宰"概念，初写本用"如来藏"进行解读，而定本则以"阿赖耶识"进行解读，这也说明他对唯识宗的理解和把握更加精准。凡此种种，不一而足。

---

① 章太炎：《齐物论释定本》，《章太炎全集》（六），上海人民出版社 1986 年版，第61 页。

② 章太炎：《齐物论释》，《章太炎全集》（六），上海人民出版社 1986 年版，第 14页。

③ 章太炎：《齐物论释定本》，《章太炎全集》（六），上海人民出版社 1986 年版，第73—74 页。

二 《齐物论释》中的新乌托邦

（一）《齐物论释》中的新乌托邦建构

《齐物论释》开篇有序曰：

> 其惟庄生，览圣知之祸，抗浮云之情，盖齐稷下先生三千余人，孟子、孙卿、慎到、尹文皆在，而庄生不过焉。以为隐居不可以利物，故托抱关之贱；南面不可以止盗，故辞楚相之禄；止足不可以无待，故泯死生之分；兼爱不可以宜众，故建自取之辩；常道不可以致远，故存造微之谈。维纲所寄，其唯《逍遥》、《齐物》二篇，则非世俗所云自在平等也。体非形器，故自在而无对；理绝名言，故平等而咸适。①

章太炎认为，庄生"托抱关之贱""辞楚相之禄""泯死生之分""建自取之辩""存造微之谈"，其境界超越先秦诸子，诸种言行，殊途而同归，既丧物我之分，泯绝彼此，达至"无待"，臻于化境，故庄子思想的"维纲所寄"，乃在《逍遥》与《齐物》二篇，前者述自由之微言；后者释平等之大义。由是观之，章太炎作此书，意在阐释一真正平等之世界，建构一全新的乌托邦。

何为真正的平等？在章太炎看来，真正的平等就是齐物，这是一种不可言说、不能言说、也无法言说（理绝名言）的状态。

> 《齐物》者，一往平等之谈，详其实义，非独等视有情，无所优劣，盖离言说相，离名字相，离心缘相，毕竟平等。②

"离言说相，离名字相，离心缘相，毕竟平等"四语，本是唯识学《大乘起信论》中的语言。《大乘起信论》认为，世间诸法，"唯

---

① 章太炎：《齐物论释》，《章太炎全集》（六），上海人民出版社 1986 年版，第 3 页。
② 同上书，第 4 页。

依妄念而有差别，若离心念，则无一切境界之相"①。换而言之，我们日常使用的语言，我们书写的文字，以及我们的内心所思所想，皆是佛学说的"相"，是妄念，只有远离（不再执着追求）言说（语言）、名字（文字）、心缘（心理思维，意根之动），认识到这些都是"心之所动"，才能达到一种真正的平等境界，达到真如之境。

那么，庄子在《齐物论》中是怎样阐释并达到这种平等的呢？章太炎认为，《齐物论》达到这种平等之境的途径是通过破（破除我见、我执等）的方式达到丧（我），最后达到真（如）与齐物的境界。这其中最关键的步骤是"破"，因为只有破除文野、是非、善恶、彼此、生死诸见（我执、法执），才能认识到我为幻有，故丧小我，最后发现小我背后的大我与真我。

《齐物论》开篇是南郭子綦与颜成子游二人之间的对话，通过阐释人籁、地籁、天籁的方式来点出"丧我"之旨。章太炎认为，这其实是全书的主旨，在这里庄子已经阐述了"破""丧"与"真"。他说：

> 地籁中风喻不觉念动，万窍怒号，各不相似，喻相名分别各异，乃至游尘野马，各有殊形腾跃而起。天籁中吹万者，喻藏识，万喻藏识中一切种子，晚世或名原形观念。非独笼罩名言，亦是相之本质，故曰吹万不同。使其自己者，谓依止藏识，乃有意根自执藏识而我之也。②

就破而言，世间诸相、名、分别，皆是因为心之所动的不同，故曰："人心所起，无过相名分别三事。"又说："万窍怒号，各不相似"。③ 各人乃至动物、无生物都有自己眼中的相、名与分别，因此成就了世界的多样性。但从实质上看，诸种相、名、分别并非实有，而是因为第七末那识自执藏识为我的产物，因此，皆是幻有。

就丧而言，因为我并非实有，我与世间万物没有什么差别，"若

---

① 真谛译：《大乘起信论校释》，高振农校释，中华书局 1992 年版，第 17 页。
② 章太炎：《齐物论释定本》，《章太炎全集》（六），上海人民出版社 1986 年版，第 65 页。
③ 章太炎：《齐物论释》，《章太炎全集》（六），上海人民出版社 1986 年版，第 8 页。

依圆成实性，唯是一如来藏，一向无有，人与万物何形隔器殊之有乎"①。所以，此我可丧。但所丧的是幻我，丧我的目的是为了发现真我。因此，丧我的过程也就是真我实现的过程。故曰："幻我本无而可丧，真我常遍而自存。"②

无论是"破"还是"丧"，"洗涤名相"皆为重要要义，即以"齐物"之"齐"言之，一旦人心思"齐"，既有此执此念，故已"不齐"，故庄子曰："不言则齐。"《齐物论》之主旨既明，则此后所述，皆重在论证此一平等的特征，并通过阐释这种独特的平等观念，建构一新型的世界秩序。

其一，这是一个破除了"有无之分"的平等世界。章太炎认为，庄子《齐物论》所谓的"天地与我并生，万物与我为一"之说，其意与"天地本无体，万物皆不生"相同，故有无、物我之分，乃人为之见，非本然状态。

> 末俗横计处识世识为实，谓天长地久者先我而生，形隔器殊者与我异分。今应问彼，即我形内为复有水火金铁不？若云无者，我身则无；若云有者，此非与天地并起邪？纵令形散寿断，是等还与天地并尽，势不先亡，故非独与天地并生，乃亦与天地并灭也。若计真心，即无天地，亦无人我，是天地与我俱不生尔。③

章太炎在此其实运用了逻辑学的方法。先从俗谛的角度看，如果时间空间是客观的，也即处识世识为实，那么构成人身体的各种物质将会与天地一起存在，并不会先于天地而生，也不会先于天地而灭，故天地与我并生。从真谛的角度看，一切有无，也即世间万物，皆由藏识中类似于康德先天范畴的七种原型观念即种子所建构，包括世识、处识、相识、数识、作用识、因果识、我识等，所以所谓的天地、人我等，皆不是实在客观之物，而是幻有，因此，既非实体，也

---

① 章太炎：《齐物论释定本》，《章太炎全集》（六），上海人民出版社1986年版，第96页。

② 同上书，第72页。

③ 同上书，第90页。

就没有自性，没有生命，故"天地与我俱不生尔"。不仅如此，天地万物，虽为幻有，但万法归心，心乃意根所动，而意根之源，本在阿赖耶识，因意根执取第八识阿赖耶识的见分或其种子为我，故曰："万物与我为一"，皆归因于种子识。此种解释，堪称逻辑严密、思路清晰、视野开拓、庄佛一体，实在是精彩绝伦。

其二，这是一个破除了"是非之别"的平等世界。庄子有言："天下一指也，万物一马也。"章太炎认为，庄生此举，意在破是非之别。盖大千世界之物，皆名、相、分别三者所生。但诸种名相，皆非物本身，物本身并不可言，也不能言。"夫言非吹也，言者有言，其所言者特未定也。果有言邪？其未尝有言邪？"① 从俗而言之，同样的事物，不同的地方可能会用不同的语言来称呼，语言本身是约定俗成的东西，如果一味地执着于自己为是，他人为非，则是非之心起，争斗之心生。由此引申，国家之间、地区之间、人与人之间，都不能恒执是非。任何"以异域非宗国，以宗国非异域"或者"以今非古""以古非今"之举，都是"颠倒之见"②。庄子所言："圣人无常心，以百姓心为心"即是此意。③ 从真的角度看，所有的是非，皆因"人心"而起。"是非所印，宙合不同，悉由人心顺达以成串习。"④"是云非云，不由天降，非自地作，此皆生于人心。"⑤ 人心因何而来？"人心者，有生之本，天地万物由此心造，所谓阿赖耶识，所谓依他起自性也。"因此，人心就是阿赖耶识，就是万物的种子识。在此需要注意的是，章太炎一直区分人心与道心，人心即是阿赖耶识，也就是种子识，而道心则是真正的本体，"道心者，无生，无有天地万物，所谓真如心，所谓圆成实自性也"⑥。实际上，人心是形而下的道心，或者说被熏染过的道心。

---

① 章太炎：《齐物论释定本》，《章太炎全集》（六），上海人民出版社 1986 年版，第72 页。

② 同上书，第75 页。

③ 同上书，第77 页。

④ 同上书，第75 页。

⑤ 同上书，第76 页。

⑥ 章太炎：《菿汉昌言》，载虞云国标点整理《菿汉三言》，辽宁教育出版社 2000 年版，第71 页。

其三，这是一个破除了名执（语言）之殊的平等世界。世间之人，皆求名究实，即用语言来表达实在，或者认为语言所言之物为真实存在。究其原因，是人们"执一切皆有自性"。求名究实的方法，不外乎三种，一是"说其义界"，即用他种语言来解释此种语言；二是"责其因缘"，即探索这两者为何可以互通；三是"寻其实质"，因为世人看来，无不能生有，因此必定有实质存在。但章太炎认为，凡此三者，都存在错误。

义界之说，其实是循环论证。它以界定"一"为例说：

> 如说一字，若就义界，当云二之半也，或云半之倍也。逮至说二字时，又当云一之倍，说半字时，又当云一分为二。①

最后的结果是不能舍字解字，也不能舍义解义。语言只能在自己的世界里不停地循环，而找不到真实的存在。因此庄子才说："恶乎然，然于然，恶乎不然，不然于不然。"也就是说，真正的那个实在，它永远在那里，但不可言说，不能言说，所有言说的东西，那是在循环而已（然于然，不然于不然）。

因缘之说，亦是假有。也就是说，用语言（名）来表达的事物之间的联系与因果关系也是假有，依旧不能逃脱"名"的世界，而无法到达"实"的领域。章太炎在此以细胞之动为例。细胞为何而动？因为万物皆动，细胞是万物中一分子，因此它动。但万物何故而动？因为它们含有动力。但动力为何而动？最后只能说它们自然动。因此，动的依据最后还是自己动。而没有任何原始的依据。这里依旧是用名证名，而无法由名证实。

至于"寻其实质"，也就是找根本原因，章太炎也认为最终将不可得。

> 近世亦立二说，若有方分，剖解不穷，本无至小之倪，何者

---

① 章太炎：《齐物论释定本》，《章太炎全集》（六），上海人民出版社1986年版，第80页。

为原，谁为最初之质。若无方分，此不可见闻臭尝触受，则非现量，此最遍性，则无比量。①

如果物质（方分）是质料性的，那么从逻辑上看，我们就无法发现这种质料的最小单位，因为任何实体性的存在物都可以进行无穷的分解，这样一来，就无法找到最原始的质料物；如果这种物质是非质料性的，那么，它就不可能有色、声、香、味等，人们也就没法用感觉器官去探究它们，也无法将它们演绎出来。

其四，这是一个破除了名实之见的平等世界。如果说以上的证明还仅仅是说明"名"的世界本身不能到实的领域的话（"能指"总是停留在"能指"的领域，而无法到达所指），那么，章太炎后文更进一步，认为从语言哲学的角度来看，名与它代表的现象（实）之间也缺乏必要的一致性。也就是说，所指与能指之间，总是无法进行完全的一致与覆盖。故庄子《齐物论》云："今且有言于此，不知其与是类乎，其与是不类乎，类与不类，相与为类，则与彼无以异矣。"

他认为，我们为"实"进行界定也即定"名"的时候，不外乎三种方法，一种是本名，二是引申名，三是究竟名。②

先说本名。本名也就是普通的实体名词，比如水、火等。以水为例，水之名（能指）与本身存在的水（所指）之间永远无法一致。最典型的反例是在现实中存在着"一所诠上有多能诠"的现象。在不同的文化与地域里面，可能用不同的名来表示水这个现象，比如在英语中用"water"表示水，在韩语里用"물"表示水，故俗世中客观存在的水（实），与我们语言世界中说出来的水（名）之间，永远存在着距离，甚至是处于不同的世界中。此一立论，亦能自圆其说。

次说引申名。引申名也就是本名派生出来的名词。"若本名与本义相称，引申名与现义即当相达。若引申名与现义相称，本名与本义便相达。"③ 实际的情况是，引申名与现义之间经常是没有任何联系

---

① 章太炎：《齐物论释定本》，《章太炎全集》（六），上海人民出版社1986年版，第81页。

② 同上书，第86页。

③ 同上书，第86—87页。

的。这说明引申名的意义是任意的，它可能与其所表达的事物之间没有任何相关性，因此引申名的名与实之间可能并不存在实质性的联系。比如"公主"这一词是引申名，其原义是"平分"，但现义却是"帝女"。引申名与现义之间"相距卓达"。此外诸如列侯、校尉等词，无不如此。这也从另一个方面证明了本名与现象之间并不一致。①

再说究竟名。究竟名即表达终极实在（终极因）的名词，比如"道""大极""实体"等。章太炎认为，选择这些究竟名来表示终极实在也是名不副实。以道为例，道的本义是路，但在究竟名中道是存在于万物中的东西，"云何可说为道"？同样，"实体"的本义指的是"有形质"的东西，但在究竟名中，表达的却是"非有质碍"。因此两者同样差距甚远。②

总之，在章太炎看来，名（语言）的产生是"依我执法执而起"，而实（相）的存在也是因为原型观念的缘故，因此，语言的名、相，所指与能指，皆非实在。"夫语言者，惟是博棋五木族旗之类，名实本不相依，执名为实，名家之封囿，淫名异实，狂人之复愚，殊途同归，两皆不可。"③章太炎这里阐释的是一个三重世界模型，分别为名的世界、实的世界以及佛的世界。名的世界是由语言表达的各种"名"所建构起来的一个主观性的逻辑世界，实的世界则是俗世中所谓的客观存在的自然世界，而佛的世界则认为，无论是名的世界还是实的世界，其实都是虚幻，都是人心建构的世界，只有真如世界才是客观实在。

其五，这是一个破除了文野之偏的平等世界。庄子《齐物论》篇有语云：

> 故昔者尧问于舜曰："我欲伐宗、脍、胥敖，南面而不释然，其故何也？"舜曰："夫三子者，犹存乎蓬艾之间。若不释然，何

---

① 章太炎：《齐物论释定本》，《章太炎全集》（六），上海人民出版社 1986 年版，第 86 页。
② 同上书，第 87 页。
③ 同上书，第 89 页。

哉？昔者十日并出，万物皆照，而况德之进乎日者乎！"①

章太炎认为，庄生此言，虽寥寥数语，但深合齐物之旨。章太炎在《释篇题》中对此注解道：

> 世法差违，俗有都野，野者自安其陋，都者得意于娴，两不相伤，乃为平等。小智自私横欲，以己之嫡，夺人之陋，杀人劫赇，行若封豨，而反崇饰徽音，辞有枝叶，斯所以设尧伐三子之问。下观晚世，如应斯言。使夫饕餮得以逞志者，非圣智尚文之辩，孰为之哉！②

章太炎在第三章中又说：

> 原夫《齐物》之用，将以内存寂照，外利有情，世情不齐，文野异尚，亦各安其贯利，无所慕往……然志存兼并者，外辞蚕食之名，而方寄言高义，若云使彼野人，获与文化，斯则文野不齐之见，为桀跖之嚆矢明矣。若斯论著之材，投畀有北，固将弗受，世无秦政，不能燔灭其书，斯仁者所以潸然流涕也。③

盖国本有大小，世情本不齐，况如人饮水，冷暖自知，故齐物之宗旨，乃"内存寂照，外利有情"。因此，国与国之间，地区与地区之间，应该"各安其贯利，无所慕往"。如果"志存兼并"，"外辞蚕食之名，而方寄存高义"，以文野之见进行讨伐，"云使彼野人，获与文化"，这种行为只不过桀跖之举而已。④ 章氏此言，实际上亦有所指。一是对其早期所推崇的进化论有所反思。若以进化论言之，文

---

① 章太炎：《齐物论释定本》，《章太炎全集》（六），上海人民出版社 1986 年版，第 99 页。

② 章太炎：《齐物论释》，《章太炎全集》（六），上海人民出版社 1986 年版，第 6—7 页。

③ 章太炎：《齐物论释定本》，《章太炎全集》（六），上海人民出版社 1986 年版，第 100 页。

④ 同上。

野有高下，崇智尚文也为竞争之手段，但今以《齐物论》观之，此皆不可取也。二是章氏作此著本在民初前后，当是时，列强之于中国，确实有以普遍主义借口行特殊主义目的之举，故其释《齐物论》之初衷，借学术以言政治也。

最终，《齐物论释》通过以佛证庄的方式，通过佛学真如哲学对庄子齐物哲学的支撑，为我们重构了一个美妙的新乌托邦，一个平等的新世界，一个彻底消灭了有无之分、是非之别、名执之殊、名实之见、文野之偏的世界。它具有前现代的思想资源。传统的诸子学，特别是庄子学，本土化的佛学与西学一起构成了它建构自己乌托邦的主要学术背景。它因现代性的兴起而重生。解构西方现代性的价值成了它的主要学术动机。但它却因现代性的强势而流露出后现代性的无奈。拒绝西方现代性的后果最终只能是近乎相对主义与虚无主义的自我解脱。

（二）《齐物论释》中的新乌托邦特征

自古至今，人类都怀有乌托邦的梦想，如果说古典时代的"乌托邦之事不只是无地点，而且无时间，无前途，概言之，乌托邦是不存在之事，因为它是不可能之事"的话①，那么，近代以来的人类最终使得乌托邦从彼岸世界僭越到了此岸世界。"进步即乌托邦的实现"，"今天的乌托邦有可能变为明天的现实"②。更重要的是，由于这种乌托邦是纳入到了现代世界体系之中的集体性想象，因此其影响与魅力就更为深远，最终俘获了近代中国几代知识分子。康有为藏《大同书》，秘而不宣。孙中山主张"民生主义就是社会主义，又名共产主义，即是大同主义"③。毛泽东在批判康有为没有找到一条大同的路的同时，也立志于为实现到达阶级的消灭和世界的大同而努力。④ 李大钊更是阐述了当时整个世界都在致力于通往乌托邦。

---

① ［美］萨托利：《民主新论》，冯克利、阎克文译，东方出版社1998年版，第69页。
② 同上。
③ 孙中山：《孙中山文粹》（下卷），广东人民出版社1996年版，第929页。
④ 参见《毛泽东选集》（四），人民出版社1991年版，第1471页。

现在世界进化的轨道，都是沿着一条线走，这条线就是达到世界大同的通衢，就是人类共同精神联贯的脉络。①

认为整个世界都在"沿着一条线走"，最终"达到世界大同"，这恰恰是近代人类各种不同模式的乌托邦背后隐藏的价值与理念共识，这些价值共识包括现代性的时间观念，乐观主义与理性主义的认识论，进步主义的历史观、目的论与决定论等。然而，《齐物论释》所建构的乌托邦是对近代以来的人类建构的所有乌托邦的否定。

首先，从终极理想来看，《齐物论释》所建构的乌托邦并非一元化的"世界大同"，相反，"不齐""异""差别""多元性"才是这一乌托邦的特色。追求一元化与统一只能是低俗的"鄙执"，而至善的境界是以"不齐"作为唯一应该允许的"齐"，故曰："齐其不齐，下士之鄙执；不齐而齐，上哲之玄谈。"② 换句话说，《齐物论释》将未来的乌托邦图景交给了每一个主体，不同的主体之间完全可能有不同的乌托邦想象，不存在进步与落后之分。非目的论、非决定论构成了此一乌托邦的特色之一。另外，虽然这一乌托邦也与近代各种乌托邦一样强调平等，但它却是一种特殊的平等，这种平等是对当时各种根源于西方现代性的平等观的超越，无论是资本主义的平等观，还是社会主义和无政府主义的平等观，因为在这种平等的世界体系中，彻底消灭了有无之分、是非之别、名执之殊、名实之见、文野之偏；在这个世界体系中，没有强权，没有争斗，没有功利，天地与我并生，万物与我为一。因此，这种平等是"最彻底、最圆满的，是平等的最高境界"。③

其次，从实现乌托邦的方式来看，《齐物论释》更是对近代以来的各种乌托邦背后隐藏的进步主义的历史观、乐观主义的认识论的釜

---

① 《李大钊文集》（下册），人民出版社 1984 年版，第 597 页。

② 章太炎：《齐物论释定本》，《章太炎全集》（六），上海人民出版社 1986 年版，第 61 页。

③ 李昱：《〈齐物论释〉与章太炎的"内圣外王"之道》，《南京大学学报》（哲学·人文科学·社会科学）2005 年第 6 期。

底抽薪。就进步主义的历史观而言，《齐物论释》对"有无""是非""文野"等观念的解构本身就是对进步理念解构的一种方法，因为所有这些看似客观的理念（ideas），从本质上讲都是主观的意见（opinions），是人心的建构，普遍主义的话语背后隐藏的是特殊主义的心态与目的。即以文野为例，如前所述，在章太炎那里，大国对小国进行的"志存兼并"，恰恰就是在进步理念（文胜于野）的引导之下进行的，但这些行为实际上是"外辞蚕食之名，而方寄存高义"。同样，乐观主义在《齐物论释》那里也找不到价值出路。这本身已由庄子的《齐物论》以及章太炎诠释《齐物论》所用的主要理论资源——佛学唯识宗所限定。就前者而言，齐物之齐，意味着所有主观性的价值与客观性的生活方式之间并不能简单地进行优劣上的比较，主体之间的感受与认知能力不同，从而对客体的感受与评价也不一样，故而乐观主义者所想象的未来世界图景在庄子那里可能是悲观的文明退化史。就后者即佛学唯识宗而言，既然我慢心是根植于主体本身的，那么，在人间建立天国就是永不可能之事，人性之恶（审恶）与人同在，因此，只要有人，就必定有争斗，有原罪。所有的制度、规则与法律，都只能消除人为的恶（伪恶），而不可能使人变得完美。因此，从终极目标来看，乌托邦并非不可实现，但悖论是，乌托邦的实现方式在章太炎那里是一种近乎虚无主义的自我解脱，"以我慢还灭我慢"。换句话说，只有当人本身发现世界不过虚幻一场的时候，真正的大同才能到来，但从俗世的眼光来看，这样的乌托邦，其价值何在？

三 《齐物论释》与现代性解构的关系

（一）《齐物论释》与现代性解构之旨趣

章太炎对《齐物论》所释之结果，确实真正达到了"不齐而齐"之境。按照章太炎的自察，梁启超、胡适等人的褒扬，该书应该在后世思想与学术史上留下浓重的笔墨。但从实际效果上看，章太炎的《齐物论释》，在此后的学术史与思想史上都未掀起惊涛骇浪，更不必说有乌目山僧所预言的"为两千年来儒墨九流破封执之局，引未来之的"的效果。^① 此一悖论，值得深思。

从语言的角度来看，诠释的本意在于使读者能够更清晰地理解经典。然庄子之《齐物论》，本已难懂，而章太炎行文之晦涩，世所共知，以钩深索隐之言，解谈玄说妙之理，在此情况下，读者至多"可以通过《齐物论释》解读章太炎的思想，但很难借助它去理解《齐物论》的意义"。^② 故其影响之有限，亦合乎情理。然章太炎此书的写作背景与写作宗旨，或许更能解释这种预期与现实之间的巨大反差。顺此一思路，我们可以窥视章太炎现代性批判之旨趣。

从时间上看，章太炎宣扬佛学的主要著述皆写作于1906年到1910年这四年间。^③ 从经历上看，此时的章太炎身居日本，虽然也讲学著述，但他最重要的工作还是主持《民报》（《民报》于1908年10月被封），从事复九世之仇以及反抗帝国主义的事业。

1906年章太炎刚到日本时，发表了著名的《东京留学生欢迎会演说辞》，其中谈到，革命的事业"有两件事是最重要的：第一，是用宗教发起信心，增进国民的道德；第二，是用国粹激动种性，增进爱国的热肠"^④。

章太炎这里所说的宗教就是佛教。当时的章太炎一再强调，佛法尤其是唯识宗可以应用于社会，因为佛法所说，"要在普度众生，头目脑髓，都可施舍与人，在道德上最为有益"^⑤。直到1908年针对一些人认为他要把《民报》办成《佛报》的批评，他还在《答梦庵》中认为，只有佛教才可以"以勇猛无畏治怯懦心，以头陀净行治浮华

---

① 乌目山僧：《齐物论释》后序，《章太炎全集》（六），上海人民出版社1986年版，第58页。

② 陈少明：《排遣名相之后——章太炎〈齐物论释〉研究》，《哲学研究》2003年第5期。

③ 1906年：《俱分进化论》《革命之道德》《建立宗教论》；1907年：《国家论》《答铁铮》《五无论》；1908年：《四惑论》《驳神我宪政说》《答梦庵》；1909年：《原名》；1910年：《齐物论释》。

④ 章太炎：《东京留学生欢迎会演说辞》，载汤志钧编《章太炎政论选集》（上册），中华书局1977年版，第272页。

⑤ 同上书，第274页。

心，以惟我独尊治猥贱心，以力戒诳语治诈伪心"①，而其他宗教伦理，至多能得此一二。实际上，章太炎解构西方现代性的主要理论资源就是佛法中的唯识宗。而章太炎在1913年的《自述学术次第》中又言：

> 余既解齐物，于老氏亦能推明。佛法虽高，不应用于政治社会，此则惟待老庄也。儒家比之，邈焉不相逮矣。②

此后，章太炎又在写作于1916年的《菿汉微言》中谈道：

> 《齐物》一篇，内以疏观万物，持阅众甫，破名相之封执，等酸咸于一味；外以治国保民，不立中德，论有正负，无异门之衅，人无愚智，尽一曲之用，所谓衣养万物，而不为主者也。远西工宰，亦粗明其一，指彼是之论，异同之党，正乏为用，攖宁而相成，云行雨施而天下平。故《齐物论》者，内外之鸿宝也。③
> 余则操齐物以解纷，明天倪以为量，割制大理，莫不孙顺。④

"佛法虽高，不应用于政治社会，此则惟待老庄也"以及"治国保民""操齐物以解纷"等言，虽寥寥数语，恰恰是对章太炎1906年到1910年所从事的所有工作的最好注解。它蕴含的信息是，章太炎在这期间进行的所有工作，包括解构西方现代性价值理念、真如哲学体系之建构以及最后所著之"一往平等之谈"的《齐物论释》，都并非纯粹的学术研究，而是具有十分明显的功利性目的，学术之中，

---

① 章太炎：《答梦庵》，载汤志钧编《章太炎政论选集》（上册），中华书局1977年版，第395页。
② 章太炎：《自述学术次第》，载张勇编《章太炎学术文化随笔》，中国青年出版社1999年版，第323页。
③ 章太炎：《菿汉微言》，载虞云国标点整理《菿汉三言》，辽宁教育出版社2000年版，第23页。
④ 章太炎：《菿汉微言（选录）》，载张勇编《章太炎学术文化随笔》，中国青年出版社1999年版，第361页。

意涵经国，求"真"之下，隐藏"功利"。一言以蔽之：既要复九世之仇，维系种性，又要从学理层面上否定帝国主义的合法性。因此，解构西方现代性、建构真如哲学体系以及重构自由平等之《齐物论释》，三者之间具有实质性的联系。

佛法中的真如哲学体系构成了章太炎解构西方现代性的主要理论资源，也构成了章太炎观察当时中国与世界的一种独特的学术视角，从而最终使得他能够跳出某种思维的陷阱，以一种超然性的眼光发现国人甚至整个西方世界中潜意识与元思维方面存在的问题。通过真如哲学的审视，章太炎最终发现，现代中国人认为的不证自明的公理，现代性体系之下诸如进化、自然、唯物、进步、主体性、目的论与决定论等，都并非真正具有先验的合法性与合理性，它们并非普遍主义的产物，而是人心的建构，是特殊主义的产物。现代性体系之下这些所谓的必然性，最终给主体带来的不是自由，而是奴役；不是平等，而是放纵；不是民主，而是专制；不是博爱，而是孤独；不是公理，而是强权。起源于西方的现代性，在章太炎的笔下成了笼罩在中国，乃至整个世界的阴影。帝国主义不仅仅是武力上的，更是意识形态上的。强势的现代性语言体系为国人制造了一个想象中的合理性世界。在这个世界上，中国已经落后于西方。他们需要从事的，是从理智上拥抱西方，从感情上拒绝传统。所有这一切，只有反思自我，灵魂深处爆发革命，才能凤凰涅槃，浴火重生。

对西方现代性的解构是毁灭现代性的至善论想象与乌托邦梦想，因此章太炎所从事的工作是"破"，是毁灭。但毁灭了一个旧世界，是为了重构一个美妙的新世界。这恰恰是《齐物论释》之主旨。通过真如哲学对齐物哲学的支撑，章太炎最终相信，真正的公理、自由与平等只能存在于一个"不齐而齐"的世界中。这是章太炎的乌托邦，一个反抗西方现代性，并试图与之进行对话、一争高下的乌托邦。它具有前现代的思想资源，因现代性的兴起而重生，却又因现代性的强势而流露出后现代性的虚无与无奈。

论者常以章太炎自述而执着于对章太炎的思想进行真俗的分期划分，但在笔者看来，这种划分只有有限的意义。自从谢本师，出走诂经精舍以后，章太炎一生都纠缠在这两者之间而未能泾渭分明。即使是晚年所从事的国学整理与研究，也与他认为文化传承是救国保种最后之依托的历史主义认识紧密相连。① 更何况 20 世纪头十年章太炎所从事的真如哲学与《齐物论释》研究。换句话说，章太炎的佛学与哲学研究，与纯粹的学术研究之间存在着巨大的鸿沟，它是一种从本体论与认识论的高度进行的政治哲学尝试，是一种原典形态的政治哲学建构，其中透露着深切的忧患意识、救亡意识与解放意识，表达的是一种对于中国甚至整个西方以及人类命运的终极性关怀。如果处于一个和平的年代，这种高屋建瓴的宏大对话可能会以其细致性、延续性与体系性而成为一种博大精深的理论体系。但在一个动荡与危机的年代，外部形态的不断干扰恰恰会使得这种体系的建构因其功利性、急切性、浮躁性而支离破碎、粗糙不堪、漏洞百出，最终使得这种理论的说服力与影响力很难超越那个时代本身。

（二）现代性解构、真如哲学与齐物哲学的困境

从思想的角度看，章太炎解构西方现代性、建构真如哲学体系以及阐述齐物眇义，都深富洞见与智慧，其以独特的视角发现了同时代绝大多数知识分子都没有发现的问题，在当时几乎无人能出其右。李泽厚先生曾言："中国近代资产阶级革命时期，真正具有哲学上的思辨兴趣和独创性，企图综合古今中外铸冶严格意义上的哲学体系的，只有谭嗣同和章太炎两人。"② 诚哉斯言。然而，从学术的角度来看，章太炎在上述三方面的努力皆难言完美。

就解构西方现代性而言，本来，章太炎对现代西方诸如集团、社会、国家等所有人为组织的解构是为了将现代主体从各种束缚中解放出来，具有拯救主体的意图。从形而下的角度来看，他意味着国人不要执迷于晚清的国家、政府以及所有社会组织加之于自身的约束，应

---

① "经学不废，国性不忘，万一不幸，蹈宋明之覆辙，而民心未死，终有祀夏配天之一日。""如我学人，废经不习，忘民族之大闲，则必沦胥以尽，终为奴虏而已矣。"章太炎：《论读经有利而无弊》，载马勇编《章太炎讲演集》，河北人民出版社 2004 年版，第 211 页。

② 李泽厚：《章太炎剖析》，《中国思想史论》（中），安徽文艺出版社 1999 年版，第 747 页。

该以一种彻底的解放与自由来从事革命的事业。从这一点来看，章太炎在解构西方现代性特别是现代各种结社组织的同时，又在另一方面拯救现代性的主体本身，但这只是问题的一个方面。更重要的是，章太炎在拯救主体的同时，又因为其理论体系自圆其说的需要而最后不得不把主体也给抛弃了。因为这是一个不承认任何高于自己的规则与制度的主体，是一个视世间所有现存之物都是幻有的主体，最终，是一个泯灭了物我、是非、善恶、文野，洗涤了道德、信仰、秩序、知识、理性的非人类中心主义式的后现代性主体。它在彻底解放主体、给予主体绝对自主性的同时，又使得主体没有了任何立足的根基，成了漂浮之物。主体的自由、平等，只有在主体忘记自己的存在，无所谓"主"的时候，才能成为真正的自由、平等。

同样，章太炎解构现代性之决定论与目的论，基于人性审恶的存在而否定建立此岸乌托邦的可能性，一方面具有拯救主体的意图，这是因为，决定论与目的论因具有某种宿命论的色彩而置主体于非常尴尬的地位。但另一方面，决定论与目的论的毁灭又会使得主体可能丧失道德实践与进取的勇气。既然所有的实践，所有的努力，所有的理想，都注定改变不了人类的恶本身，那么，人类也就注定只能生活在一个丑陋、自私、好斗、好胜的世界之中。主体最终可能在没有拼搏之前就因为理想的破灭而彻底放弃这个世界。章太炎曾在 1899 年撰文，认为"一人际遇，非能自主""一人之命有定限"，但"合群图事，则成败视其所措"。① 几年以后，他用自己亲手制造的理论体系告诉世人，无论群体如何图事，世界总会有残缺存在，因为所有的群体最终都可以还原成单个的个体，而个体身上的审恶犹如基督教的原罪，是与生俱来、洗之不去的，既然如此，个体所组成的世界，就永远不可能至善。

章太炎解构公理、唯物、进步、自然，将现代所有人认为的客观性还原成人心的建构与主观性，最终使现代性的解放神话成了用谎言编织起来的支离破碎的世界图景想象。这种解构乃是对由整个西方文

① 章太炎：《儒术真论》，载张勇编《章太炎学术文化随笔》，中国青年出版社 1999年版，第 209 页。

明主导的世界秩序的釜底抽薪，是对帝国主义秩序的合理性与合法性给予的本体论与认识论上的批判，甚至是对人类何去何从的一次自我反思。但问题的另一面是，既然所有这些公理的合理性与合法性都值得怀疑，那么立基于这些公理之上的自由、民主、共和、宪政甚至现代民族国家就成了没有元基础的假象。一句话，进步的理念一旦破灭，现代性的价值体系就成了无源之水，无本之木。面对帝国主义的现实征服，理论的武器永远是灰色的，即便西方的现代性是一个错误，但现实的问题是，这一错误还将继续，现代中国在西方现代性面前，究竟何去何从？

章太炎的真如哲学体系以"依自不依他"的原则确立了主体在世界中的绝对地位。此一主体，却并非世俗的主体，而是看破了所有俗谛之后发现了真如也即成道、成佛的真正主体。但问题是，这一真如是遍在性的，也即存在于每个世俗之人的心中，因而是"多"，还是唯一性的，也即只有"一"个真如？从章太炎的语言描述上看，他似乎一直徘徊在这两者之间不能抉择。就佛法唯识宗而言，真如是世界的本体，真如产生阿赖耶识，而阿赖耶识通过其余七识产生万有，也就是说，万有（形、器）中并不存在体，体非形器即是此义。在此真如哲学表达的是一种一元主义主张。这一看法在章太炎关于无生主义的论述中也可以得到印证。章太炎认为，达到无生主义真如世界的方式是"我慢还灭我慢"，也就是俗世之我通过长时期的斗争最终发现此我乃幻我，于是寻找真我，也即真如。这意味着，每一个主体都像一条路，但所有的路最后都会通向真如。在此意义上，章太炎认为俗世世界中的我其实是孤独的，是没有办法与人沟通的，他们只能自己寻求出路（获得真如）。可是当章太炎以真如哲学去诠释庄子之《齐物论》时，他似乎又走向了多元主义的真如哲学立场，这就暴露了章太炎的真如哲学与他所注解的《齐物论释》之间，存在着明显的断裂性与普遍的紧张性。如前所述，章太炎笔下的齐物世界，最终消除了物我、彼此、是非、名相、文野等诸种差异。但就实质而言，齐物世界并非将这些差别铲平，而是要对所有这些差别一视同仁，也就是以平等的姿态对待差别，齐物之世界是一个多元主义的世界[①]，一个宽容的世界，一个尊重"意见的歧异性、立场的多元性"，从而导致"政治上的多元主义"的世界。[②] 实际上，《齐物论释》的这一世界，本身已经由庄子所界定，庄子的"道"与章太炎的"真如"之间存在着巨大的鸿沟。"道"创造世界的方式是"道术将为天下裂"，也即"一道"分裂成无数个"道"，最终，世间万有皆有道，"道在屎溺"即是此义。在此意义上的任何一个主体其内心深处都有"道"，主体之间因"道"的遍在性而可以沟通、对话；而不像真如哲学中的主体那样，彼此之间是孤独的、寂寞的。更重要的是，真如哲学因审恶的存在而使得世间的主体永远不可能在此岸建立乌托邦，而齐物世界并没有这样的假设，齐物世界只是告诉人们，主体因为心智的障碍而使得本心被蒙蔽，但"道"的遍在性至少从理论上意味着"人皆可以成尧舜"，至善论并非不可想象。最终，齐物世界是一个多元主义的、宽容的、主体之间可以对话的并且因道的遍在性而可以建构此岸乌托邦的自然世界。而无生主义世界与真如世界因将现实中的多元性与丰富性由一个超越的视点（真如本体）进行了统摄，最终成了一个一元主义的世界，在通往这个一元主义的世界中，主体是孤独的、寂寞的，他们之间不可对话，也无法沟通。

行文至此，对于章太炎的《齐物论释》，我们可以从一个更高的角度进行分析。《齐物论释》本身是章太炎三部曲即解构西方现代性、建构真如哲学体系以及诠释庄子之《齐物论》中的最后一个环节。根据章太炎对这本书的自察，我们可以推断该书在章太炎的著作生涯中具有十分独特的地位。它既是章太炎此前几十年学术积累的一次全面升华与总结，也是章太炎思想发展轨迹的巅峰之作。该书融贯中西，寓道、佛、儒以及西方的逻辑学、语言学、宗教学以及哲学等为一体，其知识之丰富，视野之广阔，思维之活跃，视角之独特，皆为近代著述之少见。故日本学者高田淳认为，《齐物论释》是章太炎

---

① 汪荣祖：《康章合论》，中华书局 2008 年版，第 57、111、122 页。
② 汪晖：《现代中国思想的兴起》（下卷），生活·读书·新知三联书店 2008 年版，第 1099 页。

哲学思想形成过程之总结。联系章太炎一生之著述，《齐物论释》以后，章太炎基本远离"形而上之道"，而是回归到国学尤其是儒学本身，从事整理国故的研究。但章太炎此后远离形而上之道，并不意味着其哲学立场的改变。然而，章太炎的这部巅峰之作，终究没有在近世思想与学术史上留下浓重的笔墨。究其原因，除了前文所述的语言风格之外，恐怕与该书的写作太过于功利有着深刻的姻缘性。

就思想价值而言，该书本是章太炎解构西方现代性之三部曲最后的著述。通过真如哲学对齐物哲学的佐证，西方的现代性在学理层面上被解构了，但与此同时，西方现代性的持续入侵是一个事实。问题在于，学术上的正确永远取代不了政治上的强权，面对着西方军事与意识形态上的征服，章太炎的齐物哲学与真如哲学都只能采取非常无奈的方式进行温和的对话与对抗，他无法给具有空前危机感的中国精英阶层提供任何实质性的对策。当帝国主义用拳头对付你的时候，你却拿出了书，这不是当时的中国人最需要的。更何况，对现代性的价值体系给予的彻底解构也从本质上解构了中国人的方向感，它意味着所有匡时救国的努力，不过是黄粱一梦而已，"现实已被否定，理想则无着落"①。而这对于现代中国的革命与民族国家的建构，乃是致命的打击。

就学术价值而言，由于此书的写作背景，故而该书的论证方式就显得过于牵强，并不具有通常的学术精品所必备的严谨性、细致性与严肃性，对此梁启超已经有所暗示。② 可以说章太炎一部《齐物论释》，只不过是借庄生之口，托自己之志。它与康有为的《新学伪经考》《孔子改制考》的论证思路，同出一辙。在此，我们也可以发现章太炎的思想，远非古文经学可以概括。

梁启超曾谓清初顾炎武、黄宗羲、王夫子、颜习斋以及刘献廷五人"皆抱经世之志，怀不世之才，深不愿以学著；而为时势所驱迫、

① 陈少明：《排遣名相之后——章太炎〈齐物论释〉研究》，《哲学研究》2003 年第 5 期。

② 梁启超认为该书"是否即《庄子》原意，只好凭各人领会罢"。梁启超：《中国近三百年学术史》，天津古籍出版社 2003 年版，第 263 页。

所限制，使不得不仅以学著"①。言下之意，上述诸子其志并非学问之立言，而在政治之事功，退守学问乃政治逼迫，实属不得已而为之，故考据之间，经世情怀，亦未尝有断。章太炎以朴学起家，主张做学问必须"实事求是，有用与否，固不暇计"②，并以"东原先生为圭臬"③，然终究还是在心路上与他仰慕的顾宁人同步，从书斋出走而直奔言论场，并终生与政治结缘了。纵观章太炎一生，他几乎很难恰当地调和学术事业与政治事功两方面的追求。鲁迅先生曾说其是有学问的革命家。确实，其辞谢本师，出走上海，撰写诸如《驳康有为论革命书》这样的文章，乃是出于学术为政治服务的考量，强调的是学术的经世情怀；但另一方面，章太炎也是一个从事革命实践的学问家，至少在其心灵深处，纯粹的学术追求在他一生中始终存在，甚至也是他生平最重视与最引以为荣的。换句话说，章太炎虽然作《谢本师》与乃师决裂，但其精神追求从未与乃师脱离。章太炎始终都不是一个严格意义上的从政者，但也始终未尝是一个严格意义上的学者，这直接导致其部分著述往往或在学术方面经不起精细的推敲，或在思想方面走得太远。

---

① 梁启超：《论中国学术思想变迁之大势》，上海古籍出版社 2001 年版，第 104 页。
② 章太炎：《与王鹤鸣书》，《章太炎全集》（四），上海人民出版社 1985 年版，第 151 页。
③ 章太炎：《章炳麟论学集》，吴承仕藏，北京师范大学出版社 1982 年版，第 349 页。

第七章　中国现代性的建构

　　章太炎既然对现代性进行彻底地批判，那么，中国的现代性这一说法是否存在问题？我们从这里恰恰可以发现章太炎并非一真正的理想主义者，相反，深刻的历史感以及曲折的个体经历使得他始终是一清醒的现实主义者，一直试图在理想与现实之间保持张力。如果说理想是其哲学体系即"真"的话，那么现实是其政治与社会实践也即"俗"，俗是达到真的某种途径与方式。以他前述的无生主义理想为例，无生主义理想首先是要"无政府""无国家"，但章太炎却认为：

> 争战不绝，则政府不可以一日废。是故政府者，非专为理民而设，实与他国之政府相待而设。他国有政府在，即一国之政府不得独无。①

　　在《国家论》中，章太炎也表达了同样类似看法：

> 今之建国，由他国之外铄我耳；他国一日不解散，则吾国不得不牵帅以自存。②

　　基于当前的世界政治秩序，我们不仅不能立刻废除政府与国家，相反，还要建设一强大的政府与国家，只有这样，才有可能为日后理

---

　　① 章太炎：《四惑论》，载洪治纲编《章太炎经典文存》，上海大学出版社 2003 年版，第 224 页。
　　② 章太炎：《国家论》，载汤志钧编《章太炎政论选集》（上册），中华书局 1977 年版，第 368 页。

想的实现提供起码的时间与空间支撑。同样，对于西方的现代性，我们一方面要在思维与价值层面上认识到其中的不公正性，但另一方面，既然我们不能完全拒绝它，那么，清醒的现实主义者必定会对其进行选择性吸收。因为西方现代性的入侵是一个事实，而且，不公正的世界秩序已经形成，在此民族危亡之时刻，在价值层面上否定其合理性与合法性，而在事实层面上给予技术性的处理，以子之矛，攻子之盾，建构中国的现代性，乃是当前中国最紧迫的问题。

一　历史主义——中国现代性的建构原则

（一）文化、政治与地理中国

中国的现代性建构问题，从本质上讲，是中国如何在现实层面上对待西方的问题。此一中国，是处于历史大变革之中的中国，是兼具文化、政治与地理三者为一体的中国。此一西方，也是兼具现代性与现代性反思为一体的西方。

文化中国面对的是西方现代性在价值层面上对中国人的世界图景、认知结构、思维方式的系统入侵，最终，中国人的天下意识、家国意识、民族意识等都因这一价值入侵而被重构，西方在某种程度上成了中国人的心理沉淀。在此意义上，文化中国意味着近代中国人在价值层面上不断地受到中西两种世界观、价值观的竞争、排斥与挤压，无论他们如何不愿意，他们也不得不"将西方作为一个价值中心来看待"①。对于晚清知识分子而言，在他们头脑中同时存在着两种宇宙模式，世界秩序建构方式，国家意识以及文化观念。列文森所说的"理智上想与中国疏远，但情感上又要认同中国思想"②，或许是部分自由主义知识分子对这两种价值所采取的调和模式。但对于章太炎这样的人来说，中国传统绝对不仅仅只具有博物馆的观赏价值，相反，它具有根本的重要性。因此，理智上疏远西方，情感上认同中

---

① ［美］列文森：《儒教中国及其现代命运》，郑大华、任菁译，中国社会科学出版社2000年版，第46页。
② 同上书，第67页。

国，技术层面上使得西方符合中国才是调整这两种价值观的最好方式。

政治中国面对的是西方现代性在事实层面上对天朝帝国不断的军事征服，并且以强制性的方式使得这个古老的帝国被纳入到由西方主导的世界政治秩序之中。政治中国还意味着，由文化中国所积累的心理沉淀反过来会对政治中国的合法性进行质疑。这一质疑使得晚清政府面临巨大的政治压力，所有的改良最终也没有将它从这种合法性危机中拯救出来，政治中国的问题成了颠覆晚清政府最重要的根据。

地理中国面临的是，本来在传统中国中并不具有突出地位的领土问题因文化中国而成了国人关注的焦点，换句话说，因心灵主权的丧失最终使得现代中国人对领土主权具有浓厚的焦虑意识。如果说文化中国面临的问题中国人自己还可以通过自我调适的方式解决的话，那么，地理中国与政治中国所面临的问题则使得中国人对西方不得不做出实质性的选择。

使得近代中国问题复杂化的不仅仅是中国，西方本身的复杂性也加剧了问题的严重性。晚清以来，大部分知识分子只看到了一个西方，这就是现代性的西方。无论是美国、法国还是英国，虽然代表不同的国家，但对于大部分中国知识分子来说，他们的差异最多只是增加了我们选择的难度而已。但章太炎独具慧眼，在 20 世纪最初的几年就看到了另一个西方：后现代的西方，分裂的西方，处于自我反思与调试的西方，黑格尔、康德、叔本华、斯宾格勒笔下的西方。换句话说，当中国面临中西两种价值观的冲突而变得焦虑时，西方也因现代性的极度扩张出现了现代与后现代的冲突，这两种冲突使得西方也具有浓重的焦虑意识。在此意义上，西方对中国就已经超越了学习的层面，相反，它还具有反思与观镜的作用。

如前所述，对于西方的现代性，早年的章太炎因受进化论的影响，并基于民族危机意识，几乎成为一个全面拥抱西方的知识分子。中年以后，基于个体独特的人生经历以及对帝国主义不合理秩序的反抗，章太炎不得不在学理层面上对西方的现代性进行彻底地解构与批判。也许是发现无论怎样否定其价值的合理性与公正性，我们也必须面对，又或许基于在事实层面上与之一争高下的需要，最终，章太炎在思考中国的未来图景与建构中国新的秩序时，又不得不将他批判的西方现代性中的某些方面，植入到中国的政治与社会结构之中。但章太炎终究不是一彻底的西化论者，现代性对他而言并非具有本质上的合理性，选择现代性只是因为现实的无奈。

（二）历史主义的建构原则

1. 政俗

历史主义构成了章太炎思考与建构中国现代性的一个统摄性原则。[①] 这一历史主义意味着中国现代性的建构不仅仅是未来走向的，而且还必须考虑中国的历史与现实。因而，现代性在中国并非简单地选择西方或者拒绝中国的问题，而是如何在中国现实的基础之上，融合中西，既正视、维护自己的传统，扬弃、改造自己的传统，又在我们的社会与政治结构中镶入西方的现代性，最终协调中西，有所损益，使得中国在现代世界秩序中继续生存并维系一以贯之的地位的问题。

章太炎的历史主义观念首先根植于他早期认识到的"政俗"，也即政治文化在现代国家建构中的重要性。达尔文的生物进化论已经蕴含着某种形式的历史主义，因为生物的进化只是适应某种特殊的生存环境，而不可能进化到适应任何一种环境。章太炎早年深受进化论的影响，因此在《訄书》重订本的写作时期，章太炎就模糊地表达了类似于历史主义的认识论倾向。在《原学》篇中，他写道：

> 视天之郁苍苍，立学术者无所因。各因地齐、政俗、材性发舒，而名一家。
>
> 古者有三因，而今之为术者，多观省社会、因其政俗，而明一指。[②]

---

① 在政治哲学领域，历史主义主要是指某种形式的历史决定论。笔者在此所要表达的历史主义与此种决定论上的历史主义具有重大的差异，主要是指一种根植于传统与历史中的渐进主义意识。

② 章炳麟：《原学》，载朱维铮编校《訄书》（重订本），中西书局2012年版，第114页。

章太炎在此认识到了地理环境、政治文化与个人能力的差异会导致社会发展与国家治理的不同，而且愈是现代社会，政治文化的作用愈加重要。[①] 推而广之，各个民族与国家也会因长期的历史变迁，形成特殊的政治文化。因此，我们在建构中国的现代性时，就不能置中国的传统于不顾，如果只想着“革尽旧俗，一意维新”，其结果将会是“橘生淮南则为橘，生于淮北则为枳”的局面。

随着章太炎个人阅历的增多，他的这种历史主义认识更加清晰，并且最终成为他一生思考问题、判断是非、建构制度的重要标准之一。1908 年所写的《排满平议》认为，我们在建构某一理论体系之时，也必须立足于传统与现实，具有问题意识，而不能凭空想象，天马行空，其言曰：

> 凡所谓主义者，非自天降，非自地出，非摭拾学说所成，非冥心独念所成，正以见有其事，则以此主义对治之耳。其事非有，而空设一主义，则等于浮沤；其事已往，而曼引此主义，则同于刍狗。[②]

或许是因为救亡心切，在 20 世纪初的中国，西学一度成了最时髦的词汇与语言，人人以学西学为美，以谈西学为荣，甚至为了表达立场而故意非议传统。

> 天籁之论，远西执理之学弗能为也；遗世之行，远西务外之德弗能为也；十二律之管，吹之，捣衣舂米皆效情，远西履弦之技弗能为也；神输之针，灼艾之治，于足治头，于背治胸，远西刲割之医弗能为也；氏族之谱，纪年之书，世无失名，岁无失

① 章太炎的这一认识在此后的《国故论衡》之《原学》篇中加以展开，并由此认为“中国之不可以委心远西，犹西方之不可委心中国也”。章太炎：《国故论衡》，上海古籍出版社 2003 年版，第 101—104 页。

② 章太炎：《排满平议》，载张勇编《章太炎学术文化随笔》，中国青年出版社 1999 年版，第 112 页。

事，远西阔略之史弗能为也。①

章太炎认为，取法西学本不可非，但如果一意"委心远西"，这种做法可能会自掘坟墓。民国伊始，百废待兴，如何设计中国的国家结构是非常紧要的问题。章太炎从日本回国后不久，就在中华民国联合会第一次大会上发表演说，其中有言云：

> 中国本因旧之国，非新辟之国，其良法美俗，应保存者，则存留之，不能事事更张也。②

翌日，他又在《大共和日报发刊辞》中写道：

> 推舟于陆，行周于鲁，世知其不能也。政治法律，皆以习惯而成，是以圣人辅万物之自然而不敢为，其要在去甚、取奢、去泰。若横取他国已行之法，强施此土，斯非大愚不灵者弗为也。③

如果考察章太炎为现代中国进行的各项政治制度设计，我们几乎都能发现此一历史主义原则。也正是这一历史主义原则，使得他的政治制度设计总是不同于同时代大多数知识分子。

2. 国粹

章太炎历史主义原则的形成，远非"政俗"一词所能完全统摄。对章太炎历史主义观念的形成起到关键性作用的是比"政俗"更为重要的东西，这就是他说的"国粹"。此一国粹，章太炎认为广义上可以包括三种，分别是语言文字、典章制度以及人物事迹。④ 他以一

---

① 章太炎：《原学》，载洪治纲编《章太炎经典文存》，上海大学出版社 2003 年版，第 167 页。

② 章太炎：《中华民国联合会第一次大会演说辞》，载汤志钧编《章太炎政论选集》（下册），中华书局 1977 年版，第 532 页。

③ 章太炎：《大共和日报发刊辞》，载汤志钧编《章太炎政论选集》（下册），中华书局 1977 年版，第 537 页。

④ 章太炎：《东京留学生欢迎会演说辞》，载张勇编《章太炎学术文化随笔》，中国青年出版社 1999 年版，第 113 页。

种非常特殊的视角看到了国粹所具有的政治与社会功能。对于近代中国尤其是五四时期的知识分子来说，传统与文化意义上的中国是建立现代民族国家的阻碍。因为民族国家之建构，最根本的问题是建构公民对国家的认同意识，而传统与文化意义上的中国使得中国人的认同模式主要集中于对家庭的认同，对宗族的认同，或者是对区域的认同。在这种政治亚文化的认同模式中，"民不知有国，国不知有民"①。因此，文化中国与政治中国最终构成了某种紧张，为了建立政治中国，我们必须在文化上对中国进行彻底的破坏。

近代中国知识分子的这种"模式化"思维说明了他们不自觉地丧失了心灵主权。因为现代中国的民族国家建构与欧洲民族国家建构具有巨大的不同。后者的构建在很大程度上是诉诸民族主义的。他们之所以需要诉诸民族主义，最关键的一点是只有民族主义才能在国家的建立与统一上形成强大的推力，激发民族认同感。这种认同感在民族国家建立后即变成对政治共同体的认同，对国家的认同。但是，近代中国在现代民族主义兴起以前就基本上是一个存在了近两千年的政治共同体，虽然人们对政治意义上的国家的认同并非强烈，但对于大部分人来说，对于文化中国的认同乃是十分强烈的。这样一来，在近代中国建立民族国家的过程中，我们没有必要因为建构政治中国而解构文化中国，恰恰相反，我们可以依赖文化意义上的中国赋予成员的认同感、使命感与责任感去为建构政治中国提供强大的认同意识。实际上，近代中国民族国家的建构，也在无形中利用或者创造了文化中国的某些价值符号，诸如炎黄子孙、中华民族这些概念，本质上讲是一文化符号，而并非政治象征。

章太炎恰恰看到了文化中国所具有的这些功能。这种观察问题的视角也得益于其个体的经历。先生早期对清政府的仇恨，时刻不忘光复，本身也是此前尤其是明末清初反清思想薪火传递之结果。故以此类推，对于章太炎而言，文化中国恰恰是建立政治中国最重要的资源，因为文化意义上的中国提供了建构政治中国所需要的原始认同意

---

① 梁启超：《论近世国民竞争之大势及中国前途》，《饮冰室合集》（第一册：文集之四），中华书局1989年版，第60页。

识与寻根意识。在章太炎看来，观中国历史，宋之亡国而明起，明之亡国而民国起，其中缘故，皆不过因国性不失，丹青长存。因此，文化与传统不是政治中国的对立面，而是构建政治中国的核心要素之一。章太炎在五四时期之所以强烈反对人们去颠覆传统，甚至此后终生都以光大国粹为己任，除了他对国粹本身的特殊情感外，更有文化中国的这种政治与社会功能之考虑。

> 国于天地，必有与立，非独政教饬治而已。所以卫国性、类种族者，惟语言历史为亟。①

在所有国粹之中，又以语言（小学）与历史为最，原因是"此二者"是"中国独有之学"②。盖一国之语言文字，皆祖先之独特发明，其中凝聚的是种性，且"中国文字，与地球各国绝异"，"究竟什么国土的人，必看什么国土的文，方觉有趣"。因此语言文字有"爱国保种的力量"③。至于历史，其功效更大。

1935 年 4 月，面对着异族尤其是日本的咄咄逼人，章太炎在苏州做了题为《论读经有利而无弊》的演说。文章对经史之功效的阐释，即使放在今天，依旧铿锵有力，使人读后为之动容：

> 夫读史之效，在发扬祖德，巩固国本，不读史则不知前人创业之艰难，后人守成之不易，爱国之心，何由而起？
>
> 《春秋》三传虽异，而内诸夏外夷狄则一，自有《春秋》，吾国民族之精神乃固，虽亡国者屡，而终能光复旧物，还我河山，此一点爱国心，蟠天际地，磅礴郁积，隐然为一国之主宰，汤火虽烈，赴蹈不辞，是以宋为元灭而朱明起，明为清灭而民

---

① 章太炎：《重刊〈古韵标准〉序》，《章太炎全集》（四），上海人民出版社 1985 年版，第 203 页。

② 章太炎：《章太炎先生答问》，载汤志钧编《章太炎政论选集》（上册），中华书局 1977 年版，第 259 页。

③ 章太炎：《东京留学生欢迎会演说辞》，载汤志钧编《章太炎政论选集》（上册），中华书局 1977 年版，第 276—277 页。

国兴。

经学不废，国性不亡，万一不幸，蹈宋明之覆辙，而民心未死，终有祀夏配天之一日。

如我学人，废经不习，忘民族之大义，则必沦胥以尽，终为奴虏而已矣。①

读史在于发扬祖德，巩固国本；读经则在于使后世之人不忘国性，即使山河破碎，也必藏复仇之焰，故经史之效，国粹之功，历史之用，文化之益，皆关乎国家之存亡，国统之延续，国命之传承。

章太炎晚年所从事的整理国故，并非远离政治，实而言之，乃做亡国之计，欲曲线图存，其中旨趣，当时之人，或难知晓。

学界诸多章太炎思想的研究者常争论章太炎对于国粹的态度。确实如上所述，章太炎对于国粹的关切是因为他相信国粹对于一个国家民族之存亡的重要性。② 然而，我们不能把章太炎对传统文化所表现出来的语言学上的立场与其内心对传统文化的真实意思表达两者相混淆，前者出于功利性的需要，后者则往往隐而不显。

1903 年章太炎被关押上海西牢之时，曾做《癸卯狱中漫笔》，以狂狷之语，发悲壮之论：

上天以国粹付余，自炳麟之初生，迄于今兹，三十有六岁。凤鸟不至，河不出图。……至于支那闳硕壮美之学，而遂斩其统绪，国故民纪，绝于余手，是则余之罪也。③

观其一生，章太炎在政治与救亡活动之余，也一直以维护、传承与扬弃"支那闳硕壮美之学"作为自己最重要的使命之一。这其中

---

① 章太炎：《论读经有利而无弊》，载马勇编《章太炎讲演集》，河北人民出版社 2004 年版，第 211 页。

② Jer‐shiarn Lee, *Chang Ping‐lin*（1869－1936）：*A Political Radical and Cultural Conservative*（*doctorial dissertation*），The University of Arizona，1990，pp. 165－180.

③ 章太炎：《癸卯狱中漫笔》，载张勇编《章太炎学术文化随笔》，中国青年出版社 1999 年版，第 321 页。

透露出的文化情怀，远非功利主义所能解释。他对于传统文化发自内心的情感，或许更令人做悲情与敬畏之感。

历史主义这一统摄性原则也解释了章太炎为何不同于晚清同时代绝大多数知识分子。表面上看，章太炎是一个与时代格格不入之人。他早年对传统的批判使得文化保守主义者对他恨之入骨，晚年对传统的珍爱又使得他具有文化保守主义的影像，被人冠之以保守、落后之名。他对光复革命的极大热情使得他几乎是一个彻底的激进主义分子，但很少有人知道他从事革命的理由在很大程度上是基于保存国粹的关切。① 更有甚者，当严复、梁启超等大呼公德之重要性时，他一反众人，认为私德之不彰，公德也不存。② 但是，如果我们进入章太炎的思想世界，与其对话，我们必定能发现其疯子的背后是近乎冷峻的思考，是基于历史主义原则的合乎情理的思想展开。这一原则既要求我们不能完全沉浸于天朝大国的迷梦之中而拒绝对外部世界给予合理的承认，也要求我们在思考西方现代性之合理性并将其纳入中国制度建构之中时，又不能不正视中国自身两千多年合理性的存在。但在那个急变与动荡的年代，这种表面上的骑墙无异于失去了身份与立场，只有留给后人对其冷静的思考给予公正的评判。

二 现代中国的民族国家建构

现代性不仅仅是一套价值体系与理念，现代性还应该回答一个人类生活中最基本的问题：人类社会政治共同体的制度形态以及维系此制度形态的观念与认同等。现代性之启蒙摧毁了传统的诸多组织，也摧毁了传统的信仰与神话，这样一来，传统的宗教共同体、帝国体系以及维系这些体系的神话也无处安身。现代性需要新的神话，需要为

---

① Michael Gasster, *Chinese intellectuals and the revolution of* 1911: *The Birth of Modern Chinese Radicalism*, Seattle and London: University of Washington Press, 1969, pp. 198 – 210.

② "道德果有大小公私之异乎？于小且私者，苟有所出入矣；于大且公者，而欲其不逾闲，此乃迫于约束。非自然为之也。""优于私德者亦必优于公德，薄于私德者亦必薄于公德。"章太炎：《革命之道德》，载汤志钧编《章太炎政论选集》（上册），中华书局1977年版，第311—313 页。

新的共同体找到合法性，最终，民族国家承担了这一历史使命。民族国家的认同既是民族的，也是国家的。个体通过参与建构国家的过程，通过行使某种形式的权利，最终与国家紧密联系在一起，成了最基本的政治共同体形态。因此，民族国家本身是西方现代性的产物，它承担的是现代性之重。正如哈贝马斯所言：

> 对上帝的信仰崩溃之后，出现了多元化的世界观，从而逐渐消除了政治统治的宗教基础。这种世俗化的国家必须为自己找到新的合法化源泉。……民族的自我理解形成了文化语境，过去的臣民在这个语境下会变成政治意义上的积极公民。民族归属感促使已往彼此生疏的人们团结一致。因此，民族国家的成就在于它同时解决了这样两个问题，即在一个新的合法化形态的基础上，提供了一种更加抽象的新的社会一体化形式。[①]

对于民初的知识分子来说，西方的现代性尤其是现代民主宪政体制并非"吾家之旧物"，因此，民族国家在现代中国就成了一个问题。换句话说，建构现代民族国家成了帝制中国完成现代性的核心使命，也成了现代中国几代人依旧未遂的心愿。同样，对于章太炎来说，要构建中国的现代性，首要任务也是如何建构一个强大的现代民族国家。章太炎思考中国现代性的建构问题，几乎都围绕此一核心使命而展开。因为对于章太炎来说，建立一个共和政体形式的现代民族国家是现代中国排除外国势力对中国主权之控制，并能够与帝国主义进行平等对话的逻辑基础。[②]

（一）反满民族主义及其定位

现代中国民族国家的建构，首先面临的是如何对待清政府以及如何对待满族这一同时兼有民族与政治色彩的问题。章太炎对此一问题

---

① ［德］哈贝马斯：《欧洲民族国家：关于主权和公民资格的过去与未来》，载哈贝马斯《包容他者》，曹卫东译，上海人民出版社 2002 年版，第 131—132 页。

② Young - tsu Wong, *Search for Modern Nationalism: Zhang Binglin and Revolutionary China*, (1869 - 1936), Hong Kong: Oxford University Press, 1989, pp. 61 - 64.

的思考，笔者在论述章太炎思想的传统维度以及《訄书》之民族主义时已经有部分论述，此处主要阐释《訄书》之后他对于此一问题的看法，并由此获取章太炎对于清代民族主义的总体影像。

论者常谓章太炎早期是狭隘的民族主义者，其实不尽然。章太炎从书斋走向社会，首因并非排满这种狭隘的种族民族主义，而是因为帝国的危机，这从几个方面可以佐证。首先章太炎立志走出书斋的时间点是甲午后一年也即 1895 年，由此也可见甲午海战导致的帝国危机意识的加强是空前的。其次章太炎当时寄会费的并非是反清的组织，而是康有为在沪设立的上海强学会，此时的章太炎并不反满，而是主张"客帝"，"与尊清者游"①，并且试图以"革政挽革命"②。更重要的是，此时的章太炎撰写的相关论文其指向并非清政府，而是帝国主义。③ 1898 年 2 月的《上李鸿章书》非常直接地表明了此时章太炎思考问题的重心：

> 乃者胶事艮已，德皇子踵至，俄、英、法诸国又以其间觊觎息壤，瓜分之形，皦如泰山。
> 吾中国今日不求亲于彼，则坐为欧西各国所鱼肉。④

此外，如前所述，章太炎虽然在《訄书》中论证了光复中国之种族、州郡与政权的合法性，但这毕竟是出于一种义理层面的阐述，而非现实层面的立即复仇。否则，章太炎就不会在 1899 年还发表了《客帝》一文。

章太炎立志排满，颠覆清政府，实乃庚子之后，对此李泽厚、高

① 章炳麟：《客帝匡谬》，载朱维铮编校《訄书》（重订本），中西书局 2012 年版，第107 页。

② 章太炎：《论学会有大益于黄人亟宜保护》，载汤志钧编《章太炎政论选集》（上册），中华书局 1977 年版，第 13 页。

③ 比如 1897 年发表的《论亚洲宜自为唇齿》主张中国应该发愤图强，综核名实，革新内政，联合日本，抵御俄罗斯。章太炎：《论亚洲宜自为唇齿》，载汤志钧编《章太炎政论选集》（上册），中华书局 1977 年版，第 5—8 页。

④ 章太炎：《上书李鸿章》，载汤志钧编《章太炎政论选集》（上册），中华书局 1977年版，第 54—55 页。

慕珂（Michael Gasster）等人皆有所论。李泽厚认为庚子前的章太炎主要还是"追随和从属康、梁改良派范围之内"①，但庚子之后思想发生重大转变，由改良走向革命。高慕珂（Michael Gasster）也认为，章太炎成为公开的革命分子是在 1900 年到 1901 年前后。② 因为此时的章太炎认识到了两点，第一是帝国主义是比清政府更具威胁的角色，所以，只有整合国人的力量，才能有效抵抗帝国主义对中国的持续入侵。因此他不无忧患的写道：

> 言种族革命，则满人为巨敌，而欧、美少轻。以异族之攘吾政府者，在彼不在此也。若就政治社会计之，则西人之祸吾族，其烈千万倍于满洲。③

庚子事件使章太炎认识到的第二点是，只有先推翻清政府，才能真正凝聚国人的爱国热情，凝聚大家的革命意志，在此基础上与欧美周旋。

> 满洲弗逐，欲士之爱国，民之敌忾，不可得也。浸微浸削，亦终为欧美之陪隶已矣。④

最终，章太炎的思想彻底激进，解辫发，撰《驳康有为论革命书》，必置清政府于死地。这也意味着，此时的章太炎，其民族主义其实已经具有了非常现代的性质，即因帝国主义的入侵而产生的危机意识，以及因西方现代性的思想同化而产生的对于建构现代民族国家的渴望。在此我们也看到了章太炎思想中清醒的现实主义的一面。

---

① 李泽厚：《章太炎剖析》，《中国近代思想史论》，人民出版社 1979 年版，第 384 页。

② Michael Gasster, *Chinese intellectuals and the revolution of* 1911：*The Birth of Modern Chinese Radicalism*, Seattle and London：University of Washington Press, 1969, pp. 194 – 196.

③ 章太炎：《革命军约法问答》，载汤志钧编《章太炎政论选集》（上册），中华书局 1977 年版，第 432 页。

④ 章炳麟：《客帝匡谬》，载朱维铮编校，《訄书》（重订本），中西书局 2012 年版，第 107 页。

民国光复以后，章太炎再一次显示了他作为一个清醒的现实主义者的姿态。他对自己的理想蓝图进行了适合现实需要的改造，不再执着于建立纯正的汉族国家，而是主张五族共和。辛亥革命后，留日的满族学生惊慌万分，章太炎立刻写了《致留日满族学生书》一文。文章写道：

> 所谓民族革命者，本欲复我主权，勿令他人攘夺耳，非欲屠夷满族，使无孑遗，效昔日扬州十日之为也；亦非欲奴视满人不与齐民齿叙也。
>
> 君等满族，亦是中国人民，农商之业，任所欲为，选举之权，一切平等，优游共和政体之中，其乐何似？[①]

自此以后，在章太炎的民族国家概念中，此一民族，不再是单纯的汉族，而是包括汉、满、蒙、回、藏五个主要民族在内的中国所有民族。此后的章太炎甚至将此一"五族共和"视为中华民国最重要的成就。

总体而言，我们思考章太炎的反满民族主义，应该从两个方面着手。

第一，章太炎观念中的民族主义。对于章先生来说，此一民族主义既是一个种姓的概念，也是一个血缘与地理上的概念，更是一个在此基础之上产生的文化概念。正是此一文化意义上的民族主义使得他常怀光复之志，难以释怀。

文化意义上的民族主义是出于一种"文化遗产复兴"的需要。因为在章太炎看来，正是这种文化遗产提供了中国人之所以为中国人的认同意识。[②] 章太炎在阐述他的历史主义原则时非常清晰地表明了此一认识。但对于章太炎而言，中国的文化之所以能够成为遗产，成为

---

① 章太炎：《致留日满族学生书》，载汤志钧编《章太炎政论选集》（上册），中华书局 1977 年版，第 519—520 页。

② Charlotte Furth, "The Sage as Rebel: the Inner World of Chang Ping-lin", in Charlotte Furth, eds., *The Limits of Change: The Conservative Alternatives of Republican China*, Cambridge, Mass: Harvard University Press, 1976, pp. 128-130.

国粹，是与汉民族本身的血缘、种族、地理位置紧密相连的，这不仅可以从生物进化论中找到依据，而且历史也证实了这一点。同时，这种文化遗产也会不断地反哺作为种族形态的汉族。故而，文化遗产的复兴关系到汉族这一种族本身的存亡。因此，通过政治革命的方式光复汉族在中原地区的统治形态，就绝不仅仅是政治民族主义与建构民族国家的问题，它实际上关系到中华民族在世界文明坐标中的位置。

第二，章太炎实践中的民族主义。真正使得章太炎将上述民族主义付诸实践的，并不是他潜藏在心中的仇恨，对他而言，像他的祖先那样，将愤怒之火持续地压抑在心灵深处，引而不发，完全是可能的。毕竟，他已经这样做了很久。但是帝国主义的入侵，使得章太炎的民族主义成为实践而不是观念形态，故而章太炎的"民族主义主要是对帝国主义的反应"，而远非一个"反满之种族主义者（antiman-chu racist）"①。或者说章太炎的反满民族主义是反帝民族主义的结果，而不是与之相反。最终，章太炎清醒的现实主义以及他建构中国现代性之历史主义的原则，使得民国光复以后的他采取了非常务实的态度。五族共和而不是继续对满族进行复仇成为他最珍视的成就之一。

（二）政体建构

1. 共和政体之必要性

按照章太炎"五无论"所述，政府与国家本身是一极大之恶。"凡兹种族相争，皆以有政府使其隔阂"，"原政府之初设也，非本以法律卫民而成，乃亦争地劫人而成"②。盖政府与国家本无自性，皆人为之产物，而人皆有审恶之存在，故其所建构之政府，亦一恶也。"既知人性之恶，彼政府者亦犹人耳，其性宁独不恶耶？"③ 但政府为恶并非成为立即废除政府之理由：

---

① Young－tsu Wong, *Search for Modern Nationalism；Zhang Binglin and Revolutionary Chi-na*, （1869－1936）, Hong Kong: Oxford University Press, 1989, pp. 1－2.

② 章太炎：《五无论》，载洪治纲编《章太炎经典文存》，上海大学出版社 2003 年版，第 223 页。

③ 同上书，第 223、229 页。

争战不绝，则政府不可以一日废。是故，政府者，非专为理民而设，实与他国之政府相待而设。他国有政府在，即一国之政府不得独无。①

不宁惟是，当今之世，列强当道，"印度、缅甸灭于英，越南灭于法"，对于其他弱小之民族，帝国主义则寝食不忘劫杀，"盗窃其政炳，奴虏其人民"，故只有建立一个强大的政府，才能保其国家，卫其人民。②

在章太炎看来，诸种政府之选择，"惟共和政体于祸害稍差为轻"，所以民族国家之建构，首先必选此共和政体。但基于历史主义的原则，章太炎对此共和政体，也并非完全信任，故提出四项政策以节制其害：

　　一曰，均配土田，使耕者不为佃奴；二曰，官立工场，使佣人得分赢利；三曰，限制相续，使富厚不传子孙；四曰，解散议员（凡议员有贪污事，平民得解散之），使政党不敢纳贿。③

章太炎认为，此四者对于共和政体，生死攸关，"无是四者，勿论君民立宪，皆不如专制之为愈"。论者不难看出，此四项节制措施，其主旨在于均富贵，防止豪右。在章太炎看来，共和政体常设议院，但是议院之议员，"大抵出于豪家"。这些议员，名为人民的代表，但实际上"依附政党，与官吏相朋比，挟持门户之见"，所以他们考虑的"不在民生利病，惟便于私党之为"，此其一害也；又议员既出于豪右，则与古代之捐纳得官无异，此其二害也；更重要的是，政府官员贪污，议院还可以弹劾之，然议员是代表人民，故其贪污，由谁弹劾？此其三害也。

---

① 章太炎：《五无论》，载洪治纲编《章太炎经典文存》，上海大学出版社 2003 年版，第 224 页。
② 同上书，第 222 页。
③ 同上。

是故有共和政体，而不分散财权，防制议士，则犹不如专制政体之为善也。①

章太炎还从道德的角度对共和政体做出了一个颇具政治学视角的价值判断——"共和政体以道德为骨干，失道德则共和为亡国之阶"。今天的读者很难想象这样的话语出自民国章疯子之口，然而，共和政体兴衰的历史又恰恰证实了章疯子不仅不疯，实际上藏大智慧。

2. 反对代议制

如上所述，章太炎在表达共和政体必要性的同时，也表达了对共和政体之中议院与议员之担心，于是提出节制之法。一年之后，章太炎更进一步，先后发表《与马良》以及《代议然否论》，反对代议政体，故而使得他的共和政体设想，极具特色。

章太炎反对代议，原因之一在于代议政体本封建之变种，故不适合中国这样的平等社会。"代议政体者，封建之变相"。"去封建远者，民皆平等；去封建近者，民有贵族黎庶之分"②。欧洲、日本等之所以行代议之制，盖因"欧洲诸国，宪政初萌芽，去封建直三四百年，日本且不逮一世。封建之政，遇民如束湿薪，渐及专制，地主犹横，于是更立宪政，民固安其政也"。反观中国，只有汉朝离封建时代较近，而此后的中国"秩级已弛，人人等夷，名曰专制，其实放任"，在这种情况之下，如果"无故建置议士，使废官豪右民梗塞其间，以相陵轹，斯乃挫抑民权，非伸之也"③。"代议政体，非能伸民权，而适埋郁之。盖政府与齐民，才有二阶级耳，横置议士于其间，即分为三。政府固多一牵掣者，齐民亦多一抑制者。"④

---

① 章太炎：《五无论》，载洪治纲编《章太炎经典文存》，上海大学出版社2003年版，第223页。

② 章太炎：《代议然否论》，载汤志钧编《章太炎政论选集》（上册），中华书局1977年版，第456页。

③ 章太炎：《与马良》，载马勇编《章太炎书信集》，河北人民出版社2003年版，第190页。

④ 同上。

章太炎在此之论证，其一为代议政体不能伸平等，二为代议政体"横分阶级"，不能扩大公民自由。于此种政体行之于当世之中国，实为历史之逆流。

章太炎反对在中国行代议政体的第二个原因在于代议政体在中国付诸实施将会出现低效率或者议席被豪右所占的局面。代议政体之下，议员一般按照公民的某种比例选举产生，再由选举出来的议员组成议会议政。章太炎认为，以中国之大，无论采用何种方式产生议员，皆会出现问题。

首先说"通选"，也即是普遍选举权。

> 若如日本选率，十三万人而一议员，则议员当得三千二百人。①

在这种情况下，议员人数如此之多，议会最终将会是"猱屯麇聚，分曹辩论，謦咳之声"，毫无效率可言。

> 今以七百员计，则是六十万人而选其一也；除去妇女僮儿，入选场者，大率二十万人。②

在这种情况下，章太炎认为，结果也将是"上品无寒门，而下品无膏粱。名曰国会，实为奸府"的局面。其中缘故，依旧在于选举的最终结果会是"土豪"成为议士。

> "愚陋恒民之所属目，本不在学术方略，而在权力过人；以三千人选一人，犹不能得良士。数愈阔疏，则众所周知者，愈在土豪。今举一例，假令二十万人中，有二十贤良与一土豪，区万人为一处而选之，其万人中无土豪者勿论，其适有土豪者，设土

---

① 章太炎：《代议然否论》，载汤志钧编《章太炎政论选集》（上册），中华书局 1977 年版，第 458 页。
② 同上。

豪得票与贤良均，或且增倍，贤良虽不能与土豪抗，其余十九区中犹有贤良，土豪不能尽陵其上也。若以二十万人选一，彼万人所知之贤良，非十九万人所知；而万人所知之土豪，则为十九万人所周知，是贤良终不能与土豪抗也。①

次说"限选"，即对选举资格进行某种限制。如果是以"识字"作为资格限制的话，但"计汉土识字者，十人而三"②，这样一来，人口中将至少有十分之七的人没有选举权，这与民主政治背道而驰。如果以纳税作为资格限制的话，则可能出现两种局面。

在"直税"制的纳税模式之下，如果"以直税二圆者得选举权"，那么结果将会是选举权集中在江浙等富裕地带，"而西北诸省，或空国而无选权也"。如果是以"直税十圆为度齐"，则在中国 4 亿人口中，仅有 150 万人有选举权。在此种情况下，选举只不过是"虚名"而已。③

在"一切课税"制的纳税模式之下，"民有选权或稍稍增于往昔"，但结果可能会是"倡优尚与选，而素知法律，略有政见者，反无尺寸选举之柄"。在此种情况下，代议制选举，不仅无法选出优秀的议政之人，反而将"倡优"纳入议会，其结果与初衷，太过相悖。④

章太炎反对代议政体的第三个原因在于代议政体必定会使得社会道德败坏，腐败成性。代议政体之下，必有选举与政党。无论是选举还是政党，皆助长社会不正之风。

> 吾见选举之法尚在，而作奸树伪者相枕藉也。选举法中，孰不曰为选举事而以酒食游览招人者、及受其招者皆有禁锢之刑乎？孰不曰为选举事而赠财物利益于选举人者、及受其赠者皆有

---

① 章太炎：《代议然否论》，载汤志钧编《章太炎政论选集》（上册），中华书局 1977 年版，第 458 页。
② 同上。
③ 同上书，第 459 页。
④ 同上书，第 459—461 页。

禁锢之刑乎？法令滋章，关防滋密，而诡窃者滋多，视之以为
恒事。①

"宪政既成，则政党因缘而起，新学浮华之士，又往往参错其
间。……民之利病，固委置之，贿赂公行，为枭为猰，将什佰于官
吏。"②

　　近观日本郡制废止一案，议院得赃，明见踪迹者七人，而其
他三百余员皆有隐昧受赇之事。③

再者，中国本是财富平等之社会，无长子继承之制，如果以纳税
多寡赋予选举权，则一旦选举，人们或将为此虚名而将财产"委之长
子"以保此权，再度造成社会财富悬殊，最终导致分化与对立。

　　夫以纳税定选权者，犹汉时以资算为郎，其点污甚。且震旦
二千岁中，世爵已废，财产皆均分子姓，无以长子相续者矣。一
兴选举，又以纳税为限，民之死权者，欲持此以无替。父有一顷
之田、一廛之肆，而其税适当选格，分之数子则权去，委之长子
则权存，人将以重视荣名，不顾七子均分之美，其滑乱风俗，又
将自此兴矣。④

章太炎反对代议政体的第四个原因在于代议政体也无法反映真实
的民意。他认为，代议政体本是"国家所以诱惑愚民""钳制其口"

---

① 章太炎：《代议然否论》，载汤志钧编《章太炎政论选集》（上册），中华书局 1977
年版，第 461 页。
② 章太炎：《与马良》，载马勇编《章太炎书信集》，河北人民出版社 2003 年版，第
191 页。
③ 章太炎：《五无论》，载洪治纲编《章太炎经典文存》，上海大学出版社 2003 年版，
第 222 页。
④ 章太炎：《代议然否论》，载汤志钧编《章太炎政论选集》（上册），中华书局 1977
年版，第 461 页。

的工具，议员也非人民的代表。①

> 岂有一人足以表六十万人，七百人足以表四万万人者？②
> 所为选举者，欲其伸民权、宣民志也。庶事多端，或中或否，民不能预揣而授其意于选人。选人一朝登王路，坐而论道，惟以发抒党见为期，不以发抒民意为期。③

以上四端，为章太炎反对代议政体之缘由，其中贯穿的确实是历史主义这一统摄性原则，即基于中国历史与传统的特殊情况而对西方共和政体进行改造。不过从中我们也可以观察到章太炎对于代议政体本身的认识。

首先，他反对代议而不反对共和，可察其对民主宪政已有较深之了解。近人常谓章太炎一面主张共和，一面反对代议，故自相矛盾。殊不知章太炎主张共和，其所反对者，乃在君主；章太炎反对代议，其所主张者，乃在直接民主（民权）。两者各安其所，相得益彰，谈何冲突之有？

其次，章太炎对于代议制民主的问题洞察，尤其在晚清民初就以颇具学理性的分析论证了代议制民主无法真实地反映民意，足见其思想之敏锐。盖此一论断，确实皆为中西质疑代议制民主之重大理由。

最后，代议政体与民意无涉不能成为取消代议政体的根本缘由。从现代性的视角来看，现代性为所有神性以及超自然的信仰祛魅，使得现代政治组织的合法性必须建立在人这个主体的同意之上，也就是说，代议政体为现代政治组织解决了合法性这一根本性的问题。在此意义上，所有的大国都无法避开代议政体的制度模式。

3. 诛政党

章太炎不仅反对代议制民主，而且连代议制民主的基石——政党

---

① 章太炎：《五无论》，载洪治纲编《章太炎经典文存》，上海大学出版社 2003 年版，第 222 页。

② 章太炎：《代议然否论》，载汤志钧编《章太炎政论选集》（上册），中华书局 1977 年版，第 469 页。

③ 同上书，第 468 页。

也一同反对。章太炎反对政党，既有历史经验的考量，也有现实直观的观察，更有义理分析的逻辑。反对政党，构成章太炎构建共和政体的第二特色。

章太炎反对政党，首因在于中国历史上党争的教训。在 1906 年 12 月发表的《箴新党论》中，他通过考察中国自东汉以来的朋党，得出结论说：

> 然则始自东汉，迄唐、宋、明，有党人者四世，虽竞名死利，各有等差，而大体不能外也。①

武昌首义之后，他又在槟榔屿《光华日报》"论说"栏连撰《诛政党》一文，同样认为中国历史上的朋党有百害而无一利。

> 中国自东汉以后，党祸相寻，魏、晋、宋、齐、梁、陈皆享国日浅，其害不著。蒙古僭盗中原，视汉人如重台，又贱儒术，为日未久，即见攘逐，故亦无朋党。向使久据神州，假借经术以诳耀诸夏，猥贱之士，与之相忘，则党祸必不在汉、唐下也。历观史册，凡四代有党，汉、明以之亡国，唐宋以之不振，朋党之祸，天下亦彰明矣。②

此外，章太炎在这期间发表的《非黄》（指黄宗羲，笔者加）一文中也表达过类似的看法。

> 朋党至者，乱法之阶。
> 上不关督责之利，下不遍同列之民，独令诸生横与政事，恃夸者私见，以议废置，此朋党所以长。③

---

① 章太炎：《箴新党论》，载汤志钧编《章太炎政论选集》（上册），中华书局 1977 年版，第 336 页。

② 汤志钧编：《章太炎年谱长编》（上册），中华书局 1979 年版，第 358 页。

③ 章太炎：《非黄》，载洪治纲编《章太炎经典文存》，上海大学出版社 2003 年版，第 275、272 页。

章太炎反对政党，原因之二在于他亲身见证了当时中西政党的实际运作情况，观察到了政党运作的现实效果，故而认为政党该诛。就西方各国政党之运作而言：

> 观远西立宪之政，至于朋党争权，树标揭鼓以求连任，处大官者，悉以苞苴酒食得之。①
>
> 外观美政，总统更移，自台阁以至抱案之吏，无不随之更调，此其朋党比周，为蠹已甚。②

至于中国，章太炎先以实际的观察将晚清党人分为七大类，重点是包括康有为、梁启超、张謇以及政闻社等在内主张迅速开国会的立宪人士。章太炎认为这七类人士虽"操术各异"，但"兢名死利，则同为民蠹害，又一丘之貉也"。③ 此外，在他看来，近代中国诸如唐长常汉口之变、戊戌政变等，皆与"同党始有告密"紧密相连。晚清立宪派的党人如此，民初其余政党也几如一丘之貉。民国刚建立不久，"同盟、光复二会，日益轧轹"④，"同党惟欲建其巨子，异党惟欲破人卵巢"⑤，"同盟会固多不直，共和党亦务诈欺"⑥。

在章太炎看来，清季民初中国的"新党"运作，其现实效果甚至远比中国古代的党争与西方现行政党更糟糕。

> 前世党人，虽无远略，犹不失其正鹄，独新党则异是。

---

① 章太炎：《非黄》，载洪治纲编《章太炎经典文存》，上海大学出版社 2003 年版，第 273 页。

② 章太炎：《代议然否论》，载汤志钧编《章太炎政论选集》（上册），中华书局 1977 年版，第 467 页。

③ 汤志钧编：《章太炎年谱长编》（上册），中华书局 1979 年版，第 358 页。

④ 章太炎：《与孙中山》，载马勇编《章太炎书信集》，河北人民出版社 2003 年版，第 418 页。

⑤ 章太炎：《参议员论》，载汤志钧编《章太炎政论选集》（下册），中华书局 1977 年版，第 573 页。

⑥ 章太炎：《致江西统一党支部函一——二》，载汤志钧编《章太炎政论选集》（下册），中华书局 1977 年版，第 619 页。

若夫前世党人，未尝涉历幕僚府以为藉也，未尝交通禁掖以行媚也，未尝逢迎驵侩以营利也；而今之新党，则泊然不以为耻。均之竞名死利，其污辱又较前世为甚。①

欧、美政党，贪婪竞进，虽犹中国，顾尚有正鹄政府，有害民之政，往往能挟持不使遂行，自及秉政，他党又得议其后，兴革多能安利百姓，国家赖焉。汉土则独否。盖欧、美政党，自导国利民，至中国政党，自浮夸奔竞，所志不同，源流亦异，而漫以相比，非妄则夸也。②

故章太炎曰：

国有政党，非直政事多垢黩，而士大夫之节行亦衰。③
中国之有政党，害有百端，利无毛末。④
今日中国，尤不宜有政党。⑤

难者或曰：章太炎既反对政党，何以民国以后又积极参与并组建政党？⑥ 章太炎民初组建政党，其实也是不得已而为之。正如章太炎五无主义虽主张取消政府，但在现实层面上仍要打造一个强大的政府一样，理想与现实之间总是存在鸿沟。章太炎民初积极组党，一则因民初政党政治已成，故其所述政党之恶皆在，所以只有以恶治恶，以

① 章太炎：《箴新党论》，载汤志钧编《章太炎政论选集》（上册），中华书局1977年版，第332、338页。

② 汤志钧编：《章太炎年谱长编》（上册），中华书局1979年版，第353页。

③ 章太炎：《代议然否论》，载汤志钧编《章太炎政论选集》（上册），中华书局1977年版，第467页。

④ 章太炎：《与副总统论政党》，载汤志钧编《章太炎政论选集》（下册），中华书局1977年版，第648页。

⑤ 章太炎：《在浙江国会议员欢迎会上的演说》，载马勇编《章太炎讲演集》，河北人民出版社2004年版，第48页。

⑥ 1912年1月3日，为防止同盟会一党独大形成专制，章太炎与程德全等人在上海江苏教育总会成立中华民国联合会，章太炎为会长，程德全为副会长。该年3月1日，联合会改为统一党，章太炎、程德全、张謇、熊希龄、宋教仁为理事。汤志钧编：《章太炎政论选集》（下册），中华书局1977年版，第532、576页。

党消党。在1913年给伯中的书信中，章太炎这样表达了自己组党的无奈：

> 吾昔在东京，本不取代议政体。及共和宣布，成事不说，于是树立政党。涉历岁余，已明知政党鲜益，然犹主持共和党者，以他党尚在，则此党不容独消也。①

章太炎民初组建政党，还有一重大缘由，这就是基于对当时同盟会可能发展成"一党专制"的警惕。

> 南京政府既设，一党专制，惟务阿谀，毂转云旋，今又复于清时旧贯。②
> 同盟气焰犹盛，暴行孔多；旁有民社，则黎宋卿部下旧勋不平于南京政府者，虽与弟辈意见稍殊，大致亦无差异。以言政党，犹非其时；若云辅车相依，以排一党专制之势，则薄有消长耳。③

章太炎既反对政党，又反对代议制，实际上反对的是西方的议会政治。④ 他所述晚清民初政党之弊，皆各有其实。不过从他的论证逻辑来看，一方面他有将现代政党与古代朋党混淆之嫌，另一方面，政党政治是现代民主共和的基石，抽离此一基础，其共和政体之大厦，欲建立于何处？

4. 第三种政体模式

辛亥革命以后，摆在国人面前最大的任务莫过于政体建构。从理

---

① 章太炎：《与伯中书十四》，载汤志钧编《章太炎政论选集》（下册），中华书局1977年版，第677页。
② 章太炎：《参议员论》，载汤志钧编《章太炎政论选集》（下册），中华书局1977年版，第572—573页。
③ 章太炎：《致梁启超书》，载汤志钧编《章太炎政论选集》（下册），中华书局1977年版，第598页。
④ 王汎森：《章太炎的思想（1868—1919）及其对儒学传统的冲击》，台北时报文化出版事业公司1985年版，第139页。

念上看，选择共和政体，开启走向共和的伟大历程，各政治势力自无疑问。然而，中国究竟应该建构何种政体模式？这是困扰当时国人最大的问题。在当时的世界上，共和政体已经存在美、日、法等多个版本，中国究竟是采取美国模式、日本模式、法国模式还是其他模式，是采取内阁制还是采取总统制等，各政治势力基于自己的力量考量以及各人基于自己的个体认知都会有不同的见解。

革命成功后，孙中山主张采取美国模式，建立总统制。在巴黎与记者谈话时，他明确表示："中国革命之目的，系欲建立共和政府，效法美国，除此之外，无论何项政体皆不宜于中国。"① 基于对日本政治制度的切身体验，宋教仁一向主张在中国建立责任内阁制，他认为内阁制比总统制更加灵活，因为"内阁不善而可以更迭之，总统不善则无术变易之。如必欲变易之，必致动摇国本"②。

在政体选择上，章太炎思考问题的历史主义原则再一次使得他的想法与当时大多数人不同。在他看来，即使是共和政体，也并非可以简单地照搬与模仿，否则，共和政体之下依旧会有"秕政"，甚至还不如专制政体。③ 本着这种理念，他反对简单地学习西方，认为"法、美两制，皆不适于中区"④。而是要因地制宜，建构适合中国国情的第三种共和政体模式。

> 君主立宪，本起于英，其后他国效之，形式虽同，中坚自异；民主立宪，起于法，昌于美，中国当继起为第三种。⑤

此后的一系列事实至少部分证明了章太炎判断的正确性。革命后

---

① 孙中山：《与宫崎寅藏平山周的谈话》，载孟庆鹏编《孙中山文集》，团结出版社1997年版，第347页。

② 陈旭麓主编：《宋教仁集》，中华书局1981年版，第459页。

③ 章太炎：《大共和日报发刊辞》，载汤志钧编《章太炎政论选集》（下册），中华书局1977年版，第537页。

④ 章太炎：《与张謇论政书一》，载汤志钧编《章太炎政论选集》（下册），中华书局1977年版，第540页。

⑤ 章太炎：《大共和日报发刊辞》，载汤志钧编《章太炎政论选集》（下册），中华书局1977年版，第537—538页。

的民国，先是实行类似于美国的总统制，此后因为限制袁世凯权力的缘故，又变成类似于英国的责任内阁制，最后则退步至帝制，虽然共和再度复兴，但民初的政治与社会生态，在一定程度上比清朝专制帝国还糟糕。

章太炎主张的第三种共和政体，在实际操作方面主要体现为中央权力之间的五权分立，也即在立法、行政、司法三权之外再加上教育与纠察二权。

> 三权分立之说，现今颇成为各国定制，然吾国于三权而外，并应将教育、纠察二权分立。①

关于立法权，现代民主国家一般是交由民选的立法机关行使，在这一点上章太炎提出了一些特色的看法。如前所述，早在1908年的时候，他就批判了代议政体，认为在该制度之下，法律将会被"豪强""政党"以及"官吏"所左右，因此主张法律"不自政府定之，不自豪右定之，令明习法律者，与通达历史、周知民间利病之士，参伍定之"②。立法者不再是政府官员与议员，而是那些法学专家、博学鸿儒与民间士绅等。但是，民国以后的政治生态使得他的态度不得不有所转变。最终，章太炎在他的政制设计中添加了民选的立法机关，并主张立法权交由议会行使。但章太炎关于议员的地位，又有一独特论断。

按照人民主权的理论，议员是选民的代表，应该代表选民的意见与意志。但是章太炎反其道而行之，他认为："议员者，其实非民之代表也，不受傺费于民，而受月俸于政府，此特民选之议郎耳，犹官吏属也。"③ 这意味着，议员并不是任何事情都要顺从选民的意见，

---

① 章太炎：《中华民国联合会第一次大会演说辞》，载汤志钧编《章太炎政论选集》（下册），中华书局1977年版，第533页。

② 章太炎：《代议然否论》，载马勇编《章太炎学术文化随笔》，中国青年出版社1999年版，第128页。

③ 章太炎：《参议员论》，载汤志钧编《章太炎政论选集》（下册），中华书局1977年版，第572页。

他们可以根据自己的判断做出决策。章太炎此论断，与民初大多数知识分子理解的代议制民主逻辑，恐有出入，但深富现代民主理论中精英主义民主的洞见。

关于行政权，章太炎主张应该由总统行使，"总统惟主行政国防"。至于总统的产生方式，1908 年的时候，他因为反对代议制，所以认为总统应该由"全国人民胪言推举"产生。① 民国以后，他改变主张，认为大总统应该由人民选举产生。②

章太炎关于行政权论述最大的特色在于限制总统的权力。盖因民初孙中山本极力主张总统制之人，又孙氏在同盟会中威望极高，故为分权与制衡、防止民主之下的专制，对总统之权力进行制约实有必要。

> 司法不为元首陪属，其长官与总统敌体。
>
> 虽总统有罪，得逮治罢黜，所以防比周也。
>
> 惟小学校与海陆军学校属之，其他学校皆独立，长官与总统敌体。
>
> 凡事有总统亲裁者，必与国务官共署而行之，有过则共任之，不使过归于下也。③
>
> 行政部应对议院负完全责任，不宜如美之极端分权。
>
> 纠察院自大总统、议院以至齐民，皆能弹劾，故不宜任大总统随意更换。④

民初章太炎对于司法权鲜有论述，但早年曾有见解，总体上看，他主张司法独立，法律面前人人平等，即使大总统也不例外。他认

---

① 章太炎：《代议然否论》，载马勇编《章太炎学术文化随笔》，中国青年出版社1999 年版，第 135 页。

② 章太炎：《中华民国联合会第一次大会演说辞》，载汤志钧编《章太炎政论选集》（下册），中华书局 1977 年版，532 页。

③ 章太炎：《代议然否论》，载汤志钧编《章太炎政论选集》（上册），中华书局 1977年版，第 464 页。

④ 章太炎：《中华民国联合会第一次大会演说辞》，载汤志钧编《章太炎政论选集》（下册），中华书局 1977 年版，第 532—533 页。

为，"总统与百官行政有过、及溺职受赇诸罪，人人得诉于法吏"①。

教育权是章太炎五权分立思想中最具特色的部分，其特色之处在于主张教育权独立。章太炎之所以将教育权独立，是因为"教育与他之行政，关系甚少，且教育宗旨定后，不宜常变，而任教授者，又须专门学识，故不应随内阁为进退"②。章太炎将教育权独立，还有一重考虑，这就是尽量减少各种行政权力对学校与教育的干扰，为学术的发展创造一个相对宽松的政治环境，因为在他看来，"学术文史，在草野则理，在官府则衰"③，只有教育权独立了，学校才能有独立发展的空间，民智才能进一步提升。

章太炎设立纠察权的目的，主要在于弹劾各级官员，"监督行政、立法二部"④，而对于普通百姓的纠纷，则应交由司法机关去处理。因此，纠察权与司法权既有一定程度的重合，但也有明显的分工与差异。

章太炎所设想的第三种政体模式，不仅具有"总统"这一总统制之下的官职，而且还有"总理"这一内阁制之下的官职，他主张"内官拟设总理"，"各部总长、次长以下，设参事厅，主讨论；设金事厅，主执行"⑤。这意味着，在章太炎的政体建构中，总统之下还有总理，由总理领导内阁，因此，其建构的政体兼有总统制和内阁制的特点，而内阁的具体建制，又吸收了中国古代官职的某些特色。

总体上看，章太炎所设想的第三种共和模式，一方面继承了西方英美国家的政体设计理念，另一方面，也吸收了传统中国的政治智慧。从中我们可以看到历史主义建构原则的影响。此后民国的中央政府制度在诸多方面也体现了这两面的混合，可见章太炎的这一设想，

---

① 章太炎：《代议然否论》，载马勇编《章太炎学术文化随笔》，中国青年出版社1999年版，第128页。

② 章太炎：《中华民国联合会第一次大会演说辞》，载汤志钧编《章太炎政论选集》（下册），中华书局1977年版，第533页。

③ 章太炎：《五朝学》，《章太炎全集》（四），上海人民出版社1985年版，第76页。

④ 章太炎：《与张謇论政书一》，载汤志钧编《章太炎政论选集》（下册），中华书局1977年版，第540页。

⑤ 章太炎：《致袁世凯商榷官制电一》，载汤志钧编《章太炎政论选集》（下册），中华书局1977年版，第575页。

并非毫无影响。

（三）国家结构

章太炎民初的政制设计不仅涉及中央各种性质的权力配置及其关系问题，还涉及了国家结构，也即中央与地方的关系问题。当时无论是思想界还是政治界，都有很多人主张革命后的民国应该采用联邦制的国家结构形式。比如山东宣布独立时，山东咨议局向清廷提出的 8条建议中，其中有一条就是宪法须注明中国为联邦政体[①]；黎元洪在担任中华民国武昌都督府都督后，也一度提出"建立联邦国家，作为对外交涉"的主张。[②] 此时的章太炎则非常鲜明地反对在中国实行类似美国的联邦制或者进行地方自治。因为在他看来，中国历史与美国、英国等具有极大之不同。各省"行政区划、统一已久"，革命所谓的独立，是对清朝统治而言的，而不是要求地方脱离中央的管辖与统治。[③] 如果在中国实行联邦制或者地方自治，势必再度引起分裂。

> 若分为联州耶？此土情势，即又与美辄戾，今之务在乎辑和民族，齐一语言，调度风俗，究宣情志，合之犹惧其隔阂，况剖分之。自宋以降，南人视北人则有异，荆、扬、益三州人，视岭外人则有异。地方自治始萌芽，而湖南、江苏、安徽比邻之民，又且相视若戎狄。滨海通商之地，其民羯羠不均，顾反有贱其宗国而厚爱欧、美人者。若一日分为联州，其遂离则愈甚。而南北美之战争，将亟见于汉土，于民族主义甚反矣。[④]

不过，章太炎主张的单一制国家结构依旧具有其自己的特色，这

---

① 夏莲居：《山东独立前后》，载全国政协文史资料研究委员会编《辛亥革命回忆录》（五），文史资料出版社 1981 年版，第 294 页。

② 谢俊美：《政治制度与近代中国》，上海人民出版社 1995 年版，第 277 页。

③ 章太炎：《中华民国联合会第一次大会演说辞》，载汤志钧编《章太炎政论选集》（下册），中华书局 1977 年版，第 532 页。

④ 章太炎：《代议然否论》，载汤志钧编《章太炎政论选集》（上册），中华书局 1977年版，第 462 页。

就是要求减少行政层次，扩大行政幅度。具体主张是废省存道，废府存县，从而形成中央—道—县的行政层级。章太炎之所以主张废省存道，主要是出于两方面的考虑。一是行省的权力过大，管辖范围过广，"大者百余县，小亦不损六七十县"，因此，"是名与联邦异，实与联邦同"，时间久了可能形成与中央对抗的力量，从长远看不利于国家的统一。另一考虑则是出于效率的原因，一省管辖区域太大，"欲另一长官兼统其事，丛脞已甚"。此外，废省存道还有以下五大好处：

> 地皆连附，无犬牙相错之忧，民情易洽，一也；中央之政令，直行边远诸道，其民接于政令愈近，则政事知识愈开，二也；道有肥瘠，瘠道苦经费不足，其士民不得不倡行实业，愿加地税，名为中央集权，乃愈促地方进化，三也；愊愊之民集，而自治丁口易悉，生产易知，四也；中央对于边道，不至坐忘，号令直行，不得不力筹交通之便，五也。①

在具体操作上，他主张根据面积与管辖范围的大小将一个省分为数个道，直接隶属于中央，每一个道则管辖二三十个县，原来介于省与县之间的"府"取消，这样一来，总体上减少了一级政府，将会大大地缩减行政机构、人员以及经费。从世界各国行政区划的改革趋势来看，章太炎的这一设想也具有一定的瞻前性。减少行政层级，扩大行政幅度，是当今世界行政区划改革的重要趋势之一。当代中国试点"省直管县"的行政模式在一定程度上也与章太炎的设想相当的吻合。

此外，在章太炎的国家结构设想中还谈到了少数民族区域的治理问题。1912年1月，他在写给张謇的信中谈到，"鄙夷东三省、新疆等处，政体当与域内小殊。蒙古、西藏，惟有存其王号，因其神权，

---

① 章太炎：《复北洋法政学堂教习今嘉幸井书》，载汤志钧编《章太炎政论选集》（下册），中华书局1977年版，第616—618页。

设总督以监理之"①。章太炎认为这些地区因为宗教与民族习惯等原因，在政治治理中应特殊对待。同年 2 月，他又致电袁世凯，主张"满洲、新疆、蒙古、青海、西藏，应有特别治法，俟交通便利，人民同化，再行改归一律"②，进一步表达了他对少数民族地区治理的看法，较早地阐述了少数民族地方实行特殊治理的理念。

（四）定都

辛亥革命以后，围绕着定都的问题，各种政治力量进行了长时间的较量与争论。有主张定都武昌者。有主张定都北京者，也有主张定都南京者，作为民国元勋，章太炎也卷入到了民初的定都风波之中。

最早时章太炎、黎元洪等主张定都武昌。在 1911 年 12 月 1 日发表的《宣言》中，他提出应该"认武昌为中央政府"③。这不仅因为武昌是首义之区，而且还因为章太炎一向比较欣赏黎元洪，认为其"总师汉上，戎士不偷"，"胡运方斩，轩辕下求"④。次日在各省都督府代表会议上，针对黄兴等人主张定都于南京的想法，章太炎又提出"以武昌为都城，以金陵为陪都"的建议⑤，仍主张将武昌作为首都。但基于当时革命形势的发展，章太炎的这一建议并没有被采纳，南京成为临时政府所在地。翌年 2 月，清帝退位，孙中山辞去临时大总统职务，袁世凯掌大权，此时国家即将统一，建都问题再次提上日程。以袁世凯为代表的北方势力自然主张仍建都于北京。但孙中山、黄兴等人则力主建都南京。在孙中山看来，让袁世凯南下就职，既可以避免"承受清帝统全权之嫌"，也可以牵制袁世凯的权力。⑥ 黄兴也认

---

① 章太炎：《与张謇》，载马勇编《章太炎书信集》，河北人民出版社 2003 年版，第 412 页。

② 章太炎：《致袁世凯商榷官制电一》，载汤志钧编《章太炎政论选集》（下册），中华书局 1977 年版，第 575 页。

③ 章太炎：《神州日报》1911 年 11 月 17 日第 3 版。

④ 章太炎：《大总统黎元公碑》，载汤志钧编《章太炎政论选集》（下册），中华书局 1977 年版，第 850 页。

⑤ 章太炎：《与赵凤昌》，载马勇编《章太炎书信集》，河北人民出版社 2003 年版，第 383 页。

⑥ 孙中山：《复章太炎函》，《孙中山全集》（二），中华书局 1981 年版，第 121 页。

为，建都北京"有民军投降之嫌，军队必大鼓噪"①，所以反对建都北京。此时的章太炎却表达了与袁世凯同样的看法，极力主张定都北京，并致信当时的南京参议院，陈述建都北京的好处与建都南京的弊端。他认为，建都南京有五大害处：

> 威力必不能及长城以外，其害一也。
>
> 苦寒之域，必无南土足音，是将北民化为蒙古，其害二也。
>
> 日、露已侵及东三省，而中原又失重镇，必有土崩瓦解之忧，其害三也。
>
> 使南北分立，神州幅裂，其害四也。
>
> 交民巷诸使馆，物力精研，所费巨万，若迫令迁徙，必以重资备偿，民穷财尽之时，而复糜此巨帑，其害五也。②

从章太炎的这一论述中我们也可以看到，章太炎之所以反对孙中山、黄兴而坚持定都北京，并非基于政党与派系的立场，而是站在一个更高的视角，从国家的统一、领土的完整、政府的财政、人民的负担、文化的发展、民族的团结等多方面思考这一问题，故而章太炎的这一主张得到了包括宋教仁、张謇等在内的很多人的支持。1912 年 2 月 14 日，南京参议院就建都问题进行投票表决，结果主张北京者 20 票，主张南京者 5 票，主张武昌者 2 票，主张天津者 1 票，按照这一结果，南北统一后的首都当继续定于北京。但是，由于孙中山的强烈反对，于是在第二天开会时，"粤省议员倡言重议"，结果"投票者二十七，主南京者十九票，主北京者六票，主武昌者两票"③。参议会的这一决议同样遭到了袁世凯等北方势力的反对。在这月月底，针对当时黄兴致电江苏都督庄蕴宽力主南京为首都的电文，章太炎又发表了《驳黄兴主张南都电》，再一次驳斥了孙中山、黄兴等人主张首

---

① 《黄兴集》，中华书局 1981 年版，第 130 页。

② 章太炎：《致南京参议院论建都书》，载汤志钧编《章太炎政论选集》（下册），中华书局 1977 年版，第 562—563 页。

③ 《参议院会议补记》，《民主报》，1912 年 2 月 25 日第七版。

都定于南京的主张。① 此后，南北双方以及各种政治势力围绕着定都问题进行了激烈的争论，但总体上看，孙中山、黄兴等人"在这场争论中，极为孤立"②。而且，由于袁世凯的军事势力，孙中山、黄兴等人的设想最终失败。4 月，民国首都迁往北京，章太炎的主张成为现实，但章太炎在这场争论中的"拥袁反孙"立场也使得他与一些同盟会会员之间的裂痕进一步加剧。

（五）国旗

中华民国成立伊始，孙中山等人倡导将青天白日满地红旗作为中华民国的国旗，黄兴主张井字旗，而武昌首义之区则认可十八星旗，曾经作为光复会首领之一的章太炎建议用五色旗。他认为五色意味着五族共和，是国家统一与民族团结的象征，更是"共和主义"的象征。1912 年 1 月 10 日，中华民国临时参议院通过决议，最终将五色旗定为中华民国国旗。五色旗能够成为中华民国的国旗，一方面体现了当时的江浙势力在民初的巨大影响，另一方面也说明了章太炎在民初的威望。终其一生，章太炎都将五色旗与民国相联系。1927 年年底，国民党欲以青天白日旗取代五色旗，章太炎悲情地写道："拔五色国旗，立青天白日旗，即是背叛中华民国。"翌年 5 月，他又致书李根源，认为"今之拔去五色旗，宣言以党治国者，皆背叛民国之贼也"，并表示如果五色旗被取代，那么他自己心目中的民国已灭亡，因此，自己"当为幼安、渊明之徒"③。此后青天白日旗果真取代了五色旗，他虽然没有像陶渊明那样"采菊东篱下"，但也基本上淡出了政界，并且一直以"中华民国遗民"自居，可见他对五色旗的感情之深厚。知夫莫过妻，1936 年章太炎病逝于苏州，当局拟为他举行国葬，其妻汤国梨女士不畏触犯当局，拒绝章太炎棺木披青天白日旗，而是买了红、黄、蓝、白、黑五匹绸子，按五色旗的顺序排列在

① 章太炎：《驳黄兴主张南都电》，载汤志钧编《章太炎政论选集》（下册），中华书局 1977 年版，第 565 页。

② 胡绳武：《民元定都之争》，《民国档案》1987 年第 2 期。

③ 章太炎：《与李根源》，载马勇编《章太炎书信集》，河北人民出版社 2003 年版，第 706、709 页。

棺内，并谓"章太炎一生为辛亥革命、为五色旗的诞生，出过力，坐过牢……因而用五色绸为他结彩，最为恰当"①。或许，这也是章太炎生前未说的遗愿。

（六）国歌

中华民国成立后不久，当时的教育部就向社会发布了征集国歌的通告：

> 国歌所以代表国家之性质，发扬人民之精神，其关系甚大。今者，民国成立……本部现拟征集歌谱，俟取材较多，再敦请精于斯学者共同审定，颁行全国。②

国歌征集结束后，教育部共收到了300多篇稿件，但是审查的结果却是这些国歌没有一个有深度，能够"足以代表吾民国者"，于是教育部决定改变征集的方式，改"募集为请求"③，向当时学术界名流发函，请求他们编撰国歌。章太炎也拟定了自己设想的国歌歌词：

> 高高上苍，华岳挺中央，夏水千里，南流下汉阳。四千年文物，化被蛮荒，荡除帝制从民望。兵不血刃、楼船不震、青烟不扬，以复我土宇版章。吾知作乐，乐有法常。休矣五族，无有此界尔疆。万寿千岁，与天地久长。④

这首歌词具有缜密的逻辑，首句藏头"华"与"夏"，意味着中华民族，主要是从地理上定位"中华民国"。第二句涉及文化与政治，"荡除帝制从民望"，意味着中国政治开启了走向共和的航程，是从文化与政治上定位"中国民国"。第三句是说从专制帝国走向共

---

① 章导：《忆辛亥革命前后先父章太炎若干事》，载陈平原、杜玲玲编《追忆章太炎》，生活·读书·新知三联书店2009年版，第104页。
② 《临时政府公告》第8号，1912年2月5日。
③ 《教育部编纂处月刊·文牍要录》，第1卷第2册。
④ 《教育部编纂处月刊·文牍要录》，第1卷第3册。

和的过程是以比较和平的方式过渡的，"楼船不震、青烟不扬"，是从过程上定位"中华民国"。最后谈及"五族"，是从民族特征上定位"中华民国"，意味着中华民国是各族人民"共和"的国家。在这里，章太炎并没有流露出学术界一向认定的大汉族主义色彩，相反，各民族平等的思想还较为浓厚。综合地看，章太炎所拟定的国歌文辞简约而不失典雅，内涵丰富，从各方面解析与定位了"中华民国"，是一首相当不错的国歌歌词。然而，由于章太炎一向以古文深奥闻名，因此，对于他拟定的国歌教育部也没有采纳，而是将当时众议院议员汪荣宝所拟定的《卿云歌》作为临时国歌。此后随着民国政府各种势力的轮换，国歌也一直没有定论。

在章太炎的民初建国方案中，除了涉及上述的政体建构、国家结构、首都、国歌、国旗等基本问题之外，还涉及诸如婚姻制度、宗教制度、选举制度以及财产制度等其他问题。

在婚姻制度上，他主张中国的婚姻与家庭制度应该沿袭旧俗，但应禁止早婚与纳妾。在宗教问题上，他提出了宗教自由原则，反对定国教，认为"中国本无国教，不应认何教为国教"。关于选举制度，他主张"公民不依财产纳税多额"，而以识字为标准获得选举权。对于财产权这一不可回避的问题，他提出了"限制田产""行累进税""设立国家银行"以及统一货币等方案。① 这些见解饱受争议，但也深富智慧，它们构成了章太炎关于现代中国的建国方案中不可或缺的组成部分。

总体而言，章太炎在民初对于现代中国的政体选择、国家结构选择、首都、国旗、国歌以及其他各项根本制度的确立，都有自己比较独立的见解，这些系统的看法构成了章太炎眼中的建国方略，也成为他心中现代中国的图景想象。贯穿于其所有政治见解之中的仍是这样一种信念：历史的连续性要求我们尊重传统，政治的发展离不开自己的历史与文化。

或许因为鲁迅点评乃师的关系，章太炎在政治领域的形象一直是

---

① 章太炎：《中华民国联合会第一次大会演说辞》，载汤志钧编《章太炎政论选集》（下册），中华书局1977年版，第533—535页。

早年激进，晚年"渐入颓唐"①，"在政治上停滞、落伍"②。因此即使到现在，也很少有人关注章太炎辛亥革命后的政见。从章太炎的人生经历看，在政治上他几乎是一个天生的反对派，所有的政治势力都没有真心地接受他。在晚清政府眼中，他是十足的元凶，多次遭通缉。③在孙黄的同盟会中，甚至以"疯子"作为拒绝他表达意见的理由。④至于袁世凯政府，更是对他进行了长达三年的监禁。直到晚年，他还因为发表不适当的言论而遭到国民政府上海支部的通缉。⑤但所有这一切只能说明章太炎不懂权术，不适合以"政治为业"而已。平心而论，章太炎在清季民初对政治的见解，对当时时局的判断与观察，偏执之中，不乏智慧；怪诞之中，不乏哲理；癫狂之中，不乏冷峻。民国十一年，作为"少年中国学会"七位创始人之一的张梦九就认为，章太炎"政治上的主张，为数千年来古今中外未经人发现的原理原则不少"，表达了对章太炎政见极大的认同。⑥后来成为中国青年党主席的曾琦还曾专门总结章太炎对于民国的政见，为章太炎正名，其言如下：

> 章太炎之喜谈政治，世人既常非笑之矣，虽然，太炎固非不解政治者也，岂惟能解政治，有时对于政治上之见解，且超过恒人万倍，此非吾人阿好之言，请举实例以证明之。先生以经生起家，埋头于章句者有年而不囿于君主之说，慨然主张民主主义，"中华民国"四字实创于先生亡命居东之时，此其政治见解过人之处一也。民国成立以后，首倡统一之说，力矫党人之非，（袁氏利用统一之说，此则又当别论，要之当时固应统一而不当分裂。）尤以反对奠都南京说为最有力，盖不愿放弃北方以让日人

---

① 鲁迅：《关于太炎先生二三事》，载陈平原、杜玲玲编《追忆章太炎》，生活·读书·新知三联书店 2009 年版，第 39 页。
② 姜义华：《章太炎思想研究》，上海人民出版社 1985 年版，第 461—462 页。
③ 汪荣祖：《章太炎散论》，中华书局 2008 年版，第 75—83 页。
④ 黄兴：《复孙中山书》，《黄兴集》，中国书局 1981 年版，第 9—10 页。
⑤ 汤志钧编：《章太炎年谱长编》（下册），中华书局 1979 年版，第 888 页。
⑥ 张梦九：《主义问题与活动问题》，《少年中国》1922 年 3 卷 8 期。

之发展，此其政治见解过人之处二也。宋教仁之在同盟会，其始并无赫赫之名，而先生居东时即已许为"江左夷吾"，其后民国成立，宋果负一时之望，章太炎之宏奖人才而长于鉴别，并世殆罕其匹，此其政治见解过人之处三也。唐绍仪之入国民党，孙黄皆信其诚而先生独察其奸，目为买办政治家，其后唐果欲一手提挈南方以归向北庭，民党鲜明之旗帜，因唐而减色者不少，此其政治见解过人之处四也。袁死黎继之时，天下皆庆统一，先生独以为分裂必将再演，其与友人书有云："今之中央，已成破甑，依阿趋附者固无人格，抵掌谩骂者亦太不识时务。"其后南北果再分立，此其政治见解过人之处五也。徐世昌之在北方，其始并不为民党所注意，先生独早识其阴谋，目为毒相，谓其阴贼险狠过于段氏万倍，至今而其言悉验，此其政治见解过人之处六也。①

以章太炎对于自己政治见解的自负，如见张梦九、曾琦二位的如此言论，想必引以为知己。二子虽有点言过其实，但也说明对于章太炎的政见，并世之人，未尝没有欣赏者。

对于章太炎的政见，当代研究中国近代思想的著名学者罗志田（罗厚立）先生亦有专论，他认为：

> 观章太炎一生论政，秉持只看今日，不计以往的原则，似乎非常实际；而其所论，又常从理性出发，即揆诸当时局势选出最佳策略而进言。且其论政多从中国整体出发，眼光远大；所献之策，常常是最应当做的。②

即使从实际的政治生态来看，章太炎在当时关于国家建构的政治见解也是具有相当的影响力的。他关于定都北京的优势的论述，赢得了包括宋教仁、张謇等在内的很多人的赞成，以至于孙中山专门写信

---

① 曾琦：《政治运动之前车与社会活动之先导》，《少年中国》1922 年 3 卷 8 期。
② 罗厚立：《国器章太炎》，《南方周末》，2005 年 8 月 11 日第五版。

给章太炎，要求定都一事，"可俟将来国民会议之"①。作为光复会的领袖，他关于民国国旗应该采用五色旗的主张，不仅被临时参议院通过，长期成为中华民国国旗，而且在整个北洋政府统治时期基本被国内外一直认可。辛亥革命后两年，袁世凯对他进行了将近三年的囚禁，只让他研究学问，不允许他发表政治意见，更可以印证章太炎当时政治见解的影响力。

观今察古，站在今天的政治视角来看，或许这位清季民初的疯子与狂人在国家建构方面能够给我们带来的启示，并非具体的政策建议与政治主张，他给予我们的智慧是，无论何时何地，思考中国这样一个大国的任何政治问题，切不可"横取他国已行之法"，一定要本着历史与传统的原则，结合"政俗"，统筹考虑。此外，章太炎作为一个公共知识分子，一个言论家，以不惑之年，虽艰难困苦，仍不畏权势，非汤武，薄周礼，其势也大，其情也真。这种真性情，真学问，真思想，真道德，在一定程度上也是值得我们今天的知识分子加以学习的。

---

① 孙中山：《复章太炎函》，《孙中山全集》（二），中华书局 1981 年版，第 122 页。

余论：传统、现代与现代之后

　　章太炎本一旧学传统中的人，却因帝国的危机而逐步接受西方的现代性，最终因个体的人生经历以及出于从义理层面上反击帝国主义的考量，对这一现代性给予了前所未有的批判与解构，并尝试建构中国自己的现代性。其一生集传统、现代与现代之后为一体，恐当世少有。

　　作为传统形象的章太炎始终是清晰的，并且获得了学术界基本一致的认可。这种形象的基础一方面来源于其深厚的旧学功底，这主要归功于其家学传统以及在诂经精舍长达 7 年的系统训练，① 当然，另一方面，这种形象也是其个人践行的结果。从早年的《膏兰室札记》《春秋左传读》，到中年的《国故论衡》《文始》《新方言》《庄子解故》《管子余义》《小学答问一卷》《说文部首韵语》，再到晚年的《国学概论》《春秋左氏疑义答问》，从 1906 年东京的国学讲习会②到 1932 年苏州的"国学会"③，章先生都展示了其在旧学方面的卓越造诣。其对传统的学习与接受，对传统的整理与继承，对传统的发扬与推陈出新，使之成为当之无愧的"国学泰斗"。章太炎中年虽然激烈地批判传统，利用传统，但实而论之，其对传统的热爱远非功利主义所能解释，也远非文化保守主义者所能统摄。传统在他心中具有永恒的实在性、审美性与价值性。

　　20 世纪 80 年代以来，作为现代形象的章太炎逐步被海内外接受。

---

　　① 汤志钧编：《章太炎年谱长编》（上册），中华书局 1979 年版，第 2—11 页。
　　② 同上书，第 214 页。
　　③ 汤志钧编：《章太炎年谱长编》（下册），中华书局 1979 年版，第 922—923 页。

这一现代形象关注的重心，并非章氏彻底的革命哲学以及政治激进主义倾向，而是聚焦于章氏思想底色中的非传统主义与非正统主义，以及它们对清末民初知识界思想启蒙与解放的巨大影响。正如本书第三章所述，先生早年所著之《訄书》，在其极其古雅的语言风格背后，隐藏的是一整套现代的观念体系与价值准则。在清季民初之中国，这套观念体系与价值准则成了最进步的意识形态。先生对传统主流之儒家以及孔子的诠释①，对五四以来大家所推崇的非正统思想家如王充、嵇康、阮籍、颜元、戴震等所给予的完全近现代的评价②，对民初思想解放尤其是五四新思潮的影响③，都使得先生超越了传统与旧学，而成了"思想解放的先锋"④，成了衔接改良主义启蒙者和"五四"反传统主义启蒙者的关键人物。⑤

就思想解读而言，用"传统与现代"这种非此即彼的本质主义来定位章太炎，并不能解释先生思想中诸多既非传统也非现代性的思想特质。故而，现代之后或者说现代性批判成了理解章太炎思想的"第三个维度"。他解构公理、反对惟物、批判自然、质疑进步、消解现代人的主体地位、拒绝现代性之决定论、目的论与乌托邦，形成了对现代性之主体性、乐观主义、理性主义以及进步理念的系统反思，构成了近代中国一整套"现代性批判"的话语体系。也正是这一话语体系与现代性的批判维度，非常清晰地彰显了他在当时思想界中的独特性与深刻性。当绝大多数中国人以一种本质主义的思维方式，或者以传统为坐标审视西方现代性，或者以现代性为坐标检讨传统的时候，唯有先生跳出这种思维牢笼。他不仅从现代性的角度审视传统的不足，也不仅从传统的角度审视现代性，更重要的是，他站在某种后现代的立场上看到了西方现代性背后巨大的陷阱，看到了国人因逐步

---

① 王汎森：《章太炎的思想（1868—1919）及其对儒学传统的冲击》，台北时报文化出版事业公司 1985 年版，第 185—189、199—204 页。

② 余英时：《中国思想传统及其现代变迁》，广西师范大学出版社 2004 年版，第 85 页。

③ 汪荣祖：《康章合论》，中华书局 2008 年版，第 97—105 页。

④ 同上书，第 97 页。

⑤ 黄万盛：《启蒙的反思与儒学的复兴——二十世纪中国反传统的再认识》，《开放时代》2007 年第 5 期。

接受此一现代性而不断地失去心灵主权。在此意义上，章太炎至少在部分思想上成了那个时代的先知。

作为第三维度的"现代之后"注定了其批判性有余，而建设性不足。先生所处之世，人心惟危，道心惟微，正所谓邦危道丧。当是时，拥抱现代性几成国人的共识，在这种情况下，他对现代性的解构只能是曲高和寡。毕竟，在现代性还未充分发展的中国，他对现代性的批判实在是走得太远了。更重要的是，"现代之后"本身并没有多少建构性，因此，他对"现代"的解构具有一种解构"现代人"本身的倾向，故而，这种解构最终可能解构掉中国人的危机感与方向感，甚至陷入某种虚无主义的深渊，因此，其思想的深邃注定只能在历史的尘埃中被遗忘与忽视，这也正是先生的"后现代"形象不为时人所知晓的重要缘故。

从思想史的角度看，清季民初章太炎对现代性的系统反思，不只具有些微的重要性，它意味着，在近代中国思想的谱系中，"现代之后"成了超越传统与现代的第三个维度，也成了我们理解近现代中国思想变迁与发展的另一个窗口。透过这个窗口，我们可以窥视近现代中国因西方的分裂与中国的危机而导致的思想家们的思想的复杂性与矛盾性。对于晚清知识分子来说，他们很难理解这种维度所具有的意义，因为在他们看来，帝国主义在带来枪炮的同时，也带来了希望，带来了大同的梦想，带来了乐观主义的世界图景想象。

这种乐观主义想象在中国受到怀疑并非章太炎进行批判与解构的后果，而是民初中外政治现实的产物。伴随着晚清帝国的轰然倒塌，中华民国在高调中诞生。然而，在走向共和的征程中，人们看到的是各种政治势力之间永无止境的斗争，各派军阀之间长期的混战。袁世凯的窃国之道，恐怖与暴力之下的"民主"选举，宋教仁血溅车站对"共和"的嘲弄，"府院"之间瞬息万变的分分合合，所有这一切，似乎都与现代性之乐观主义相距太远。十年以后，张闻天曾这样描述民初中国的图景：

自民国产生以来，中国内部弄得昏天黑地，不见天日……中国人一直从水平线直滚到深渊之底。①

　　章太炎曾言："共和之名不足多，专制之名不足讳。""代议政体必不如专制为善。"② 按张闻天所说，专制之下，中国尚在水平线，及至共和，反而滑到深渊，由此观章太炎当初之言，竟成谶语。

对民初乐观主义的怀疑更有西方现代性本身的悖论。一战的开始，终结的不是人类的苦难，而是终结了现代性之决定论的狂妄。现代性的自我发展最终使世界看到了它背后可能存在的野蛮性，高科技下的战争与屠杀成了对现代文明巨大的讽刺。或许因缘于局外人的立场，在中国参加一战之前，虽然部分中国人认为德国的行为是"有强权无公理"，根据公理法则，"强权公理竞争剧烈之时，最后之胜，必归公理"，故中国对德参战是公理向强权宣战。③ 但与此同时，大部分知识分子还是能看出此战的帝国主义性质，认为这是"欧洲各国之民族间，互相猜忌，互相嫉恶，积不能返"的结果④，是争取经济利益的"利害之冲突"，是"经济之战争"⑤。朱执信在《中国存亡问题》一文中更是如是写道：

　　如谓此役为正义而不得不战乎？则德国方面，其违反人道之处，果如英、法、俄之甚乎。谓德之潜艇无警告击沉船舶为不仁，谓德国虐待比利时、塞尔维人民，谓德国强行通过比利时、罗森堡为无公理，诚有之。然协商国又何以胜彼。英国之进兵希腊，与德之进兵比、罗有以异乎……同是对付敌人，何以英、法用以饿死敌人之策，便为甚合于人道；而德国稍稍管束征服地之人，便不可恕。⑥

---

　　① 张闻天：《对少年中国学会的意见》，《少年中国》1921 年 3 卷 2 期。
　　② 章太炎：《代议然否论》，载汤志钧编《章太炎政论选集》（上册），中华书局 1977 年版，第 461、469—470 页。
　　③ 地雷：《信道不可不笃》，《公言报》1917 年 3 月 34 日第 2 版。
　　④ 伧父：《大战争与中国》，《东方杂志》1914 年第 11 卷第 3 号。
　　⑤ 《文明进化与废止战争之推测》，《大公报》1916 年 5 月 9 日第 5 版。
　　⑥ 朱执信：《朱执信集》（上），中华书局 1979 年版，第 258 页。

及至中国对德宣战，特别是自从德国打了败仗以后，部分中国人的心态出现了微妙的变化，以至于"'公理战胜强权'，这句话几乎成了人人的口头禅"①。似乎一战的性质因中国的胜利而真正成了公理与强权的较量。战争结束后，学校升旗，政府阅兵，市民提灯，寺庙钟鸣，举国欢腾。甚至总统徐世昌都认为一战是"协商国士兵人民，不惮躬冒艰险，卒以公理敌强权而获此最后之胜利"②。于是全民都聚焦于后来的巴黎和会，对此给予厚望，乐观主义者认为"此次会议，必以公理正义为基础，凡用武力强权，造成国际间不公平之待遇，均当予以纠正"③，但结果还是事与愿违。在这次胜利者的分赃盛宴上，代表公理一方的中国，竟被以公理自居的西方出卖给了"强权"的日本。以至于几个月前还认为"无论对内对外，强权是靠不住的，公理是万万不能不讲的"并夸奖威尔逊为"世界上第一个好人"④的陈独秀，此时居然破口大骂：

> 各国都重在本国的权利，什么公理，什么永久和平，什么威尔逊总统十四条宣言，都成了一文不值的空话。⑤
>
> 欧洲和会，只讲强权不讲公理，英、法、意、日各国硬用强权拥护他们的伦敦密约，硬把中国的青岛交给日本交换他们的利益，另外还有种种不讲公理的举动。⑥

现代中国人第一次集体性的发现，即使他们接受了西方文明纸面上的游戏规则与法则，他们一直以为"神圣不可干者"的公理原来与强权之间，仅有微小的距离。终于，在现代性之乐观主义受到审视之后，现代性之公理世界观也在国人心中受到质疑。

西方的分裂造就了东方的分裂，西方现代性的自我终结也终结了

① 陈独秀：《〈每周评论〉发刊词》，《每周评论》1918 年 12 月 22 日第 1 版。
② 《政府公报》，1918 年 11 月 17 日第 2 版。
③ 高劳：《欧战后中国所得之利益》，《东方杂志》1919 年第 16 卷第 2 号第 5 版。
④ 陈独秀：《〈每周评论〉发刊词》，《每周评论》1918 年 12 月 22 日第 1 版。
⑤ 陈独秀：《两个和会都无用》，《每周评论》1919 年 5 月 4 日第 2 版。
⑥ 陈独秀：《山东问题与国民觉悟》，《每周评论》1919 年 5 月 26 日第 3 版。

部分国人对西方的想象。"五四"其实是西方现代性在中国与西方同时遭遇困境之后引起中国人集体反思的大爆发。自此之后，现代中国知识精英的思维层面一分为三：绝大多数人继续在现代性之路下寻找出路，自由主义者继续以英美为师；社会主义者则看到了英美现代性存在的巨大隐患，转而致力于苏俄现代性在中国的建构；无政府主义者则企图诉诸暴力、恐怖与暗杀来实现解放的神话。但从现代性的视角看来，无论是自由主义、社会主义，还是无政府主义，本质上都对现代性依旧有幻想，对人类的乐观主义前景，深信不疑。还有一部分人则对现代性半信半疑，现在他们被认为是文化保守主义者。一方面，他们倾向于从传统中发现解决当下中国问题的智慧。对于他们来说，无论是拥抱苏俄还是模仿英美，皆无异于缘木求鱼。他们似乎站在后现代的立场上为自己的前现代立场进行辩护，并由此对西方文明给予相当程度的反思与解构。但是另一方面，文化保守主义者对中国文化与世界图景的想象虽然具有多元主义的色彩，但他们总体上的乐观主义态度又使得他们具有了现代性之目的论倾向。

"五四"最容易被现代人所遗忘或者忽视的是，在五四的思想世界中，还存在着第三个维度，这就是极少数知识分子站在后现代的立场上彻底审视这个世界以及作为主体的人本身。最终，他们的思想底色并非是对于传统与现代的思考，而是对人这个现代性主体存在维度的反思，是某种后现代的虚无主义与绝望。"于天上看见深渊。于一切眼中看见无所有。"① 对于鲁迅来说，现代性之中的人似乎注定要掉入到一个巨大的黑洞之中，他们似乎看到了一切，但一切又是虚空。"只有一个虚空，我用真实去换来的虚空存在。"② 同样，历史与世界也注定在通往坟墓的永恒轮回之路中，而不是现代性之至善论与乌托邦。③ 在此，鲁迅与乃师之间并不只有表面上的相似性。换句话说，章太炎晚清对现代性的解构与审视，在民初的鲁迅身上得到了真实的再现。

---

① 鲁迅：《墓碣文》，《鲁迅全集》（第二卷），人民文学出版社1973年版，第207页。
② 鲁迅：《伤逝》，《鲁迅全集》（第二卷），人民文学出版社1973年版，第132页。
③ 鲁迅：《过客》，《鲁迅全集》（第二卷），人民文学出版社1973年版，第195—198页。

　　这样一来，"五四"就不仅仅是传统与现代之争，也不仅仅是现代性的诸神之争，五四在相当程度上也是现代性与后现代之间的某种对话。论者通常看到了鲁迅对传统中国作为"他者"形象的孔乙己、阿Q、祥林嫂等人进行的揭示，却忽视了此一过程实际上也是鲁迅对作为现代存在者的"自我"进行的反思与解剖。近乎悖论的是，最终，当传统中国的"他者"形象真相大白的时候，鲁迅自身却陷入到了某种难以自拔的迷茫。这其中的原因是，在五四的时代，绝大多数知识分子依旧站在现代性的立场之上审视传统，而鲁迅有时是立足于后现代的立场而对前现代给予极富深刻的解构。这样一来，其在解构传统的同时，也解构了现代本身与自我。

　　在与鲁迅同时代的王国维身上，我们同样能发现某种后现代批判与解构的立场。王国维先生虽比章太炎小7岁，但其诸多言说，竟与章太炎对现代性之批判与解构，几近一致。

> 　　原西说之所以风靡一世者，以其国家之富强也。然自欧战以后，欧洲诸强国情见势绌，道德堕落，工业衰微，货币低降，物价腾涌，工资之争斗日烈，危险之思想日多。甚者如俄罗斯，赤地数万里，饿死千万人，生民以来未有此酷。而中国此十二年中，纪纲扫地，争夺相仍，财政穷蹙，国几不国者，其源亦半出于此。①

　　王国维先生在此所表达的恰恰是对西方现代性的某种反思，是一战之后国人集体性自我批判的一个缩影。王国维先生早年亦有如此之言论："性之为物，超乎吾人之知识之外也。"②"大恶之所有成，不由其乏理性，而反由与理性同盟之故。"持此论调，盖现代性之乐观主义、理性主义，皆可一扫而尽。王国维又说："理之为物，但有主观的意义而无客观的意义。"③"自生民以来，至于今世界之事变，孰

---

① 窦忠如：《王国维传》，百花文艺出版社2007年版，第308页。
② 王国维：《王国维文学美学论著集》，北岳文艺出版社1987年版，第116页。
③ 同上书，第136页。

非此善恶二性之争斗乎?"① "茫茫千万载，辗转周复始。"② 由此可知，王国维先生的历史观念，与现代性之至善论与乌托邦亦截然不同，其底色是某种悲观主义的循环意识。故而，章太炎对西方现代性的解构，在民初王国维先生那里同样有着思想上的关照性。此外，20世20年代发生在中国的科玄论战，在一定程度上也可看成是对西方现代性之理性主义的反思与争论。或许，如果爬梳"五四"以后中国思想史中某些边缘性的话语，我们亦可以发现近代中国一条从章太炎、鲁迅、王国维等一直延续到今天的现代性批判话语谱系。

在相当程度上，当代中国人在思维层面上处于另一个"五四"时代，传统、现代与对现代的反思在同一时代错综复杂的交织在一起。一方面，现代性在中国已有近百年的发展，成了中国最强势的语言与实践，当下中国的物质文明与通用的语言符号证明了现代性在中国的强势地位。③ 但是，另一方面，即使在今天，传统也并非像列文森先生所说的那样只有"博物馆"的意义，国人在思维习惯、家庭观念、政治理念、职业选择、人生旨趣等方面，依旧受到传统的影响，或者说传统依旧在这些方面潜意识地影响着国人，近几年的国学升温，也说明传统在今天中国人的集体思维层面上依旧具有重要性。不过更重要的是，近30年以来，伴随着现代性的极度膨胀，现代性的负面影响也在发展中逐步凸显出来，对大部分中国人来说，生存不再是问题，意义与价值危机再一次成了我们时代严峻的思想困境。在这种情况下，现代性批判在中国的兴起自然就获得了强烈的背景支撑。不过，当下中国的问题，只是对现代中国的现代性进行系统反思与批判的切入点而已。对现代中国现代性的系统反思，最终将以反溯的形式回到近代中国。因为正是近代中国对西方丧失心灵主权，最终使得现代性的观念体系主导了近代中国人的思维，成了几代中国人的心理沉

---

① 王国维：《王国维文学美学论著集》，北岳文艺出版社1987年版，第125页。

② 同中书，第276页。

③ "不只是'词汇'，而是'语言'本身"的转向意味着外来文明"对于原有社会的颠覆达到相当的程度"。[美]列文森：《儒教中国及其现代命运·代译序》，郑大华、任菁译，中国社会科学出版社2000年版，第9页。

淀。在此意义上，章太炎对现代性的反思与批判，在这一现代性的反思谱系中具有特殊的地位。他对这一问题的思考，将为当下中国的现代性批判提供丰富的思想资源与借鉴。

附录　学术界关于章太炎思想研究的几点争论

　　目前学术界关于章太炎思想的研究争论有很多，笔者在此尝试基于本书的研究而选择其中的一部分进行探讨，以为抛砖引玉之用。

　　第一是关于章太炎思想的矛盾性与统一性的问题。美国学者高慕珂（Michael Gasster）在他撰写的《中国知识分子与辛亥革命：现代中国激进主义的兴起》一书中专门辟章讨论章太炎的思想。他认为章太炎的思想经常表现出矛盾性与冲突性。时而改良，时而革命；时而激进，时而保守；时而主张共和，时而反对代议。他几乎与他所在的世界格格不入。高慕珂将章太炎思想的矛盾与冲突归因于他一生不断的受挫感，认为这是一种深沉的抗议。[①] 另一位学者李哲贤（Jer－shiarn Lee）也认为，章太炎的思想本身充满着矛盾，但这种思想矛盾并非不可解释。他将其解释为章太炎对国粹的保护与偏爱。[②] 与此不同的是，汪荣祖力辩章太炎思想的矛盾性与冲突性。在他看来，章太炎思想的矛盾与冲突只是表面性的，我们之所以看到章太炎思想的冲突性，那是因为我们未能对章太炎的思想做广泛的观察，深入的分析，没有看到章太炎自始至终都有一特定的立场，即文化多元论。[③]

　　我们大可不必为尊者讳，因人废言固不可取，但因人立言也非实事求是。章太炎的思想确实经常露出两面性与多变性，章太炎本人也

[①]　Michael Gasster, *Chinese intellectuals and the revolution of* 1911: *The Birth of Modern Chinese Radicalism*, Seattle and London: University of Washington Press, 1969, pp. 190－227.

[②]　Jer－shiarn Lee, *Chang Ping－lin* (1869－1936): *A Political Radical and Cultural Conservative* (*doctorial dissertation*), The University of Arizona, 1990, pp. 165－180.

[③]　汪荣祖：《康章合论》，中华书局2008年版，第92、111、114、122、125页。

常给人矛盾多变之感。近人思想之多变，非独章太炎一人，康有为、严复皆如此。如果急欲为尊者正名，以为大凡思想家，思想必前后统一，观点必逻辑顺畅，急待从矛盾多变之中发现统一性，反而大有太过"可爱"而不"可信"之疑。

章太炎早期反对传统之儒学，晚年则"粹然成为儒宗"①；19 世纪末主张改良，20 世纪初则彻底走向革命，这些是历时性的思想冲突与矛盾。对于这种矛盾与冲突，笔者认为，超越单纯的道德立场而进入章太炎所处的社会与时代环境，就会得到更加合理的解释。盖近代中国，本处多事之秋，急变之世。思想反映社会存在，也受社会大背景之制约。故而思想家想法前后不同，实乃世道之异，因此与时俱进，亦顺乎常理。章太炎本一深受传统文化熏陶之人，及至中年，猛然遭遇西方的现代性，于是一股脑地，欲以西学拯救中华，后系狱中三年，痛定思痛，豁然发现西方现代性背后的陷阱，于是发"四惑之论"，谈"五无之境"。想以一人之躯，同时遭遇传统、现代与后现代三重思维之困境，故前言后语之间，偶有所悖，岂不寻常？

至于章太炎一面主张共和制，一面反对代议制；一面主张民族主义，为建构现代民族国家而奔波不息，一面大谈"五无之论"，做无生主义的感慨，这些是共时性的思想冲突与矛盾。它们表面上给人一种思想家的思想左右皆不能自圆其说之感，但此种表象也未必就是真实。如能身临其境，与其进行心灵深处的对话，或能窥见端倪。常人经常做理想与现实之分，知手段与目的之殊，思想家其思维本身也会具有多维度性。章太炎谈"五无之论"，其意欲以宗教激发大无畏之牺牲精神，必有此出世之情怀，方可成建构民族国家之入世伟业，此有何矛盾之处？章太炎主张共和，其所反对者，乃在君主政体；章太炎反对代议，其所主张者，乃在直接民主，于此亦未尝有错。

第二是关于章太炎的民族主义尤其是对待清朝的问题。一些学者认为章太炎是一个狭隘的种族主义者。美国学者傅乐诗（Charlotte Furth）在其《特立独行之哲人——章炳麟的内心世界》中就持此种

---

① 鲁迅：《关于太炎先生二三事》，载陈平原、杜玲玲编《追忆章太炎》，生活·读书·新知三联书店 2009 年版，第 40 页。

看法。他认为，章太炎的民族主义概念主要是奠基于他的种族主义的认识，从根本上讲，章太炎是一个具有种族意识的本土主义者（ethnically nativist）。[1] 王东艳比较了章太炎的民族主义与梁启超的民族主义思想的不同。她认为"章太炎的民族主义思想以种族和文化为民族认同符号，表现为一种种族民族主义"[2]。不过张灏对此持有不同的意见。他认为，章太炎种族民族主义色彩只是其早期思想中一段小插曲而已，最终章太炎从道德与宗教两个方面显示了其思想与单纯的种族民族主义者的巨大差异。[3] 李润苍也认为，1900 年以后，章太炎的民族主义有了巨大的进步，这不仅表现在其对"帝国主义的认识的不断提高"上，而且他的民族主义也摆脱了狭隘的种族色彩，甚至把民族主义"同亚洲被压迫民族完全独立和世界真正和平联系起来"。[4]

在笔者看来，章太炎的民族主义具有非常独特的性质。第一，章太炎早年的民族主义只是一种极其简单的复仇，即"驱除鞑虏"，恢复汉人的统治。但章太炎为此民族主义进行的合法性论证却表现出了现代性。特别是他从进化论的角度解释种族与文化优越性之间的关联性。更重要的是，章太炎的文化优越性之论证还基于血缘与地理等，从而使得章太炎的华夷之辨具有不同于宋明以后的还原主义倾向。在章太炎那里，华夷之辨的起点是血缘、种族，然后才是在此基础上的文化。华夏民族卓越的历史与文化是根植于其地理与血缘，清政府即使采用了华夏文化也没有统治的合法性，因为其"后进民族"的血缘劣根性决定了他们不可能成为优秀人种。章太炎民族主义的第二个特色之处在于遭遇了帝国主义。帝国主义使得章太炎的民族主义具有了真正的现代性，为此他一度放弃了此前对清政府简单的复仇，希望"以革政挽革命"，建立一个真正的现代民族国家。在此我们发现了

① Charlotte Furth, "The Sage as Rebel: the Inner World of Chang Ping – lin", Charlotte Furth ed., *The Limits of Change: The Conservative Alternatives of Republican China*, Cambridge, Mass: Harvard University Press, 1976, pp. 128 – 139.

② 王东艳:《章太炎与梁启超民族主义思想比较》,《齐鲁学刊》2006 年第 4 期。

③ 张灏:《危机中的中国知识分子》,高力克等译,山西人民出版社 1988 年版,第 155—165 页。

④ 李润苍:《论章太炎的民族主义》,《近代史研究》1981 年第 3 期。

章太炎超越反满之传统民族主义的国家本位性的现代民族主义，从而彰显了章太炎非狭隘种族民族主义者的特色。

在相当长的一段时间内，章太炎的反满民族主义仅仅是一种引而不发的观念形态，但帝国主义最终使得这种反满民族主义进入到了实践，换句话说，章太炎的反满民族主义是帝国主义的结果而不是相反。不仅如此，帝国主义还使得他的民族主义超越了国界，具有普遍解放的性质与意义，具有文化多元主义的色彩。在此意义上章太炎的民族主义不仅具有极强的政治性，还具有现代性批判的价值。章太炎民族主义的最后一个特殊之处在于，他晚年的民族主义从一政治性的概念转换成了一文化性的概念，由此使得他对五四反传统提出了激烈的批评，并将维护国粹视为自己最神圣的使命。

第三是关于章太炎的文化保守主义问题。章太炎对于传统文化的态度，确实给人扑朔迷离之感。他早年虽然对于传统文化中的儒家给予了非常猛烈的批评，但与此同时，他又对传统中的某些异端给予了极高的评价，甚至挖掘了很多传统中原本被忽视的思想人物。中年以后，他非常自负地认为"上天以国粹付余"，但他所从事的却是印度佛学的研究，虽然也涉及庄子学。及至晚年，他一反此前对儒学的傲慢与不满，甚至对自己当年的订孔、反孔表示忏悔，几乎视国学为自己的生命。①或许正是这其中的多变之故，在章太炎的文化立场上，一些人认为章太炎是文化保守主义者，他所提出的国粹，成为中国文化保守主义的重要课题。② 李哲贤（Jer‐shiarn Lee）甚至以《章炳麟（1869—1936）：一位政治激进主义者及文化保守主义者》为题，撰写了英语界第一本研究章太炎思想的博士论文。在他看来，我们并不能单纯用激进或者保守来称呼章太炎这样一位极其复杂的思想家，至少应对其思想进行政治与文化上的区分。在政治上，章太炎是一个彻底的激进主义者，但在文化

①　章太炎：《与柳翼谋》，载马勇编《章太炎书信集》，河北人民出版社 2003 年版，第740 页。

②　Charlotte Furth，"The Sage as Rebel：the Inner World of Chang Ping‐lin"，Charlotte Furth ed.，*The Limits of Change：The Conservative Alternatives of Republican China*，Cambridge，Mass：Harvard University Press，1976. pp. 118‐127.

上，他是文化保守主义的领军人物。① 不过，对于章太炎的文化立场，汪荣祖并不认为其是文化保守主义者，他甚至拒绝用保守一词来称呼章太炎。在他看来，用文化多元主义或者文化多元论来称呼章太炎也许更能体现章太炎文化立场中的那种宽容与平等性格。②

从现代性的分析视角来看，章太炎对文化所表现出来的立场经常与政治紧密相连，已经远非"文化保守主义"一词所能概括。他早年对文化的批判主要是基于一种打击政治对手（改良派）以及为革命张目的需要，因此具有十分强烈的个性色彩，破坏性极强。不过这一文化批判也是因为，西方现代性为他提供了某种类似于唯物主义的思维方式，从而使得他批判传统时具有了比较充分的现代性思想资源。章太炎中年在文化方面的建构再一次显示了他与文化保守主义者的巨大差别。他站在某种现代性批判的视角上去解释传统文化中的庄子学，并且借用印度哲学来建构他的理论体系，在此之下，章太炎的文化立场确实显示了汪荣祖所强调的多元性。然而，在笔者看来，章太炎这一多元主义的文化立场更多的是出于一种弱者保护自身的需要，而不是内心真实的意思表达。章太炎心灵深处自始至终都具有某种原始意义上的华夷之辨情结。不仅如此，基于批判西方现代性之决定论与目的论的需要，章太炎的文化立场展示了某种特殊主义，这两者最终导致章太炎的思想溢出了文化保守主义的场地。但章太炎的这一文化立场与学术创建依旧不具有真正的学术性，而是出于从学理与道义层面上打击帝国主义合法性的政治需要。同样，章太炎晚年的文化保守主义形象也具有某种政治的考量，但此时的对手已经不是改良派，也不是欧美帝国主义，而是现代性充分发展的日本。

第四是关于文化或者国粹在章太炎思想中的地位问题。一些研究者断定章太炎从事革命的依据是因为对保护国粹也就是中国传统语言文字、典章制度以及人物事迹这三者的关切。③ 孙华伦（Warren Sun）

① Jer－shiarn Lee, *Chang Ping－lin*（1869－1936）: *A Political Radical and Cultural Conservative*（*doctorial dissertation*）, The University of Arizona, 1990, pp. 193－201.

② 汪荣祖：《康章合论》，中华书局 2008 年版，第 92、111、114、122、125 页。

③ 章太炎：《东京留学生欢迎会演说辞》，载张勇编《章太炎学术文化随笔》，中国青年出版社 1999 年版，第 95 页。

在《章炳麟及其政治思想》一文中就持这样的看法。他认为，章太炎无论是早年主张改革，还是中年主张排满革命，都渊源于他对保存中国文化的关切①。而汪荣祖则认为，章太炎提倡国学，主张保护国粹更多的是因为一种定位自己国家之特殊性从而彰显自身存在的现实需要。② 在此意义上，章太炎对于国粹究竟有多大的感情是值得疑问的。不过，更多的学者对此两者持某种调和的态度。在他们看来，国粹在章太炎的思想底色里兼有工具性与目的性的双重价值。正如李哲贤（Jer – shiarn Lee）所言，章太炎对于保存国粹之关切，并不仅仅是因为他是一位国学家，因而深觉有拥护传统学术之责任，也是因为他相信保存国粹对于一个国家民族之存亡有其必要性。③ 张灏也表达了基本类似的看法：

> 国粹运动必须看作是对西方冲击在中国肆虐的一个反响。这个运动受到两种有力的相互纠缠的感情偏向的滋养。一个是对文化自身的焦虑：中国知识分子已经痛切地感到，在他们的国家与西方对抗中他们自己传统的缺陷，因而不得不为断言自己文化的价值而自豪。"有人因为我们与西方文化的差异而惭愧，我恰恰为此而感到自豪"，当他如此回答西方文化的冲击时，这种感情无疑存在于他的胸怀中，与他对文化本身关注密切的是他的另一个信念：传统价值意识对于培养民族主义是十分必要的。④

章太炎对于传统文化的感情是复杂的，至少有三个因素分别联系着这种感情。一方面，基于他的考据学背景与对中国历史文化典籍的学习，传统与文化在他的眼里是祖先的智慧，是政治共同体的记忆。它凝

---

① Warren Sun, "Chang Ping – lin and His Political Thought", *Paper on Far Eastern History*, September, 1985, pp. 64 –66.

② 汪荣祖：《康章合论》，中华书局 2008 年版，第 103、111 页。

③ Jer – shiarn Lee, *Chang Ping – lin (1869 – 1936)：A Political Radical and Cultural Conservative (doctorial dissertation)*, The University of Arizona, 1990, pp. 91 –92.

④ 张灏：《危机中的中国知识分子》，高力克等译，山西人民出版社 1988 年版，第 163 页。

聚了民族的传统与历史，因此它本身就是渗透在我们血液里的历史情感，具有永恒的价值。国粹不仅是符号，也是反哺之源，是中国人之所以为中国人的根据。另一方面，传统与文化还具有功利主义的价值，它是政治共同体最好的叙事材料。因此在动乱的年代，尤其是在异族入侵的时候，传统与文化的复活，会让政治共同体的民族情感显著上升，故而它在培养民族主义的情感，保护国性、种性方面起到了无法替代的作用。观中国历史，宋亡而明起，明亡而中华民国起，皆因历史传承，丹青常在。此外，在他那里，传统与文化还有一十分重要的功能，它是现代中国民族国家建构的重要思想资源。在他关于现代中国的政治制度设计中，我们可以发现，历史主义几乎成了一条贯穿始终的主线。

第五是关于章太炎人生态度的问题。一些人认为章太炎是一个悲观主义者。萧公权基于章太炎的"五无之论"，甚至称其为"中国最悲观之政治思想家"。① 高瑞泉也认为，虽然章太炎还没有悲观到像王国维那样需要去自杀，但是总体而言，他依旧是一个积极的悲观主义者，而且很容易滑向如王国维那样厌世的"消极悲观主义"②。高慕柯（Michael Gasster）也认为，章太炎作《五无论》，本身就体现了一种"政治上的悲观主义"，而且认为正是1907年夏天的一系列事件尤其是革命运动受挫，与孙中山等人决裂等导致了他发无生主义的感叹。③

就个人经历而言，章太炎一生确实近乎悲剧。不仅先后七次被追捕，三次入狱，而且两次试图绝食自杀。④ 但是，个人的悲剧色彩并非意味着其思想就是悲观主义的。个体自身的客观经历与他自己主观的认知之间并非总是一致的。更重要的是，所有断定章太炎乃一悲观主义思想家的研究者，都将此一论断建立在章太炎无生主义的论调之

---

① 萧公权：《中国政治思想史》，辽宁教育出版社1998年版，第819页。

② 高瑞泉：《进步与乐观主义》，载许纪霖、宋宏编《现代中国思想的核心观念》，上海人民出版社2011年版，第156—157页。

③ Michael Gasster, *Chinese intellectuals and the revolution of* 1911：*The Birth of Modern Chinese Radicalism*, Seattle and London：University of Washington Press, 1969, pp. 210 – 213.

④ 分别是1904年因禁上海监牢之时以及1914年关押北京龙泉寺之时，汤志钧编：《章太炎年谱长编》（上册），中华书局1979年版，第191—192、473—474页。

上。但非常明显的是，这种论断与章太炎做此文时的政治实践之间存在着明显的断裂。在此，我们需要分析章太炎无生主义背后复杂的动因。

章太炎的无生主义是基于佛学视角上对人性幽暗意识的体察。就思想而言，对人性的高度怀疑与幽暗意识本身与悲观主义没有直接的相关性，现代西方的自由民主制度，恰恰与幽暗意识以及人性论上的怀疑主义有着某种关联性。在此意义上，章太炎做无生主义的论述，实际上是要求现代人正视自身的理性与智慧的局限性，并非真正的逃避现实与彻底的虚无主义，而是含有十分积极的思想动因的。此外，此一无生主义对乐观主义的彻底解构，实际上否定了现代性之决定论与目的论，从而也在理念层面上解构了西方所宣传的普世价值的合法性，何谈悲观主义之有？

第六是关于对章太炎晚年思想的评价问题。或许因为鲁迅点评乃师的关系，此一问题竟一直成为定论。鲁迅在回忆与章太炎的交往时，曾写了《关于太炎先生二三事》一文。文章认为，章太炎晚年"渐入颓唐"，"用自己所手造的和别人所帮造的墙，和时代隔绝"[1]。言外之意，章太炎晚年成了一消极颓废之人。国内早期研究章太炎思想的著名学者姜义华也持类似的看法，认为章太炎晚年"在政治上停滞、落伍"，思想"逐步僵化"，学术上"逐步失去光泽"，甚至退化。[2] 曹德本在其主编的《中国政治思想史》中，也将章太炎晚年回归儒学看成是"回到了封建文化的怀抱"，是消极甚至"倒退"的表现。[3] 桑兵在《章太炎晚年北游讲学的文化象征》一文中同样认为，晚年的章太炎不仅在"政治上思想上"有"落伍之嫌"，而且晚年讲学效果不如意，"暴露其确已落伍"[4]。时至今日，国内标准的教科书几乎无不持此论断。

将章太炎晚年远离政治而专注于国粹研究看成是颓废、倒退与保

---

① 鲁迅：《关于太炎先生二三事》，载陈平原、杜玲玲编《追忆章太炎》，生活·读书·新知三联书店 2009 年版，第 38—39 页。

② 姜义华：《章太炎思想研究》，上海人民出版社 1985 年版，第 461—462 页。

③ 曹德本：《中国政治思想史》，高等教育出版社 1999 年版，第 385 页。

④ 桑兵：《章太炎晚年北游讲学的文化象征》，《历史研究》2002 年第 4 期。

守，从本质上讲，是出于一种预设了立场的价值判断。这种立场其实还是革命无罪，造反有理，政治压倒一切的思维所致。在这种思维方式之下，近代中国曾经在思想场域中叱咤风云的康有为、严复等人晚年都戴上了保守或者落伍的帽子。章太炎晚年并非不从事政治。东北沦陷后，1932 年 1 月 23 日他还曾与熊希龄、马相伯等一起组织中华民国国难救济会，通电"联合全民总动员，收复失地"。该年 2 月 17日，当获知上海十九路军奋勇抗敌后，章太炎又发表《书十九路军御日本事》，鼓励抗日。北平告急之后，他甚至一度北上约见张学良。①去世那年，章太炎亲书蒋介石，主张在民族大义面前，对待中共至少应该以"民军视之"，共同抗日。②诸种事实，无不说明即使晚年他也没有"和时代隔绝"。至于章太炎晚年从事文化的整理与研究工作，虽然不排除个人的喜好，但他的本意亦非远离政治的逃避现实，而是作亡国之计，欲曲线图存而已。

第七是关于"章疯子"的解读问题。章太炎并世之人，常冠他以疯子之名。③确实，章太炎一生几乎特立独行，常蓬头垢面，衣衫褴

---

① 汤志钧编：《章太炎年谱长编》（下册），中华书局 1979 年版，第 915、917 页。

② 章太炎：《答某书》，载汤志钧编《章太炎政论选集》（下册），中华书局 1977 年版，第 874 页。

③ 刘成禺在《世载堂杂忆》中记载了"章疯子"这一绰号的最早起源。1898 年 3 月，章太炎应张之洞之邀，赴武昌担任《楚学报》主笔，"《楚学报》第一期出版，属太炎撰文，太炎乃为《排满论》凡六万言，文成，抄呈总办。梁（鼎芬）阅之，大怒，口呼'反叛反叛，杀头杀头'者，凡百数十次。急乘轿上总督衙门，请捕拿章炳麟，锁下犯狱，按律制罪。予与朱克柔、邵仲威、程家柽等闻之，急访王仁俊曰：'先生为《楚学报》坐办，总主笔为张之洞所延聘，今因《排满论》酿成大狱，朝廷必先罪延聘者，是张首受其累，予反对维新派者以口实。先生宜急上院，谓章太炎原是个疯子，逐之可也。'仁俊上院，节庵正要求拿办；仁俊曰：'章疯子，即日逐之出境可也。'之洞语节庵，快去照办。"（刘成禺：《章太炎被杖》，《世载堂杂忆》，中华书局 1960 年版，第 126—127 页。）章太炎也曾以"疯子"自居。（章太炎：《东京留学生欢迎会演说辞》，载张勇编《章太炎学术文化随笔》，中国青年出版社 1999 年版，第 89 页。）又 1909 年，原光复会成员陶成章、李燮和、章太炎等人欲联名倒孙中山，并有章太炎刊发《伪民报检举状》，黄兴在该年 11 月 9 日给孙中山的信中有言："章太炎在《日华新报》登一伪《民报》之检举状（切拔〔剪报〕附上一览），其卑劣无耻之手段，令人见之羞愤欲死。现在东京之非同盟会员者，亦痛骂之，此新闻一出，章太炎之名誉扫地矣。……弟与精卫等商量，亦不必与之计较，将来只在《民报》上登一彼为神经病之人，疯人呓语自可不信，且有识者亦已责彼无余地也。"（黄兴：《复孙中山书》，《黄兴集》，中华书局 1981 年版，第 9—10 页。）

褛，且口无遮拦，行为偏执，放荡不羁。加之其天性自负，恃才放旷，以至于大凡晚清民国稍有影响之人，皆在其所评所骂之列。他称大清皇帝为"载湉小丑"①，认为康有为"狂悖恣肆，造言不经"②，梁启超"好援其术语以附政论"③，孙中山其人"闪烁不恒，非有实际"④。然疯子之所以为疯，盖其所察所知之世界，与常人有异；其所思所想之问题，与多数不同。故疯子之谓，其实乃多数专制之语。清季民初，国人皆以西学为至尊，以进化、公理、唯物、自然为真谛。独章太炎窥见端倪，以为凡此西洋之学术，皆非普世之公理，凡此西洋之公理，皆非客观之法则，故而发振聩之声，以为举世皆浊我独清，众人皆醉我独醒。先生之疯，抑或是先生独醒矣。

---

① 章太炎：《驳康有为论革命书》，载张勇编《章太炎学术文化随笔》，中国青年出版社1999年版，第78页。
② 汤志钧编：《章太炎年谱长编》（上册），中华书局1979年版，第42页。
③ 同上书，第38页。
④ 章太炎：《与汪康年》，载马勇编《章太炎书信集》，河北人民出版社2003年版，第10页。

参考文献

一　章太炎著述

章太炎：《章太炎全集》（第一辑），上海人民出版社 2014 年版。

章太炎：《章太炎全集》（第二辑），上海人民出版社 2015 年版。

章太炎：《章太炎全集》（一），上海人民出版社 1982 年版。

章太炎：《章太炎全集》（二），上海人民出版社 1982 年版。

章太炎：《章太炎全集》（三），上海人民出版社 1984 年版。

章太炎：《章太炎全集》（四），上海人民出版社 1985 年版。

章太炎：《章太炎全集》（五），上海人民出版社 1985 年版。

章太炎：《章太炎全集》（六），上海人民出版社 1986 年版。

章太炎：《国故论衡》，上海古籍出版社 2003 年版。

章太炎：《民国章太炎炳麟自订年谱》，台湾商务印书馆 1980 年版。

张昭军编：《章太炎讲国学》，东方出版社 2007 年版。

马勇编：《章太炎书信集》，河北人民出版社 2003 年版。

马勇编：《章太炎讲演集》，河北人民出版社 2004 年版。

汤志钧编：《章太炎政论选集》，中华书局 1977 年版。

章太炎：《齐物论释定本》，陈平原编校，河北教育出版社 1996 年版。

章太炎：《莉汉三言》，虞云国标点整理，辽宁教育出版社 2000 年版。

章太炎：《国学概论》，曹聚仁整理，上海古籍出版社 1997 年版。

章太炎：《章炳麟论学集》，吴承仕藏，北京师范大学出版社 1982
　　年版。

张勇编：《章太炎学术文化随笔》，中国青年出版社 1999 年版。

章太炎著作编注组：《章太炎诗文选注》，上海人民出版社 1976 年版。

朱维铮、姜义华编注：《章太炎选集》（注释本），上海人民出版社

1981 年版。

汤国梨编:《章太炎家书》,上海古籍出版社 1985 年版。

章念弛注释:《章太炎遗嘱》,载王元化主编《学术集林·卷一》,上
海远东出版社 1994 年版。

黄夏年版主编:《近现代著名学者佛学文集·章太炎集》,中国社会
科学出版社 1995 年版。

姜扮编选:《革故鼎新的哲理——章太炎文选》,上海远东出版社 1996
年版。

刘梦溪主编:《中国现代学术经典·章太炎卷》,陈平原编校,河北
教育出版社 1996 年版。

傅杰编校:《章太炎学术史论集》,中国社会科学出版社 1997 年版。

武继山译注:《章太炎诗文选译》,巴蜀书社 1997 年版。

倪伟编选:《章太炎生平与学术自述》,江苏人民出版社 1999 年版。

洪治纲主编:《章太炎经典文存》,上海大学出版社 2003 年版。

二 研究章太炎的专著

朱仲玉:《章太炎》,中华书局 1981 年版。

沈延国:《记章太炎》,台北文海出版社 1975 年影印版。

汤志钧编:《章太炎年谱长编》,中华书局 1979 年版。

汤志钧编:《改良与革命的中国情怀——康有为与章太炎》,商务印书
馆(香港)有限公司 1990 年版。

唐振常:《章太炎吴虞论集》,四川人民出版社 1981 年版。

熊月之:《章太炎》,上海人民出版社 1982 年版。

王有为:《章太炎传》,广东人民出版社 1984 年版。

李润苍:《论章太炎》,四川人民出版社 1985 年版。

王汎森:《章太炎的思想(1868—1919)及其对儒学传统的冲击》,
台北时报文化出版事业公司 1985 年版。

王汎森:《章太炎的思想》,上海人民出版社 2012 年版。

姜义华:《章太炎思想研究》,上海人民出版社 1985 年版。

姜义华:《章炳麟评传》,南京大学出版社 2002 年版。

唐文权、罗福惠:《章太炎思想研究》,华中师范大学出版社 1986

年版。

章念驰编选：《章太炎生平与思想研究文选》，浙江人民出版社 1986
　　年版。

谢樱宁：《章太炎年谱摭遗》，中国社会科学出版社 1987 年版。

何成轩：《章炳麟的哲学思想》，湖北人民出版社 1987 年版。

章念驰：《章太炎生平与学术》，上海人民出版社 2016 年版。

章太炎纪念馆：《先驱的踪迹——章太炎逝世五十周年纪念文集》，浙
　　江古籍出版社 1988 年版。

陆荣椿：《章太炎》，新蕾出版社 1993 年版。

章念驰：《沪上春秋：章太炎与上海》，台北三民书局 1995 年版。

姚奠中、董国炎：《章太炎学术年谱》，山西古籍出版社 1996 年版。

张振常主编：《先哲精神——章太炎逝世六十周年版纪念文集》，杭州
　　出版社 1996 年版。

陈平原、杜玲玲：《追忆章太炎》，中国广播电视出版社 1997 年版。

张兵：《章太炎传》，团结出版社 1998 年版。

陶绪、史革新：《有学问的革命家》，湖北教育出版社 1999 年版。

杨法宝：《伟人章太炎》，国际文化出版公司 1999 年版。

张昭军：《儒学近代之境——章太炎儒学思想研究》，北京师范大学出
　　版社 2011 年版。

金宏达：《章太炎》，中国华侨出版社 2003 年版。

王玉华：《多元视野与传统的合理化：章太炎思想的阐释》，中国社
　　会科学出版社 2004 年版。

汪荣祖：《康章合论》，中华书局 2008 年版。

汪荣祖：《章太炎研究》，台北李敖出版社 1991 年版。

郭应传：《真俗之境——章太炎佛学思想研究》，安徽人民出版社
　　2006 年版。

张春香：《章太炎主体性道德哲学研究》，中国社会科学出版社 2007
　　年版。

陈平原：《中国现代学术之建立：以章太炎、胡适之为中心》，北京
　　大学出版社 1998 年版。

彭春凌：《儒教转型与文化新命——以康有为、章太炎为中心

（1898—1927）》，北京大学出版社 2014 年版。

徐复：《〈訄书〉详注》，上海古籍出版社 2000 年版。

梁涛：《〈訄书〉评注》，陕西人民出版社 2003 年版。

王锐：《章太炎晚年学术思想研究》，商务印书馆 2014 年版。

石井刚：《齐物的哲学：章太炎与中国现代思想的东亚经验》，华东师范大学出版社 2016 年版。

［日］高田淳：《章炳麟·章士钊·鲁迅》，刘国平译，远东出版社 1997 年版。

Jer – shiarn Lee，*Chang Ping – lin*（1869 – 1936）：*A Political Radical and Cultural Conservative*，Taipei：The Liberal Arts Press，1993.

三 研究章太炎的论文

钱宾四：《对于章太炎学术的一个看法》，《史学消息》1936 年第 3 期。

侯外卢：《章太炎关于民族、民主的政论》，《民主世界》1945 年第 6 期。

李泽厚：《章太炎剖析》，《历史研究》1978 年第 3 期。

朱维铮：《〈民报〉时期章太炎的政治思想》，《复旦学报》（社科版）1979 年第 5 期。

姜义华：《〈訄书〉简论》，《复旦学报》（社科版）1982 年第 3 期。

熊月之：《章太炎民主思想概论》，《苏州大学学报》（哲社版）1983 年第 2 期。

袁伟时：《章太炎与中国的民主主义》，《天津社会科学》1990 年第 2 期。

欧阳哲生：《章太炎研究述评》，《求索》1991 年第 4 期。

王玉华：《戊戌变法时期章太炎变法思想评议》，《江苏社会科学》1997 年第 1 期。

罗志田：《中外矛盾与国内政争：北伐前后章太炎的"反赤"活动与言论》，《历史研究》1997 年第 6 期。

戴明玺：《章太炎与二十世纪初中国思想裂变》，《南京社会科学》2003 年第 4 期。

汪荣祖：《章太炎对现代性的迎拒与文化多元思想的表述》，《中研院近代史研究所集刊》（台北）2003 年第 41 期。

胡建：《中国近代"个性"价值的奠基者：析章太炎价值观中的近代意蕴》，《浙江社会科学》2004 年第 5 期。

陈少明：《排遣名相之后——章太炎〈齐物论释〉研究》，《哲学研究》2003 年第 5 期。

Warren Sun，"Chang Ping–lin and His Political Thought"，*Paper on Far Eastern History*，September，1985.

Charlotte Furth，"The Sage as Rebel：the Inner World of Chang Ping–lin"，Charlotte Furth ed.，*The Limits of Change：The Conservative Alternatives of Republican China*，Cambridge，Mass：Harvard University Press，1976.

四　其余参考文献

戴震：《戴震全书》（第 6 册），黄山书社 1995 年版。

严复：《宪法讲义》，王拭主编《严复集》（第 2 册），中华书局 1986 年版。

丁文江、赵丰田：《梁启超年谱长编》，上海人民出版社 1983 年版。

何启、胡礼垣：《新政真诠——何启、胡礼垣集》，郑大华点校，辽宁人民出版社 1994 年版。

梁启超：《饮冰室合集》（文集之一），中华书局 1989 年版。

梁启超：《戊戌政变记》，中华书局 1954 年版。

梁启超：《中国近三百年学术史》，东方出版社 1996 年版。

梁启超：《论中国学术思想变迁之大势》，上海古籍出版社 2001 年版。

孙中山：《孙中山全集》（第一卷），中华书局 1981 年版。

王韬：《弢园尺牍》，中华书局 1959 年版。

谭嗣同：《谭嗣同全集》，生活·读书·新知三联书店 1954 年版。

杨度：《杨度集》，湖南人民出版社 1986 年版。

冯桂芬、马建忠：《采西学议——冯桂芬、马建忠集》，郑大华点校，辽宁人民出版社 1994 年版。

苏舆：《翼教丛编》（卷三），上海书店出版社 2002 年版。

倭仁：《倭文端公遗书》，台湾成文出版社 1968 年版。

严复：《天演论》，中国青年出版社 2009 年版。

严复：《严复学术文化随笔》，中国青年出版社 1999 年版。

周叔迦、苏晋仁校注：《法苑珠林校注》（卷六十六·八苦部第四），中华书局 2003 年版。

刘师培：《刘师培学术论著》，雪克校，浙江人民出版社 1998 年版。

鲁迅：《鲁迅全集》（第二卷），人民文学出版社 1973 年版。

王国维：《王国维文学美学论著集》，北岳文艺出版社 1987 年版。

李大钊：《李大钊文集》（下册），人民出版社 1984 年版。

宋教仁：《宋教仁集》，中华书局 1981 年版。

黄兴：《黄兴集》，中华书局 1981 年版。

康有为：《康有为大同论二种》，生活·读书·新知三联书店 1998 年版。

成玄英：《庄子注疏》，中华书局 2011 年版。

杨文会：《杨仁山全集》，黄山书社 2000 年版。

朱执信：《朱执信集》（上），中华书局 1979 年版。

郑孝胥：《郑孝胥日记》（第一册），中华书局 1993 年版。

张枬、王忍之编：《辛亥革命前十年间时论选集》，生活·读书·新知三联书店 1960 年版。

窦忠如：《王国维传》，百花文艺出版社 2007 年版。

桑兵：《清末新知识界的社团与活动》，生活·读书·新知三联书店 1995 年版。

萧公权：《近代中国与新世界：康有为变法与大同思想》，江苏人民出版社 1998 年版。

萧公权：《近代中国与新世界》，汪荣祖译，江苏人民出版社 2007 年版。

萧公权：《中国政治思想史》，新星出版社 2010 年版。

殷海光：《中国文化的展望》，上海三联书店 2002 年版。

郑大华：《晚清思想史》，湖南师范大学出版社 2005 年版。

陈旭麓：《近代中国社会的新陈代谢》，上海人民出版社 1992 年版。

王中江：《近代中国思维方式演变的趋势》，四川人民出版社 2008 年版。

张星久：《中国政治思想史》，武汉大学出版社 2011 年版。

郭沫若：《郭沫若全集》（第16卷），作家出版社1962年版。

徐中约：《中国近代史》，世界图书出版公司2013年版。

汪晖：《现代中国思想的兴起》，生活·读书·新知三联书店2008年版。

李剑农：《中国近百年政治史》，武汉大学出版社2006年版。

李泽厚：《中国近代思想史论》，生活·读书·新知三联书店2008年版。

张灏：《危机中的中国知识分子：寻求秩序与意义》，高力克、王跃译，新星出版社2006年版。

陈少明：《儒学的现代转折》，辽宁大学出版社1992年版。

侯外庐：《中国近代启蒙思想史》，人民出版社1993年版。

王汎森：《近代中国思想与学术的系谱》，河北教育出版社2001年版。

吴丕：《进化论与中国激进主义：1859—1924》，北京大学出版社2005年版。

谢庆奎：《近代中国政治思潮》，台北五南图书出版有限公司1996年版。

熊月之：《西学东渐与晚清社会》，上海人民出版社1994年版。

许纪霖、宋宏编：《史华兹论中国》，新星出版社2006年版。

余英时：《朱熹的历史世界》，生活·读书·新知三联书店2004年版。

余英时：《现代危机与思想人物》，生活·读书·新知三联书店2005年版。

余英时：《历史与思想》，台北联经出版事业公司1976年版。

张灏：《危机中的中国知识分子：寻求秩序与意义》，王跃、高力克、毛小林译，新星出版社2006年版。

张灏：《幽暗意识与民主传统》，新星出版社2006年版。

张灏：《烈士精神与批判意识：谭嗣同思想的分析》，顾忠华译，广西师范大学出版社2004年版。

郑家栋：《断裂中的传统：信仰与理性之间》，中国社会科学出版社2001年版。

葛兆光：《中国思想史》，复旦大学出版社2004年版。

姚大志：《现代之后：20世纪晚期西方哲学》，东方出版社2000年版。

［英］霍布斯：《论物体》，《十六—十八世纪西欧各国哲学》，北京大学哲学系外国哲学史教研室编译，商务印书馆 1975 年版。

［英］弗里德利希·冯·哈耶克：《致命的自负》，冯克利、胡晋华等译，中国社会科学出版社 2000 年版。

［英］弗里德利希·冯·哈耶克：《自由秩序原理》，邓正来译，生活·读书·新知三联书店 1997 年版。

［英］约翰·密尔：《论自由》，张友谊等译，外文出版社 1998 年版。

［英］齐格蒙特·鲍曼：《流动的现代性》，欧阳景根译，上海三联书店 2002 年版。

［美］柯文：《在中国发现历史：中国中心观在美国的兴起》，林同奇译，中华书局 2002 年版。

［美］费正清、刘广京编：《剑桥中国晚清史》，中国社会科学院历史研究所编译室译，中国社会科学出版社 2006 年版。

［美］墨子刻：《摆脱困境：新儒学与中国政治文化的演进》，颜世安、高华、黄东兰译，江苏人民出版社 1996 年版。

［美］列文森：《儒教中国及其现代命运》，郑大华、任菁译，中国社会科学出版社 2000 年版。

［美］史华兹：《寻求富强：严复与西方》，叶凤美译，江苏人民出版社 1996 年版。

［美］史华兹：《古代中国的思想世界》，程钢译，江苏人民出版社 2004 年版。

［美］马泰·卡林内斯库：《现代性的五幅面孔》，顾爱彬、李瑞华译，商务印书馆 2002 年版。

［美］萨托利：《民主新论》，冯克利、阎克文译，东方出版社 1998 年版。

［美］达尔：《现代政治分析》，王沪宁等译，上海译文出版社 1987 年版。

［法］乔治·索雷尔：《进步的幻象》，吕文江译，上海人民出版社 2003 年版。

［法］孔多塞：《人类精神进步史表纲要》，何兆武、何冰译，江苏教育出版社 2006 年版。

［法］托克维尔：《论美国的民主》，董果良译，商务印书馆 1993 年版。

［法］笛卡尔：《第一哲学沉思集》，庞景仁译，商务印书馆 1998 年版。

［英］安东尼·吉登斯：《现代性的后果》，田禾译，译林出版社 2000年版。

［英］安东尼·吉登斯：《现代性与自我认同》，赵旭东、方文译，生活·读书·新知三联书店 1998 年版。

［德］哈贝马斯：《包容他者》，曹卫东译，上海人民出版社 2002 年版。

［德］哈贝马斯：《现代性的哲学话语》，曹卫东译，译林出版社 2004年版。

［德］哈贝马斯：《现代性的地平线：哈贝马斯访谈录》，李安东、段怀清译，上海人民出版社 1997 年版。

［加］查尔斯·泰勒：《现代性之隐忧》，程炼译，中央编译出版社2001 年版。

［日］近藤邦康：《救亡与传统——五四思想形成之内在逻辑》，丁晓强等译，山西人民出版社 1988 版。

［日］沟口雄三：《中国前近代思想的演变》，索介然、龚颖译，中华书局 1997 年版。

汪晖：《当代中国的思想状况与现代性问题》，《天涯》1997 年第5 期。

张旭东：《后现代主义与中国现代性》，《读书》1999 年第 12 期。

张永：《从"十八星旗"到"五色旗"——辛亥革命时期从汉族国家到五族共和国家的建国模式转变》，《北京大学学报》2002 年第2 期。

陈赟：《中国现代性意识中的社会范畴及其公理意识形态》，《华东师范大学学报》（哲学社会科学版）2004 年第 6 期。

李佑新：《现代性问题与中国现代性的建构》，《北京大学学报》2005年第 2 期。

柳镛泰：《民族大一统论和内在化了的帝国性在近代中国》，《学海》2008 年第 5 期。

周保巍：《"隆中对"与剑桥学派方法论的精义——剑桥学派思想史研究方法札记之一》，《社会学家茶座》2006 年第 3 期。

麻天祥：《晚清佛学与近代社会思潮》，《学术研究》1995 年第 1 期。

葛兆光：《1895 年在中国思想史上的象征意义》，《开放时代》2001
　　年第 1 期。

许纪霖：《现代性的歧路：清末民初的社会达尔文主义思潮》，《史学
　　月刊》2010 年第 2 期。

吴雁南：《王阳明与近世中国》，《学术研究》1996 年第 11 期。

罗志田：《帝国主义在中国：文化视野下条约体系的演进》，《中国社
　　会科学》2004 年第 5 期。

何芳川：《"华夷秩序"论》，《北京大学学报》（哲社版）1998 年第
　　6 期。

金观涛：《"自然哲学"和科学的观念》，《科学文化评论》2009 年第
　　6 期。

彭国华：《现代性与时间》，《学术月刊》2003 年第 8 期。

黄万盛：《启蒙的反思与儒学的复兴——二十世纪中国反传统的再认
　　识》，《开放时代》2007 年第 5 期。

［日］沟口雄三：《中国与日本"公私"观念之比较》，贺跃夫译，
　　《二十一世纪》（香港）1994 年第 21 期。

后　记

　　初次知道章太炎还是在高中时期，我依稀记得那时的历史教科书上记载着晚清革命派与改良派的论战，革命派的舆论阵地是《民报》，章太炎是《民报》的主编，受现在史学界被称为革命史范式的影响，那时对这位民国的革命元勋，自然初生仰慕。1999 年我考入武汉大学，主修政治学与行政学专业，期间有幸聆听张星久老师开设的"中国近现代政治思想"课程，在张老师的娓娓道来中，开始模糊地知道大凡精致的学问，不仅需要板凳十年冷，而且必须与思想史上深邃的思想家进行对话。或许因缘巧合，因一篇中期读书报告写作被张老师点名表扬，甚至被他"引以为知己"，竟在心底真有了一种寻找中国近现代思想史上的大师，并与之进行对话的冲动。于是不揣简陋，战战兢兢求之于张老师，敢问中国近现代政治思想史上大师几何，张老师答曰：即使从鸦片战争算之，百年以来，理论自称一体，影响显著者，不过康有为、章太炎二人，即便梁卓如，虽笔锋常带感情，然思辨依旧有缺也。于是惶惶然找章太炎的著述读之，但诸君可知，章先生本朴学起家，加之魏晋文风，即便清季民初，读者亦觉得困难，更何况 20 世纪 80 年代长在红旗下读着白话文长大的我们？故愈读愈含糊，自此不仅知晓学问之艰难，亦对章先生肃然起敬。

　　2004 年，我有幸投入北大政府管理学院袁刚先生门下攻读硕士学位，与先生交谈之际，得知先生授业于史学界魏晋南北朝史研究"南唐北王"之王仲荦先生，而王先生为章太炎晚年弟子，如此一来，九转十八弯，20 世纪 80 年代的我，攀附起来，竟算得上是章门第三代，于是对这位祖师爷，除了仰慕起敬之外，更有一种莫名的亲切感，似乎横隔一个世纪的距离因此而变得无足轻重了。2008 年 9

月再入师门时，我将长久以来潜藏在心中那股欲研究章太炎思想的学术冲动告知于先生，先生答曰：前人对于章先生，盖因政治宣传或语言阅读之缘由，误解甚多。而今之研究者，或历史、或文学、或语言、或宗教，汝若能知难而上，以政治学视角进行研究，甚好。但章先生文辞古奥，且涉猎广泛，故步步之艰难困苦，汝当自知矣。

此后一年，日夜补拙，左右采获，触类旁通，对章先生绝大多数著述，皆一一阅读。2009 年 10 月，告知先生欲以"现代性"之视角对章先生的政治思想进行阐释，获首肯，此后三年，或诚惶诚恐，或豁然开朗，或恍恍惚惚，或柳暗花明，然不乱于心，不急于成，亦能一以续之，最终写成博士论文《章太炎思想的现代性研究》，并以"优秀"评级通过最终答辩。然古之圣人尚以"苟日新，日日新"自省，况我辈乎？故于 2016 年 9 月始，再对论文进行修订，历经 7 月，凡 17 万字，删除 5 万，增补 6 万，其余 12 万，也皆斟酌损益，终成此书。付梓之际，感激者甚多，详述如下。

衷心感谢恩师袁刚先生。师门六载，先生言传身教，耳提面命，须臾未敢忘。先生为学，广博而精深；先生为文，朴实而无华；先生为人，温良而谦让；桃李不言，下自成蹊。余以愚钝之身，幸先生不弃，投入门下，然每自躬亲，却难得先生之一二，甚为惭愧。唯常怀感恩之心，日知其所忘，以报先生之所愿，毋负其望也。

特别感谢北京大学政府管理学院的李强教授、江荣海教授、吴丕教授、燕继荣教授。作为曾经的业师，诸君为学不失其精，为师不失其严，为友不失其诚，实乃先生之典范，后生之楷模。

特别感谢曾经参加我博士论文答辩的何怀宏教授、欧阳哲生教授、陈明教授、李程伟教授、王新生教授以及于化民研究员，虽时隔四年，但是他们提出的宝贵意见，为我的著作修改提供了广泛的空间。

还要感谢我的工作单位对外经济贸易大学国际关系学院的院长戴长征教授、政治学系主任霍伟岸副教授，没有他们的帮助，本书的出版或许还是未竟之事。

尤其感谢我的爱人李成英女士。相识十四载，南下深圳，辗转武昌，还于京都，风雨人生，相濡以沫。曾以孱弱之躯，承家庭之负，其中艰辛酸苦，千言难尽其一，秉笔亦不知何书也。

最后我要感谢我的父母，特别是我的母亲。育儿二十余载，然老不能养，疾失之察，病无所医，弥留而难至。世间之憾事，月圆而人缺。昊天不吊，天何所怜耶？